U0145131

商事爭議之仲裁

吳光明／著

增訂三版序

　　光明早於1975年起，即曾執業律師，嗣並先後於國立臺北大學等校專、兼任法律學系教職；且迄今仍又執業律師，並兼任教授，40多年來，都致力於法律之理論研究與實務工作。

　　在浩瀚的法學領域中，光明對「仲裁法」投入甚深。在學術方面，從中興法商時代起（臺北大學前身），至今仍每年教授「仲裁法專題研究」課程，一路教學相長；其間並陸續撰寫過近40篇仲裁法相關之論文，四本「仲裁法」專書。在實務方面，自20多年前受ICC（國際商會）邀請，參加ICC在漢城的國際商務研討會，從此幾乎每年都受邀參與在國際各城市召開的仲裁研討會；也擔任過近70個仲裁案件的仲裁人或主任仲裁人。雖自知仍學有不足，但對於仲裁理論、仲裁實務，以及仲裁之發展與仲裁文化……等等，均已頗有心得和經驗。

　　眾所周知，我國「商務仲裁條例」於1998年間修正為「仲裁法」，光明最初即依據新法之條文意旨，由仲裁之依據──仲裁協議著手，逐章探討仲裁人與當事人之法律關係、仲裁適用之程序與原則、法院在仲裁中之角色，乃至於兩岸證券爭議仲裁之比較等，該書歷經二刷、三刷，惟早銷售一空，可見各方對仲裁法的關注和需求，實屬殷切。

　　2002年及2009年間，因仲裁法先後兩次修正，因此本書配合修法及實務見解加以修正為二版，也增列新的文章（例如第十三章機構仲裁與臨時仲裁等）。茲因仲裁法於2015年又再度修正，而最高法院亦屢有相關之判決，為能與時俱進，因此，今年（2023年）本書乃再增訂三版，除配合現行法調整其內容外，也併入原刊登於高大法學論叢之文章及發表在台灣

法學會之文章，俾分享第十四章大陸仲裁判斷在臺灣之認可與執行，以及第十五章BOT促參案件之仲裁相關問題。

　　現代社會變遷迅速，經濟如此，法律亦然，但無論環境如何改變，法治理念的維護永遠是不變的目標。而在追求新、速、實、簡的前提下，仲裁法的研究和應用，更有其不墜的價值。本書沿襲既有之架構，各章分別獨立，卻又前後連貫，息息相關。誠盼藉由拙著，可以為仲裁制度之沿革與運作，建立一套完整論述，以作為理論及實務之參考，也期待各界先進不吝指正。

吳光明　於木柵研究室
2023年6月

增訂二版序

我國「商務仲裁條例」於1998年間修正為「仲裁法」，對我國仲裁法制的建立與運作，無疑是一新的里程碑。翌年，筆者依據當時新修正仲裁法之條文意旨，逐章析述探討，嗣集結而成「商事爭議之仲裁」一書，並首度付梓。

2006年3月間，立法院國會圖書館編印「法規資源引介」，其中「仲裁法」一冊，囑由筆者負責審定，雖自知無功可居，然前述專書的出版，以及編印仲裁法的審定，對筆者而言，均為一大策勵，從而對仲裁領域的研究，迄今未敢懈怠。

今年初，因聞本書雖歷經三刷，仍已售罄，不免自忖拙著應尚堪與學界先進、師友、學生廣為分享。又因仲裁法於2002年、2009年間，已先後兩次分別修法；且時移勢易，原著所述部分內容，與現況已有落差，為此，乃以原著為本，重新加以釐整增刪。提筆之際，實亦期待自己在教學、研究或實務方面，均能不斷提升，並與時俱進。

特別值得一提的是，我國商事仲裁固然以「機構仲裁」為主，惟「臨時仲裁」事實上早已存立；且與「機構仲裁」相較，仍有一定之便利和效益。歷來兩岸學術交流時，尤屢聞大陸學者對我國「臨時仲裁」機制稱羨肯定（大陸並無臨時仲裁之機制）。惜我國法院過去對臨時仲裁似未深入認知，故對此機制乃持否定態度，誠屬遺憾。2013年間，法院判決始對臨時仲裁持肯認見解。基於上開轉折，筆者乃覺有針對此一議題加以闡述之必要，爰於本書既有篇章之後，再新增「機構仲裁與臨時仲裁」一章，而全書各章仍分別獨立，但相互關聯。

　　2013年8月起，隨著歲月的腳步與人生的規劃，筆者開始轉換跑道，邁入人生的另一階段。也因而在教學研究之外，有更多機會參與仲裁實務。由實務歷練之中，深知任何爭議事件，往往有著學理也未必得以解決的問題，因此縱然深諳仲裁理論，仍然時感不足。惟無論如何，法律畢竟仍是正義最後的防線，也是解決爭議的基本工具，故身爲法律人，自當先從法律與學理方面，持續精進。

　　誠盼本書的再版，不僅鞭策自己，也對仲裁法學的研究和學習，稍有裨益。其間如有漏誤之處，敬祈各界先進，不吝賜益指正。

吳光明　於木柵研究室

2014年7月

目錄

第十五章 從BOT促參案件談訴訟外爭議解決（ADR）機制 315

CHAPTER

1

仲裁之依據──仲裁協議

第一節　前言

　　仲裁係一種基於私法自治、契約自由原則而設立。爭議當事人雙方在自願基礎上達成協議，將該爭議提交司法機構以外之第三人審理，由第三人作出對爭議雙方均具有拘束力之判斷，爲一種私人紛爭解決方式。

　　實務上，仲裁作爲一種訴訟外糾紛解決之替代方式，尤其是當人們認爲審判過程繁瑣、耗時、耗費金錢與精力，或是存在偏見時，傾向於選擇仲裁以解決其爭議。程序上先由當事人選定中立之仲裁人，再選擇是否採行仲裁程序來解決紛爭。仲裁在性質上兼具契約性、自治性與準司法性。

　　仲裁協議（Arbitration Agreement）係仲裁之依據，從理論上言之，以仲裁協議作爲仲裁依據，充分顯示仲裁之意思自由原則。當事人將爭議提交仲裁，係以雙方當事人自願爲前提。換言之，如何從法律上判斷當事人是否自願，最好之方法，即視雙方當事人之仲裁協議而定。再從仲裁協議之法理特徵言之，仲裁協議係雙方當事人自願地將其間已發生或將來可能發生之爭議提交仲裁解決之一種書面文件。

　　聯合國國際商務仲裁模範法第7條對仲裁協議之定義與形式規定爲：「仲裁協議係指當事人約定將其間所確定不論是契約性或非契約性之法律關係上已發生或將來可能發生之一切或某種爭議提交仲裁之協議。仲裁協議可以採取契約中之仲裁條款形式或單獨之協議形式。」「仲裁協議應以書面爲之。協議如載於當事人簽字之文字、證券、信函、電傳、電報或其他類似方式之通訊足認有仲裁合意者，視爲仲裁協議成立。在契約中提出參照載有仲裁條款之一項文件，如該協議是書面，且參照足以使該仲裁條款構成該協議之一部時，即構成仲裁協議。[1]」足見，仲裁協議係雙方當事人自願將其間之有關爭議提交仲裁解決之共同意思表示；其雙方當事人既可將其間業已發生之爭議，經由書面仲裁協議之表現，提交仲裁解決；

---

[1]　Gary B. Born, *International Commercial Arbitration in the United States Kluwer Law*, 1994, p. 905.

亦可將其間將來可能發生之爭議，經由包含於契約中之仲裁條款之表現，提交仲裁解決。

　　仲裁協議無論採取何種形式，各國法律均採一定之限制性規定。概括言之，不得違反公共秩序與公共政策，而關於此部分，各國均有不同之理解與規定，限於篇幅，茲不贅述。

　　基此，本章主要在探討仲裁協議之概念與類型、仲裁協議之形式與其主要作用、仲裁協議之內容、仲裁協議條款之解釋。至於所謂仲裁條款獨立性問題、仲裁容許性原則[2]、仲裁判斷與仲裁契約標的之爭議問題、仲裁契約妨訴（停訴）抗辯問題[3]、仲裁契約約定衡平原則判斷問題，牽涉更廣，因非本章之主題，茲亦不贅述。

第二節　仲裁協議之概念與類型

第一項　仲裁協議之概念

　　仲裁協議係雙方當事人同意將其間業已發生或將來可能發生之爭議交付仲裁解決之一種書面文件。仲裁協議一般稱為「協議」（Agreement），而非契約（Contract），蓋「協議」強調「雙方一致同意」，或「雙方意思表示一致」，而「契約」一詞，雖亦被定義為「當事人互相表示意思一致者，無論其為明示或默示，契約即為成立」[4]，但一般均會被認為「契約」係一系列之「要約或承諾」，而當「要約或承

2　仲裁容許性原則亦有稱仲裁適格性原則，其本質及其來源，參閱吳光明，證券交易爭議之仲裁，第六章，仲裁適格性原則，蔚理公司，1998年10月，頁65至93。

3　有關仲裁契約之妨訴抗辯效力問題，牽涉甚多，並非有關訴訟要件欠缺之抗辯，均可稱之妨訴抗辯，參閱邱聯恭，仲裁契約之妨訴抗辯效力─評最高法院81年度第三次民事庭會議決議，臺大法學論叢，22卷1期，1992年12月，頁133。

4　參閱民法第153條第1項之規定。

諾」事後達成一致時，契約才成立[5]。足見，雙方當事人間「雙方意思表示一致」，是將爭議提交仲裁之基本要素，如無當事人間「意思表示之一致」，即無有效之仲裁。

依仲裁法第1條第1項之規定：「有關現在或將來之爭議，當事人得訂立仲裁協議，約定由仲裁人一人或單數之數人成立仲裁庭仲裁之。」因之，仲裁協議一方面是當事人之一造將爭議提交仲裁之依據，另一方面是仲裁機構及仲裁人受理爭議案件之依據。

至於爭議之範圍，依原商務仲裁條例第1條第1項規定，凡有關「商務上之爭議」，得訂立仲裁契約仲裁之。為避免「商務上」文義解釋之誤會[6]，妨害仲裁之進行，1998年修訂仲裁法時，即已將「商務上」一詞刪除，並於該法第1條第2項規定：「前項爭議，以依法得和解者為限。」亦即凡屬民事上不涉及公共利益或公序良俗，得自由處分者，當事人均得就其有關現在或將來之爭議，訂立仲裁契約，提請仲裁；故乃參考德、日立法例，增訂第2項，得以仲裁解決之爭議，以依法得和解者為限[7]。換言之，其所發生之糾紛必須是契約或其他財產權之爭議，否則，仲裁協議無效。例如雙方當事人約定婚姻、收養、監護、扶養、繼承糾紛等，必須提交仲裁，即超出仲裁範圍，應屬無效。

又關於提交仲裁爭議事項之可仲裁性問題，各國法律規定不一，例如在美國，按商業慣例，任何商業性質事件均可以為仲裁對象；歐洲各國，原則上不允許將智慧財產權、反托拉斯等爭議交付仲裁。此部分涉及仲裁容許性原則，已如前述。

5　「協議」與「契約」之區分，在英美法係較顯著，英美法將「契約」定義為「一個或一系列之承諾」。在大陸法系中，「協議」與「契約」，基本上是相同的。

6　曾有仲裁庭認為證券投資人與證券商營業員之行為，不能仲裁，而以程序駁回投資人之請求，似有誤會。參閱吳光明，證券糾紛之仲裁，該文中之附註5，證券交易法論，1996年10月，頁282。

7　參閱法務部陳報行政院「商務仲裁條例修正草案」條文對照表說明，頁28。

第二項　仲裁協議之類型

依仲裁協議表現形式之不同，仲裁協議可分為下列三種：

一、仲裁條款

仲裁條款（Arbitration Clause）是在爭議發生以前，雙方當事人訂立條款針對以後可能發生之爭議約定提交仲裁。原則上，仲裁條款係在當事人訂立之主契約中，以一個條款方式表現出來，故稱為仲裁條款。換言之，雙方當事人在簽訂契約時，在該契約中訂立之約定，將可能發生之爭議提交仲裁解決之條款。實務上，仲裁條款是仲裁協議中最常見且最重要之形式。

二、仲裁協議書

仲裁協議書（Submission to Arbitration）是指雙方當事人在爭議發生前即簽訂一個與主契約有關，形式上獨立之仲裁協議書，但實務上，此種協議書往往是在爭議已發生後，由雙方平等協商，共同簽署有關爭議交付仲裁之單獨或專門性文件；因之，此種傳統上之仲裁協議書，在爭議發生後才約定，可能會因立場不同與利益之衝突，不易達成一致之意見。

依仲裁法第1條第3項之規定：「仲裁協議，應以書面為之。」足見，雙方當事人不得以「口頭約定」仲裁協議，否則無效。按多數國家規定，仲裁協議之形式應以書面為之，西元1985年紐約公約對仲裁協議之形式亦要求書面，並將此作為各締約國承認與執行仲裁協議之主要條件之一。蓋以「口頭約定」仲裁協議，舉證不易，如當事人對「口頭約定」仲裁協議或其有效性向仲裁庭提出異議，則剛好暴露「口頭約定」仲裁協議不易舉證之缺點。

三、其他書面文件所包含之仲裁協議

其他書面文件所包含之仲裁協議（Arbitration Agreement Contained In

Other Written Documents），係指雙方當事人針對有關契約關係或其他關係而互相往來之信函、電傳、傳眞或其他書面資料，約定將其已發生或可能發生之爭議，提交仲裁之意思表示。此種協議所表現之形式，不是集中反映在某種契約之有關條款或某一單獨之協議中，而是分散在有關當事人相互往來之函件中，由於國際貿易慣例所必要者，依仲裁法第1條第4項之規定：「當事人間之文書、證券、信函、電傳、電報或其他類似方式之通訊，足認有仲裁合意者，視爲仲裁協議成立。」本條之立法理由在於，爲因應電子通訊快速發展之現況，爰參考聯合國國際商務仲裁模範法第7條第2項規定，增訂當事人間之文書、證券、信函、電傳、電報或其他類似方式之通訊足認有仲裁合意者，視爲仲裁協議成立，以符實際需要[8]，蓋當事人有時在經由互換往來函電達成之仲裁協議，僅由一方簽名，發送人本身之指示，如互換相一致之意思表示，則互換本身即可證明當事人間之認可與接受。

第三項　仲裁協議之實務問題

實務上認爲，按仲裁協議乃僅指當事人間就有關現在或將來之爭議，選擇以私程序仲裁取代司法程序，並同意依仲裁判斷方式解決紛爭之程序約定而已，並不含涉提付仲裁程序約定以外涉及實體之其他契約內容。是仲裁當事人就原應置於實體探討之爭議，竟將之置於程序認定後予以排除，藉此以混淆訴訟中之抗辯究爲程序抑或實體事項認定之分際者，法院於審理時，自應將之釐清，並得爲審理認定[9]。

又依仲裁法第40條第1項第4款規定，仲裁庭之組成或仲裁程序，違反仲裁協議或法律規定者，當事人得對於他方提起撤銷仲裁判斷之訴，則當事人間是否存在有效之仲裁協議及其範圍爲何，自爲撤銷仲裁判斷之訴審理法院所應調查審酌之事。是以，法院就仲裁庭以當事人對他方於仲裁

---

[8] 參閱法務部陳報行政院「商務仲裁條例修正草案」條文對照表說明，頁29。

[9] 參閱最高法院102年度台上字第2074號民事判決。

程序所爲之瑕疵及抵銷抗辯，非屬仲裁協議之範圍，而不予審酌，是否不能重爲調查審酌，非無再推研之餘地[10]。

另外，仲裁程序，違反仲裁協議或法律規定者，當事人得對於他方提起撤銷仲裁判斷之訴，仲裁法第40條第1項第4款定有明文。其所謂仲裁程序違反仲裁協議，固以當事人間存在有效之仲裁協議爲前提，惟當事人間是否存在有效之仲裁協議，及仲裁庭之仲裁程序是否有違反該有效之仲裁協議之情事，則爲撤銷仲裁判斷之訴審理法院所應調查審酌之事項[11]。

第三節　仲裁協議之形式與其主要作用

第一項　仲裁協議之形式

原則上，仲裁條款應以書面爲之，並經由當事人之簽署，才能生效；此即仲裁協議之要式性問題。而如契約中包含仲裁條款，則契約經由當事人之簽署後，其中仲裁條款雖未經當事人另外簽署，但因仲裁條款係契約中之一部分，不必就各條款逐一簽署，亦能生效。至於仲裁協議在形式上有二種，一種是書面的，一種是口頭的。書面之仲裁協議，包括當事人間之往來信函、電傳、電報或有紀錄之其他通訊方式所達成之同意提交仲裁之協議。依仲裁法第1條第3項之規定，我國僅承認書面之仲裁協議，而不承認口頭之仲裁協議，已如前述。

有效之仲裁協議必須具備下列條件：一、仲裁協議必須有書面形式；二、所確定之法律關係必須是可能發生或已發生之爭議；三、爭議事項是可仲裁之事項；四、當事人具有訂立仲裁協議之行爲能力；五、仲裁協議之形式以及內容是合法的。蓋仲裁協議亦屬於契約之一種，仲裁協議係雙方當事人以一致之意思表示將爭議提交仲裁之協議。依仲裁法第2條

---

10 參閱最高法院101年度台上字第248號民事判決。
11 參閱最高法院100年度台上字第1875號民事判決。

之規定：「約定應付仲裁之契約，非關於一定之法律關係，及由該法律關係所生之爭議而爲之者，不生效力。」本條文與原商務仲裁條例之規定，並無不同。足見，仲裁契約仍以解決法律關係所生之爭議爲原則。

又依仲裁法第3條之規定：「當事人間之契約訂有仲裁條款者，該條款之效力，應獨立認定；其契約縱不成立、無效或經撤銷、解除、終止，不影響仲裁條款之效力。」本條文明揭仲裁條款獨立性之原則，蓋仲裁條款雖附隨於當事人所訂立之契約，然其效力應獨立認定，不受契約不成立、無效或經撤銷、解除、終止之影響，爰參考法國、荷蘭及瑞士等國立法例及聯合國國際商務仲裁模範法第16條第1項規定之，以符實際需要及國際社會之共識[12]。

實務上認爲，仲裁法第3條規定，係因仲裁條款係用以處理契約當事人間實體爭議之程序約定，其性質、功能與主契約本不相同，二者可各自分離，故仲裁條款具有獨立自主性，即仲裁條款雖爲主契約的一部分，但並不依存於主契約，換言之，縱主契約有不成立、無效、撤銷、終止、解除等情事，亦不影響仲裁條款之存在，此爲仲裁條款自主（分離）原則。而仲裁制度係基於私法自治及契約自由原則而設之私法紛爭自主解決之制度，具有迅速、經濟、專家判斷等特點，爲使仲裁程序能順利進行，以充分發揮功能，仲裁條款自主原則除上述內容外，併逐步形成仲裁人自行審認管轄原則。是當事人縱主張仲裁協議不成立、違反仲裁協議、仲裁人欠缺仲裁權限，仲裁庭仍得進行仲裁程序，此觀仲裁法第30條規定甚明[13]。

當事人之一造可依一項有效之仲裁協議，向仲裁機構提出仲裁聲請，該仲裁機構才有權受理仲裁聲請。反之，如當事人間並無訂定仲裁協議，或所訂定之仲裁協議是無效、失效或不能執行，則當事人自不能提出仲裁聲請，否則仲裁庭可予以駁回。當事人亦可在仲裁協議中約定適用之法律、仲裁費用之負擔、仲裁使用之語言等，但如係涉外仲裁，應注意是否違反仲裁地國法律之強制規定。

---

[12] 參閱法務部陳報行政院「商務仲裁條例修正草案」條文對照表說明，頁30。
[13] 參閱最高法院106年度台抗字第1307號民事裁判。

第二項　仲裁協議之主要作用

理論上，仲裁協議除可作為將爭議提付仲裁解決之依據外，更有如下之主要作用：

一、仲裁協議可約束雙方當事人之行為

仲裁協議係雙方當事人就契約發生爭議，而提請仲裁之依據，故雙方當事人提請仲裁時，應向仲裁協議中約定之仲裁機構提請仲裁，不得任意改變仲裁機構或仲裁地點；足見仲裁協議可約束雙方當事人之行為。

二、仲裁協議可授予仲裁庭以管轄權

仲裁庭受理仲裁協議之爭議，僅能就當事人按仲裁協議約定所提交之爭議，進行審理，並作成仲裁判斷。在程序上，雙方當事人就契約發生爭議，而提請仲裁後，如有一造當事人在規定之期限內不指定仲裁人時，依仲裁法第12條之規定，受催告後，已逾規定期間而不選定仲裁人者，催告人得聲請仲裁機構或法院為之選定。此外，仲裁協議係雙方當事人提請仲裁之依據，仲裁庭僅能依仲裁法第33條之規定，依當事人聲明之事項作成判斷書。如當事人之仲裁請求事項超越仲裁協議之範圍時，仲裁庭並不能審理。

三、仲裁協議可排除法院之管轄權

仲裁協議一旦成立。當事人間即喪失就該特定爭議事項向法院起訴之權利。以我國而言，雙方當事人之仲裁協議中如約定強制仲裁，或法院規定是強制仲裁[14]時，在前者，如當事人違反此仲裁協議，而向法院另行起訴，則依仲裁法第4條之規定，法院應依他方之聲請裁定停止訴訟程序，

---

14 例如證券交易法第166條第1項但書之規定，證券商與證券交易所或證券商相互間，不論當事人間有無訂立仲裁契約，均應進行仲裁。此規定即為強制仲裁。

並命原告於一定期間內提付仲裁；而在後者，依證券交易法第167條規定，他造得據以請求法院駁回其訴。又依雙方當事人之仲裁協議提請仲裁後，其仲裁人之判斷依仲裁法第37條之規定，於當事人間，與法院之確定判決，有同一之效力。

第四節　仲裁協議之內容

第一項　仲裁協議之參考範本

仲裁協議是在雙方當事人之間訂定協議，同意將現在發生或將來會發生之爭議提交仲裁。此種協議通常是在當事人訂立之主契約中以一個條款表現出來，其條款之內容，中華民國仲裁協會已提供二種仲裁條款參考範例[15]，以供斟酌採用，茲分述如下：

一、與本國廠商簽約時

可約定：「凡當事人間因本契約或違反本契約引起之任何糾紛、爭議之歧見，同意提請中華民國仲裁協會依該協會仲裁程序實施辦法，以仲裁方式解決。」

二、與大陸廠商簽約時

兩岸仲裁協議可約定：「雙方當事人對合同的解釋或履行，不論現在已發生，或將來可能發生的爭議都同意提交○○仲裁委員會，並依該地仲裁法以及仲裁程序規則進行仲裁，其由仲裁庭所作之判斷應為終局的決定，並對雙方當事人均有拘束力。」

---

15 參閱中華民國仲裁協會，請在契約中明列仲裁條款，商務仲裁，41期，1996年3月，頁100。

三、與外國廠商簽約時，可分三種情況

（一）在我國仲裁

可約定：「凡當事人間因本契約或違反本契約引起之任何糾紛、爭議之歧見，同意依中華民國仲裁協會之仲裁程序實施辦法及中華民國法律，在中華民國台北市以仲裁方式解決之，其由仲裁庭所作之判斷應爲最後之決定，並對雙方當事人均有拘束力。」

（二）在被訴方國家仲裁

可約定：「凡當事人間因本契約或違反本契約引起之任何糾紛、爭議之歧見，同意依被訴方國家之仲裁法並依該地仲裁機構之仲裁程序實施辦法，在該國以仲裁方式解決之，其由仲裁庭所作之判斷應爲最後之決定，並對雙方當事人均有拘束力。」

（三）在第三國仲裁

可約定：「凡當事人間因本契約或違反本契約引起之任何糾紛、爭議之歧見，同意依○○國（指第三國），仲裁法並依該地仲裁機構之仲裁程序實施辦法以仲裁方式解決之，其由仲裁庭所作之判斷應爲最後之決定，並對雙方當事人均有拘束力。」

第二項　仲裁協議條款之訂定

爲確保雙方當事人之權益，在簽訂商務契約時，應加列仲裁條款，以作爲解決將來可能發生之爭議，提付仲裁之依據。因此，仲裁協議條款之訂定應盡量詳細，包括：

一、提交仲裁之事項

此即提請仲裁之範圍，一般應寫上「凡因執行本契約或與本契約有關之一切爭議」。依仲裁法第1條第1項及第2項之規定，提請仲裁之範圍，

以依法得和解之現在或將來之爭議為限。實務上,曾有當事人於仲裁條款記載:「購售雙方對於合約條款之解釋或履行發生任何爭議時,得交付仲裁」等語,而後仲裁庭之判斷被最高法院以「與仲裁契約標的之爭議無關」為由,判決撤銷仲裁判斷[16]。由於該判決涉及仲裁判斷是否「與仲裁契約標的之爭議無關」問題,深受學者批評[17]。足見,仲裁條款中約定文字之重要性。

二、仲裁地點

原則上,如為本國之仲裁,則可選擇台北或中華民國國內其他地點舉行。依仲裁法第20條規定:「仲裁地,當事人未約定者,由仲裁庭決定。」此係參考聯合國國際商務仲裁模範法第20條第1項之規定而訂定。

如為涉外之仲裁,則在哪一個國家仲裁即要適用該國之仲裁法規;因此,仲裁地點往往是當事人磋商仲裁協議之焦點。一般情況下,於爭取不到在本國仲裁時,可約定在被訴一方之國家仲裁。當然,當事人在簽訂仲裁協議時,應注意仲裁地國有無可仲裁性之法律規定,任何違反此類規定之仲裁協議,均不能得到法院之執行。此外,由於各國立法與司法在審查爭議事項能否以仲裁方式解決時,均以本國法為判定基準,並以此作為將來拒絕承認與執行外國仲裁判斷之理由之一,故當事人在可能預定之範圍內,必須考慮仲裁判斷執行地國有關仲裁容許性之要求。

三、仲裁機構

仲裁機構係受理案件並作出仲裁判斷之機構;一般而言,在仲裁中,選用在常設機構仲裁比選用在臨時仲裁庭仲裁更方便。在商洽仲裁地點時,應一併考慮注意選擇仲裁機構。以我國而言,早期僅有中華民國仲

---

16 參閱最高法院84年度台上字第111號裁定。
17 參閱林俊益,論仲裁判斷與仲裁契約標的之爭議無關,商務仲裁,40期,1995年11月,頁46至61。

裁協會受理仲裁事件，但現行仲裁法第54條規定：「仲裁機構，得由各級
職業團體、社會團體設立或聯合設立，負責仲裁人登記、註銷登記及辦理
仲裁事件。仲裁機構之組織、設立許可、撤銷或廢止許可、仲裁人登記、
註銷登記、仲裁費用、調解程序及費用等事項之規則，由行政院會同司法
院定之。」因此，目前已有四個仲裁機構，辦理仲裁事件，以供當事人選
擇。

四、仲裁程序

　　仲裁程序係指仲裁時所適用之程序法，包括如何提出仲裁聲請、如何
繳納仲裁費用、如何進行答辯、如何選定仲裁人、如何組成仲裁庭、如何
進行仲裁審理、如何作出仲裁判斷等等。如為國內之仲裁，可依仲裁法第
18條至第36條之規定，細節問題則依中華民國商務仲裁協會之商務仲裁程
序實施辦法實施即可；值得住意者，仲裁法第31條規定：「仲裁庭經當事
人明示合意者，得適用衡平原則為判斷。」此一規定對實務上因各仲裁人
專長不同，對法律認知程度亦有異，所生之困擾，得以解決[18]。

五、仲裁判斷之效力

　　仲裁判斷之效力係指仲裁判斷是否具終局性，其對於雙方有無拘束
力而言。因此，在訂立仲裁協議時，應當訂明仲裁判斷之效力係終局的，
對於雙方當事人均有拘束力。依仲裁法第37條規定：「仲裁人之判斷，
於當事人間，與法院之確定判決，有同一效力。」「仲裁判斷，須聲請法
院為執行裁定後，方得為強制執行。但合於下列規定之一，並經當事人雙
方以書面約定仲裁判斷無須法院裁定即得為強制執行者，得逕為強制執行
……」因此，如雙方當事人之爭議係一定之金錢等，而能在仲裁協議條款
之內詳細訂定可逕為強制執行，則其效力甚強。

---

[18] 按此一修正是否妥適，牽涉甚多，限於篇幅。茲不贅述。參閱吳光明，衡平原則與衡平
　　仲裁，中興法學，43期，1997年12月，頁321至348。

第五節　仲裁協議條款之解釋

第一項　解釋之必要性

由於當事人對於仲裁協議之約定過於簡略，或對於仲裁制度欠缺認識，或使用有欠妥適之文字而為協議，故有解釋之必要，以確定是否有仲裁之合意。實務上，仲裁程序之相對人常以仲裁條款文義不明不具效力，或仲裁標的非屬仲裁合意範圍等為由，請求駁回仲裁。因此，仲裁條款解釋問題，非常重要。同時，仲裁庭可從仲裁條款之解釋中，確定仲裁程序之方向、仲裁程序之範圍與仲裁程序之效力。尤其在國際商務仲裁中，已發展出許多學理以支持仲裁制度，故有就仲裁條款之基本解釋原則，予以敘述之必要。

按學理上認為仲裁庭就仲裁事件有否管轄權，以及仲裁契約之存在與效力，有獨立認定之權[19]，聯合國國際商務仲裁模範法第16條第1項就此且訂有明文，因此學者建議增訂：「仲裁契約之效力，由仲裁庭認定之」但由於我國現行仲裁法並無此種明文規定，是否採相同之解釋，不無疑問。因此關於仲裁協議有效性問題，如仲裁庭認為仲裁協議有效，並作成仲裁判斷，而法院認為仲裁協議無效，則最終受理案件實體爭議之機關為法院，而非仲裁庭。依仲裁法第40條第1項第2款規定「仲裁協議不成立、無效」，是撤銷仲裁判斷之訴之事由之一，足見上述見解不無斟酌之餘地，而於此更可見仲裁條款之解釋之必要性。

---

[19] 參閱高瑞錚，現行商務仲裁制度實務運作上之缺失及其改造，法務部，商務仲裁制度研討會實錄，1995年6月，頁20；轉引自藍瀛芳，關於仲裁契約妨訴抗辯之效力，頁135至238。

第二項　仲裁庭對仲裁條款之基本解釋原則

一、善意原則

　　仲裁條款係契約之一種型態，仲裁條款之解釋亦須依契約之解釋原則，依民法第98條之規定：「解釋意思表示應探求當事人之真意，不得拘泥於所用之辭句。」如仲裁條款已實質存在，並具有效性，則須依善意原則解釋當事人之意思。換言之，依善意原則解釋仲裁條款之「存在及有效」，即應承認其效力，使仲裁庭可進行其程序。因之，凡非財產上之爭議或與公序良俗有關之事項，不得交付仲裁。除此之外，應採較寬鬆之善意解釋原則。

二、利於有效性之原則

　　原則上，如雙方當事人間，有仲裁條款之約定，除非有排拒性之約定文字，否則在解釋上就應該作存在性或有效性之認定[20]；故仲裁條款之解釋應以「利於有效性」之原則加以解釋，如仲裁庭或法院對仲裁條款之解釋不明確時，採其有效性，而不採其無效性，使其有益於仲裁。

　　學者在對仲裁條款之基本解釋原則中，就利於有效性之原則，曾對於所謂「病態條款」之現象，舉出實例，例如：有在仲裁條款使用「得」仲裁；亦有在條款內已指定仲裁人，嗣於爭議發生後，仲裁人已死亡等情形；或於仲裁條款內所約定之仲裁機構並不存在等等[21]，值得參考。實務上，仲裁協議必須形式合法外，仲裁協議之內容不明確、不完整，亦係有瑕疵之仲裁協議。例如：仲裁地點、仲裁機構不明確、仲裁程序之選擇有瑕疵，或對提交仲裁之事項作不必要之限制等等，在此情況下，一方面，受損害之一方急於提出仲裁之聲請以解決爭議；但另一方面，對造當事人則以仲裁協議有瑕疵為由，提出抗辯，從而拖延仲裁程序，使爭議無法及

---

20 參閱藍瀛芳，仲裁條款的解釋，律師雜誌，218期，1997年11月，頁34。
21 參閱藍瀛芳，前揭文，頁35。

時解決。而如仲裁機構受理此案件，經選定仲裁人程序，組成仲裁庭，最後並作成仲裁判斷，此時敗訴之一方以仲裁協議不明確為由，依仲裁法第40條第1項第2款規定，主張「仲裁協議不成立、無效」而向法院提起撤銷仲裁判斷之訴，法院必定非常困擾。

理論上，解決有瑕疵仲裁協議，除採「利於有效性」之原則加以解釋外，其處理方式，參考外國仲裁機構有採「不利條款草擬人之原則」，以及「排除嚴格解釋之原則」。然而，解決有瑕疵仲裁協議之最好方法，係以不同方式，使仲裁協議更趨完善，如此不但可以實施當事人仲裁之意願，更可以維護正常之經濟貿易。最完善之處理方式，主要有三種：

（一）由當事人自行協商，補充或修改有瑕疵之仲裁協議，使其明確並完善。

（二）由仲裁機構出面要求當事人重新訂定仲裁協議，或徵詢另一造當事人，是否同意仲裁，並從中調解、勸說。

（三）由法院行使闡明權，並依法作成裁定，使不明確之仲裁協議變成明確而完善。

第六節　結語

仲裁協議是在雙方當事人之間訂定協議，將現在已發生或將來可能會發生之爭議提交仲裁之一種協議。此種協議通常是在當事人訂立之主契約中以一個條款表現出來，其條款之內容，係雙方當事人根據當事人意思自主原則，表示願意將其間已發生或將來可能發生之爭議提交仲裁解決之一種協議。

有效之仲裁協議必須是書面的，且為所確定之法律關係上，已發生或將來可能發生之爭議。而由於仲裁條款或提交仲裁之協議，係爭議發生後提請仲裁之先決條件，因此，在商務契約中，訂定一個既明確且完整之仲裁條款，非常重要。否則，訂定模稜兩可、無法實施或前後矛盾之仲裁條款，反而會導致困難，甚至無法進行仲裁。實務上，一個完整之仲裁協

議，至少包括：提請仲裁事項、仲裁地點、仲裁機構、仲裁程序規則、仲裁判斷之效力，更詳細者，甚至包括仲裁人之指定方法、仲裁適用之法律、仲裁費用之負擔以及仲裁使用之語言等項。

　　反之，如仲裁協議失效或無效，則仲裁協議不能再具有排除法院管轄之效力，而如仲裁庭已作仲裁判斷，則其所作之仲裁判斷，將被法院所撤銷，此時，當事人不再受到仲裁協議之拘束，從而可以重新再訂立仲裁協議，或向法院起訴。

　　總之，當事人從訂定仲裁協議開始，直至仲裁程序進行，到仲裁結束後，均應注意仲裁協議之種種問題，才能維護自己本身之權益。當然，在仲裁契約有效與否之審理上，仲裁庭或法院應賦予當事人充分之陳述意見，或辯論之機會，以查明事實真相。

　　自1998年商務仲裁條例修正為仲裁法以來，仲裁協議之相關問題時有發展，除有待於仲裁理論與司法實務之運作逐步澄清外，更有賴學說及法制進一步探討。如何利用仲裁制度創造有利解決糾紛之基調，而達到解決糾紛之目的，值得省思。

CHAPTER

2

當事人與仲裁人之法律關係

第一節　概說

　　仲裁人係仲裁庭之組成人員，承擔具體審判之任務，仲裁人之品質與水準直接影響到仲裁判斷之公正合法。因此，世界各國之仲裁立法中，均規定擔任仲裁人應具備一定之條件，我國仲裁法亦如此。該法於1998年5月三讀通過，同年6月24日總統公布，並於同年12月24日正式實施。由仲裁進行之程序觀之，仲裁程序之重心，在於當事人與仲裁人，如仲裁人有不當或不法之措施，甚至仲裁人被撤換，或者仲裁判斷被撤銷，均可能造成當事人無法彌補之損害，故當事人可否要求仲裁人盡相當之注意義務，當事人究可向仲裁人主張何種權利，不無疑問。

　　實務上，當事人有權選定仲裁人，然而，該仲裁人並不能代表該當事人之權益，甚至亦不能為該當事人辯論。仲裁人應獨立公正地審理案件[1]，不能偏袒任何一方，更不受行政或其他之任何干擾。仲裁人不能對案件之實體問題發表意見，亦不允許與當事人私下會面，否則對造當事人可能認為該仲裁人有偏頗之虞，而要求迴避。

　　按仲裁人於接受選任後，有何權利義務，如其執行職務有故意或過失時，是否應負法律責任，值得探討。實務上，仲裁人之權利義務，以及仲裁人之責任基礎，均源於當事人與仲裁人間基礎之法律關係。

　　基此，本章乃藉由如何選任仲裁人之分析，以及仲裁人應具備之資格，並探討仲裁當事人與仲裁人之法律關係、仲裁人之權利義務、仲裁人民事豁免原則，以求解決仲裁法理論與實務問題。

第二節　當事人與仲裁人間法律關係之性質

　　按仲裁法第6條規定，具有法律或其他各業專門知識或經驗，信望素

1　參閱尤英夫，淺論仲裁人之公正性，商務仲裁彙編，第1冊，1988年，頁276至282。

孚之公正人士，具備該條第1款至第5款資格之一者，得為仲裁人。當事人選定仲裁人後，該仲裁人應公正獨立審理案件，依仲裁規則，按仲裁程序行使職權。基此，當事人與仲裁人間法律關係，有下列數說：

一、準契約關係說（quasi-contract）

此說認為仲裁當事人與仲裁人之法律關係，係一種準契約關係。此一理論主要在說明，仲裁人對仲裁當事人之報酬請求權。以英美法而言，其契約法上有所謂「償還請求權」（restitution remedy），該請求權之成立要件，僅須一方對他方要求服務，而預期此項服務將受有報酬為已足。仲裁當事人與仲裁人之關係，雖非契約關係，但仲裁當事人要求仲裁人為一定之服務，於選定仲裁人時，已有明確之表示，而報酬則被視為應當然具備者。因之，仲裁人基於準契約關係，得向當事人請求給付報酬。

然而，依準契約關係說，被選任之仲裁人，不但可自由決定是否接受，且當事人亦可自由決定是否撤回其選定，以終止雙方間之法律關係，在法律上地位並不明確，此顯與仲裁實務上不合。再者，仲裁人之職權係至仲裁判斷作成時為止，此並非準契約關係說所能解釋，故此說並不值採。

二、基於特定身分所生之關係說

此說認為仲裁人一旦接受選定，即具備影響當事人權益之職權，除雙方當事人同意或法院之命令外，仲裁人之職權將持續至仲裁終了時，且仲裁人之職權頗為特殊，仲裁人之地位似具有某程度之「持續性身分」（permanent status），而身分（status）似可說明當事人與仲裁人之權利義務關係。換言之，由於仲裁人之身分，且基於公序良俗（public policy）之理由，應將某些權利賦予仲裁人，並對之課予某種義務[2]。

---

2 參閱林曉瑩，商務仲裁人之比較研究，東吳碩士論文，1994年6月，頁10；羅昌發，仲裁事件當事人與仲裁人之法律關係，商務仲裁，44期，1996年12月，頁22。

　　雖主張此說者，以附隨於仲裁人身分應有之權利義務，為仲裁當事人與仲裁人間法律關係之內容，較符合仲裁制度特殊之性質，然而，「基於特定身分所生之關係說」並無法就其法律關係內容，提供一個完整之答案。「基於特定身分所生之關係」之具體權利義務關係內容，仍須視各個情況而定，為使仲裁制度健全發展，自得考慮公平合理之概念，但此種抽象概念，決定仲裁人附隨於仲裁人身分應有何種權利，換言之，就仲裁當事人與仲裁人間之具體權利義務關係內容，仍不明確，故此說亦不值採。

三、契約關係說（contract）

　　傳統理論認為，仲裁當事人與仲裁人之法律關係，如學者Rene David主張契約關係係由「默示之合意」所形成，其契約之各項條件，均依「默示」而決定。德、日學者多數採此說[3]。惟該「仲裁人契約」（Schiedsrichtervertrag）在類型上，應屬何種契約類型，則又有以下數說：

（一）委任契約說

　　主張此說者認為，仲裁人係受當事人之委任，就爭議事項，提供勞務，予以解決，並收取報酬之勞務給付契約。基此，仲裁人自須受當事人雙方意思之拘束，而處理爭議。惟此種委任契約與一般委任契約不同之處，為仲裁契約當事人雙方之立場互異，利害相反，故不可能由當事人雙方各自授權予仲裁人。德國通說，認仲裁人契約如係無償，則為委任契約之性質[4]。

　　我國實務上，係由當事人雙方自行就應仲裁事項以及仲裁人之權限達成協議，俾仲裁人遵守。此當事人之事先協議，即為仲裁契約，現行仲裁法稱「仲裁協議」。仲裁協議內所記載關於仲裁人應如何之事項，實際

3　參閱林曉瑩，前揭書，頁11。轉引自小島武司、高桑昭編，註解仲裁法（上），昭和63年，初版一刷，頁95。

4　Schwab/Walter, Schiedsgerichtsbarkeit 5; neubearbeitete Auflage, 1995, S. 56.

上即爲委任契約之授權內容。仲裁人苟非依仲裁協議所授權之事項而爲判斷，係屬違反當事人之授權，依仲裁法第40條第1項第4款規定，仲裁程序違反仲裁協議，故當事人得對於他方提起撤銷仲裁判斷之訴。

（二）僱傭契約說

主張此說者認爲，仲裁當事人與仲裁人間，如係無償之法律關係，則爲上述委任契約之性質；反之，如係有償之法律關係，則爲僱傭契約之性質；其本質，應指仲裁當事人爲僱用人，仲裁人爲受僱人，以仲裁人認定事實，作成仲裁判斷，爲勞務給付之內容。按此說爲德國學者之通說。

（三）承攬契約說

主張此說者認爲，仲裁當事人與仲裁人間，仲裁當事人爲定作人，仲裁人爲承攬人，以仲裁人認定事實，作成仲裁判斷，爲承攬工作之完成。

（四）特殊關係說

主張此說者認爲，依「仲裁人契約」之特性，難以將此種契約強加入民法24種契約類型之一，故該「仲裁人契約」，應屬於特殊契約類型，德國聯邦法院判決，將仲裁人契約解釋爲特殊契約類型。另我國學者則認爲，由於仲裁約定與一般當事人之約定不同，前者僅約定其間權利義務爭執時之處理方法，與權利義務無關；後者，僅發生權利義務之問題。除此之外，仲裁協議有雙層之法律效果；消極方面，排除法院之審判權；積極方面，授予仲裁人處理私權爭議之審判權。

綜合以上內容，不論從仲裁當事人與仲裁人間契約之合致、仲裁人負擔之責任與義務、仲裁人費用之取得，甚至仲裁人之撤換等觀點言之，均可見仲裁約定與一般契約有相同之成立要件，卻能另外產生公法上之法律效果，故仍以契約關係說較爲可採。

第三節　仲裁人之選任

第一項　選定方法

　　基於當事人意思自由原則，當事人可自由地就仲裁人之人數與仲裁人之選任，達成協議。因此，選任仲裁人係當事人之權利[5]，依仲裁法第9條第1項規定，仲裁協議，未約定仲裁人及其選定方法者，應由雙方當事人各選一仲裁人，再由雙方選定之仲裁人共推第三仲裁人為主任仲裁人，並由仲裁庭以書面通知當事人。此「由仲裁庭以書面通知當事人」之規定，係現行法所增訂，俾使當事人知悉。

　　依仲裁法第9條第2項規定，仲裁人於選定後30日內未共推主任仲裁人者，當事人得聲請法院為之選定。仲裁協議約定由單一之仲裁人仲裁，而當事人之一方於收受他方選定仲裁人之書面要求後30日內未能達成協議時，當事人一方得聲請法院為之選定。

　　依仲裁法第9條第4項規定，前二項情形，於當事人約定仲裁事件由仲裁機構辦理者，由該仲裁機構選定仲裁人。按第9條第2項與第3項規定，係參考聯合國國際商務仲裁模範法第11條第3項規定，仲裁人未能於選定後30日內共推主任仲裁人，或當事人約定由單一之仲裁人仲裁，而未能於收受他方書面要求後30日內達成協議時，得聲請法院為之選定，俾免延宕仲裁程序[6]。

　　依仲裁法第9條第5項規定，當事人之一方有二人以上，而對仲裁人之選定未達成協議者，依多數決定之；人數相等時，以抽籤定之。

　　依仲裁法第10條第1項規定，當事人之一方選定仲裁人後，應以書面通知他方及仲裁人；由仲裁機構選定仲裁人者，仲裁機構應以書面通知雙

---

[5] 有關仲裁人之選任問題，參閱吳光明，論仲裁庭之組織，仲裁，53期，1999年5月，頁56至67。限於篇幅，茲不贅述。

[6] 參閱法務部，仲裁法修正條文對照表，仲裁法彙編，1999年3月，頁33。筆者有幸，追隨許多學者專家參與法務部召開之仲裁法修正草案，受益良多，特此致謝。

方當事人及仲裁人。舊商務仲裁條例第7條第1項原規定「仲裁協會」係辦理仲裁事件機構之名稱，條文中不宜逕用其名稱，故仲裁法第10條第1項將之訂定為「仲裁機構」[7]。

前項通知送達後，非經雙方當事人同意，不得撤回或變更。此規定之目的在維護當事人之權益。依仲裁法第11條第1項規定，當事人之一方選定仲裁人後，得以書面催告他方於受催告之日起，14日內選定仲裁人。其期間之計算，適用民法第120條第2項規定，始日不算入，自不待言。

仲裁法第11條第2項規定，應由仲裁機構選定仲裁人者，當事人得催告仲裁機構，於前項規定期間內選定之。

依仲裁法第12條規定，受前條第1項之催告，已逾規定期間而不選定仲裁人者，催告人得聲請仲裁機構或法院為之選定。

受前條第2項之催告，已逾規定期間而不選定仲裁人者，催告人得聲請法院為之選定。按如仍規定催告人得向仲裁機構聲請選定仲裁人，易造成程序浪費，且不合理，爰規定僅得聲請法院為之選定，以利仲裁程序之進行」[8]。

依仲裁法第13條規定，仲裁協議所約定之仲裁人，因死亡或其他原因出缺，或拒絕擔任仲裁人或延滯履行仲裁任務者，當事人得再行約定仲裁人；如未能達成協議者，當事人一方得聲請仲裁機構或法院為之選定。

當事人選定之仲裁人，如有前項事由之一者，他方得催告該當事人，自受催告之日起，14日內另行選定仲裁人。但已依第9條第1項規定共推之主任仲裁人不受影響。

受催告之當事人，已逾前項之規定期間，而不另行選定仲裁人者，催告人得聲請仲裁機構或法院為之選定。

仲裁機構或法院選定之仲裁人，有第1項情形者，仲裁機構或法院得各自依聲請或職權易行選定。

---

[7] 參閱法務部，仲裁法修正條文對照表，前揭書，頁35。按其後仲裁法各條之「仲裁協會」均修正為「仲裁機構」。

[8] 參閱法務部，仲裁法修正條文對照表，前揭書，頁37。

主任仲裁人有第1項事由之一者，法院得依聲請或職權另行選定。

依仲裁法第14條規定，對於仲裁機構或法院依本章選定之仲裁人，除依本法請求迴避者外，當事人不得聲明不服。

第二項　仲裁人之資格

仲裁制度乃依當事人意思自由原則，由當事人自行選定仲裁人，以解決爭議之制度。由於當事人對仲裁人之特殊信賴，故如當事人所合意之仲裁人係法人，實際上仍會發生法人內部究由何人擔任仲裁人之問題。許多國家之法律明文規定，不能選擇法人爲仲裁人。我國現行仲裁法第5條第1項亦規定：「仲裁人應爲自然人。」[9]蓋仲裁人之仲裁權形同法官之審判權，必須具備專業知識及判斷能力，故限於自然人始得爲之，爰予訂定。並於該條第2項規定：「當事人於仲裁協議約定仲裁機構以外之法人或團體爲仲裁人者，視爲未約定仲裁人。」此規定目的在杜絕爭議。茲將仲裁人之積極資格與消極資格，分述如下：

一、積極資格

仲裁人由具有法律或其他各業專門知識或經驗，信望素孚之公正人士擔任，不僅有利於糾紛迅速解決，更有利於爭議案件得到公正合理之解決。現行仲裁法第6條規定：「具有法律或其他各業專門知識或經驗，信望素孚之公正人士，具備下列資格之一者，得爲仲裁人：一、曾任實任推事、法官或檢察官者。二、曾執行律師、會計師、建築師、技師或其他與商務有關之專門職業人員業務五年以上者。三、曾任國內、外仲裁機構仲裁事件之仲裁人者。四、曾任教育部認可之國內、外大專院校助理教授以上職務五年以上者。五、具有特殊領域之專門知識或技術，並在該特殊領域服務五年以上者。」

按本條明定仲裁人所應具備之資格，列舉五款具備專業素養及德高望

9　參閱藍瀛芳，談仲裁人的資格問題，商務仲裁論著彙編，第3冊，1989年，頁40至50。

重之士，得擔任仲裁人，以提升仲裁品質及仲裁公正性。

二、消極資格

現行仲裁法第7條規定：「有下列各款情形之一者，不得為仲裁人：一、犯貪污、瀆職之罪，經判刑確定。二、犯前款以外之罪，經判處有期徒刑一年以上之刑確定。三、經褫奪公權宣告尚未復權。四、破產宣告尚未復權。五、受監護或輔助宣告尚未撤銷。六、未成年人。」

鑑於仲裁人之地位，有如法官，本條新增規定，明定仲裁人之消極資格，以排除不適任之人擔任之，俾提升仲裁品質。

三、加強仲裁人之訓練

（一）訓練目的

提升仲裁之品質，為目前亟待努力之課題，惟提升仲裁之品質，應由加強仲裁人之訓練，並對之提供便利之協助著手。蓋仲裁需要仲裁人具有豐富之經驗、專門之知識、較高之智慧與熟練之技巧。同時，仲裁人應進行研討交流，避免對相同問題作出矛盾仲裁判斷。

舊商務仲裁條例關於仲裁人之資格規定失之空泛，現行法第6條明定仲裁人所應具備之資格，列舉五款具備專業素養及德高望重之士，得擔任仲裁人，以提升仲裁品質以及仲裁公正性，已如前述。而仲裁法第8條亦明定仲裁人應經訓練或講習，以提高仲裁人之學養與素質[10]。

（二）仲裁法第8條內容

2002年間，仲裁法第8條改為：「具有本法所定得為仲裁人資格者，除有下列情形之一者外，應經訓練並取得合格證書，始得向仲裁機構申請登記為仲裁人：一、曾任實任推事、法官或檢察官者。二、曾執行律師職

---

[10] 按該訓練及講習辦法後來改為「仲裁人訓練及講習辦法」，歷經2001年修正，最近一次修正於2003年。

務三年以上者。三、曾在教育部認可之國內、外大專校院法律學系或法律研究所專任教授二年、副教授三年，講授主要法律科目三年以上者。四、本法修正施行前已向仲裁機構登記爲仲裁人，並曾實際參與爭議事件之仲裁者。前項第三款所定任教年資之計算及主要法律科目之範圍，由法務部會商相關機關定之。仲裁人未依第一項規定向仲裁機構申請登記者，亦適用本法訓練之規定。仲裁人已向仲裁機構申請登記者，應參加仲裁機構每年定期舉辦之講習；未定期參加者，仲裁機構得註銷其登記。仲裁人之訓練及講習辦法，由行政院會同司法院定之。」

（三）立法理由

2002年修正仲裁法第8條之立法理由如下[11]：

1. 原條文第1項使用「或」字，文義上易使人產生二者擇一即可之誤解。又仲裁人如未經訓練，經一方當事人選任參與爭議事件之仲者者，嗣後他方當事人得否以仲裁庭之組成違反法律規定而提起撤銷仲裁判斷之訴，易滋爭議，爰明定之。

2. 爲使任教年資之計算及主要法律科目之範圍，能與時推移，以因應未來仲裁業務之發展，進而更契合實務需求，爰增訂第2項。

3. 基於提高仲裁人學養和素質，宜不分有無向仲裁機構申請登記爲仲裁人，亦適用本法之訓練規定，俾免未向仲裁機構申請登記之仲裁人，實際參與爭議事件之仲裁時，影響仲裁之品質與信譽，爰增訂第3項。

4. 爲使已向仲裁機構申請登記爲仲裁人者之學養、素質及實務經驗能與時俱進，爰於第4項明定之。

5. 原條文第2項移列爲第5項。又仲裁人之訓練及講習事宜，既已分爲二項定之，爰酌作文字修正。

因此，仲裁人之訓練講習辦法，依該條第5項規定，由行政院會同司法院定之。1999年3月行政院會同司法院，依仲裁法第8條第5項規定，共

---

11 參閱2002年修正仲裁法第8條之立法理由。

同發布「仲裁人訓練及講習辦法」[12]，條文共18條，明確揭示仲裁人訓練、講習之目的；參加本訓練之程序；訓練分基礎訓練與實務訓練，兼顧理論與實務；訓練期間之學習、行爲與考評等規定。

第三項　仲裁人之迴避

　　按仲裁人雖爲當事人所選任，然其地位具有超然及公正之特性，並非某一當事人之代理人，故全體仲裁人均應同時兼顧兩造當事人之權益。爲促進仲裁制度之健全發展，法律乃要求仲裁人須公正、獨立、無偏頗之執行職務[13]。換言之，仲裁人之迴避係保障當事人平等行使權利，保證仲裁人公正處理案件之一項重要制度。由於某些事由可能將會影響到仲裁人對爭議事項作出非公正之仲裁判斷。因而各國仲裁立法中，均將仲裁人之迴避，作爲一項重要事項加以規定。舊商務仲裁條例關於仲裁人之迴避稱爲「仲裁人之拒卻」，而於該條例第11條第1項第1款規定「有民事訴訟法所定推事應迴避之同一原因者」之內涵，雖有不同意見，但實務上最高法院認爲並不包括民事訴訟法第33條第1項第2款所稱足認法官執行職務，有偏頗之虞，得由當事人聲請迴避之情形。因此，既非在法官應自行迴避之原因，自不包括在內[14]。仲裁法修正此條文後，此問題已不再發生[15]。

---

12 參閱1999年3月3日行政院台88法字第08006號及司法院（88）院台廳民三字第02096號令會銜發布。法務部，前揭書，頁173至183。按該辦法後來改爲「仲裁人訓練及講習辦法」，歷經2001年修正，最近一次修正於2003年。

13 參閱陳煥文，論仲裁庭之組織，商務仲裁，47期，1997年9月，頁30。

14 參閱最高法院83年度台抗字第298號裁定。

15 按有學者稱：「眞正關心我國仲裁制度者，對最高法院（即83年度台抗字第298號）裁定，均表異議。」參閱林俊益，法院在商務仲裁之角色，永然出版，1996年，頁83。然而，在該案中，最高法院之裁定支持筆者意見，其實該案所涉及部分總共有5項，最高法院裁定並沒有機會列出：1.根據當時之法律規定所爲之當然解釋；2.根據當時之仲裁契約之特別約定；3.大學教授係系教評會、院教評會、校教評會，三級三審所聘任，與大學校長並無上下級之關聯；4.據學術自由原則，大學教授並不當然會偏頗該大學；5.在該案仲裁程序進行中，筆者已離開該所大學。幸仲裁法第16條已修正，此問題已不再發生，但爲防止有人藉機胡亂批評，仍然有必要就此澄清。

　　依我國現行仲裁法第16條規定：「仲裁人有下列各款情形之一者，當事人得請求其迴避：一、不具備當事人所約定之資格者。二、有前條第二項各款情形之一者。當事人對其自行選定之仲裁人，除迴避之原因發生在選定後，或至選定後始知其原因者外，不得請求仲裁人迴避。」

　　又依現行仲裁法第17條規定：「當事人請求仲裁人迴避者，應於知悉迴避原因後十四日內，以書面敘明理由，向仲裁庭提出，仲裁庭應於十日內作成決定。但當事人另有約定者，不在此限。前項請求，仲裁庭尚未成立者，其請求期間自仲裁庭成立後起算。當事人對於仲裁庭之決定不服者，得於十四日內聲請法院裁定之。當事人對於法院依前項規定所為之裁定，不得聲明不服。雙方當事人請求仲裁人迴避者，仲裁人應即迴避。當事人請求獨任仲裁人迴避者，應向法院為之。」

　　按本條係參考聯合國國際商務仲裁模範法第13條第2項第3項規定而來[16]。

第四節　仲裁人之權利及義務

第一項　仲裁人之義務

一、揭露義務

　　按仲裁人擁有類似法官之職權，具有準司法之性格[17]。故仲裁人應本其獨立、公正之立場，以作成公正之仲裁判斷，何況，仲裁判斷一審終結，並無上級審之司法監督，以糾正仲裁庭認事用法之違誤。因此，依現行仲裁法第15條第1項規定，仲裁人應獨立、公正處理仲裁事件，並保守

---

[16] 有關仲裁人之迴避問題，參閱吳光明，論仲裁庭之組織，仲裁，53期，1999年5月，頁56至67。限於篇幅，茲不贅述。

[17] 參閱楊崇森，商務仲裁之理論與實務，中央文物供應社，1984年2月，頁40。

秘密。按仲裁人處理仲裁事件，應本於獨立、公正之態度，並負有保守秘密之義務，爰將仲裁人應遵守之重要原則，明定於第1項。

　　仲裁法第15條第2項規定：「仲裁人有下列各款情形之一者，應即告知當事人：一、有民事訴訟法第三十二條所定法官應自行迴避之同一原因者。二、仲裁人與當事人間現有或曾有僱傭或代理關係者。三、仲裁人與當事人之代理人或重要證人間現有或曾有僱傭或代理關係者。四、有其他情形足使當事人認其有不能獨立、公正執行職務之虞者。」

　　此係參考聯合國國際商務仲裁模範法第12條第1項，明定仲裁人於選定前，以及仲裁程序中，負有「披露義務」（Duty of Disclosure），以維護仲裁人之獨立性、公正性，確保仲裁制度之公信力，爰增訂第2項。

　　至於仲裁法第15條第2項第4款規定：「有其他情形足使當事人認其有不能獨立、公正執行職務之虞者。」係指第2項第1款至第3款以外情形，例如仲裁人與當事人一方曾有同事或合夥關係，而其關係足使當事人產生懷疑其不能獨立、公正執行職務者而言[18]。

二、按期限完成仲裁之義務

　　由於仲裁本質上較訴訟更具迅速性，如仲裁人隨意拖延，遲不作仲裁判斷，勢必影響當事人之正當權益，尤其因仲裁判斷之作成耽誤，可能使債務人隱匿財產，導致勝訴之仲裁判斷無法獲得清償，而失去意義。

　　舊商務仲裁條例第12條第1項，係規範仲裁人須於接獲被選為仲裁人通知日起3個月內作成仲裁判斷，必要時延為6個月。仲裁法第21條第1項改為：「仲裁進行程序，當事人未約定者，仲裁庭應於接獲被選為仲裁人之通知日起十日內，決定仲裁處所及詢問期日，通知雙方當事人，並於六個月內作成判斷書；必要時得延長三個月。」該法第21條第2項規定：「前項十日期間，對將來爭議，應自接獲爭議發生之通知日起算。」蓋因案情複雜、鑑定報告遲延、天災、不可抗力或經雙方合意暫停程序試行和

---

18 參閱法務部，仲裁法修正條文對照表，仲裁法彙編，1999年3月，頁40、41。

解等情形，均可能逾越6個月之期限，故修正爲「判斷書」[19]應於6個月內作成。並將原條文「仲裁人」配合修正爲「仲裁庭」。仲裁法第21條第3項規定：「仲裁庭逾第一項期間未作成判斷書者，除強制仲裁事件外，當事人得逕行起訴或聲請續行訴訟。其經當事人起訴或聲請續行訴訟者，仲裁程序視爲終結。」蓋強制仲裁之場合，如仲裁庭未能於9個月內作成仲裁判斷者，依強制仲裁之立法原意，當事人仍不得起訴，故於該法第21條第3項增訂「除強制仲裁事件外」，俾資澄清。而所謂「強制仲裁事件」係指其他法律規定，當事人間之爭議，不論有無訂立仲裁契約，均應以仲裁方式解決者[20]。又所謂「聲請續行訴訟」係指現行仲裁法第4條第1項，經法院裁定停止之訴訟，應於一定期間內提付仲裁，而仲裁判斷又未於法定期間內作成者，此時當事人應聲請續行訴訟而言。

最後，仲裁庭逾期未作成仲裁判斷者，依民法第133條之規定，時效視爲不中斷，如因此導致時效完成時，對當事人顯有不公，爰增訂第21條第4項：「前項逕行起訴之情形，不適用民法第一百三十三條之規定。」以資周延。

三、守密義務

仲裁制度均嚴格要求，仲裁案件爭議事項不得對外洩漏，除非當事人願意公開仲裁之事實及其結果，否則仲裁案件整個過程僅限於仲裁人、當事人及其代理人以及仲裁機構參與。至於守密義務之內容，包括不得向外透露任何有關案件實體與程序之情況，如案情、審理過程、仲裁庭合議之情況。因之，現行「仲裁機構組織與調解程序及費用規則」[21]第22條第2

---

[19] 蓋因「判斷」依過去實務上，僅有「主文」，至於「判斷書」，則應依仲裁法第33條第2項詳細記載該項各款事項。

[20] 強制仲裁事件，例如證券交易法第166條規定。

[21] 參閱1999年3月3日行政院台88法字第08006號及司法院（88）院台廳民三字第02096號會銜發布。法務部，前揭書，頁91至106。按「仲裁機構組織與調解程序及費用規則」，最近一次修正於2003年。

項第1款明文規定，仲裁人應保守秘密，否則即違反仲裁人倫理規範。

四、適用法律義務之存否與衡平仲裁問題

有關仲裁人有無適用實體法之義務，以及衡平仲裁問題，牽涉甚多[22]，現行仲裁法第31條已規定：「仲裁庭經當事人明示合意者，得適用衡平原則爲判斷。」按該條明示仲裁庭經當事人明示合意者，得採用衡平仲裁之方法解決爭議。蓋各國仲裁系統有兩種，一爲法律仲裁，一爲衡平交易習慣仲裁，以呼應民法第1條「民事，法律所未規定者，依習慣」之立法精神[23]。

第二項　仲裁人之權利

一、費用請求權

舊商務仲裁條例第29條規定：「商務仲裁協會之組織、仲裁費用、調解之程序與費用，由行政院會同司法院定之。」現行仲裁法第54條第2項規定：「仲裁機構之組織、設立許可、撤銷或廢止許可、仲裁人登記、註銷登記、仲裁費用、調解程序及費用等事項之規則，由行政院會同司法院定之。」已如前述。而行政院與司法院共同頒布之「仲裁機構組織與調解程序及費用規則」第25條明定繳納仲裁費之標準，從該條文義觀之，由仲裁機構進行之仲裁係有償。至於在我國國內進行而「非經仲裁機構」辦理之仲裁事件，依該規則第38條規定，其仲裁費用之收取，得準用本規則有關之規定。足見在我國之仲裁應屬有償之性質。

按仲裁人爲審理仲裁案件，必須花費相當之時間，故承認仲裁人有報酬請求權，符合公益，只是其報酬係由仲裁機構將其所收取之仲裁費依「仲裁機構組織與調解程序及費用規則」第28條第1項規定，按比例轉交

---

22 參閱吳光明，衡平原則與衡平仲裁，中興法學，43期，1997年12月，頁321至348，因非本論文主題，限於篇幅，茲不贅述。

23 參閱法務部，仲裁法修正條文對照表，前揭書，頁59、60。

仲裁人，而非仲裁人「直接」對當事人有仲裁費用之請求權，不可不辨。蓋依我國仲裁體制，當事人聲請仲裁，必須先向仲裁機構繳納仲裁費用，否則程序不合，經要求補正而仍未繳費，其仲裁之聲請將被駁回，故不會發生仲裁人「直接」對當事人請求仲裁費用問題[24]。

二、仲裁費用請求之數額

因財產權而聲請仲裁之事件，應依前述「仲裁機構組織與調解程序及費用規則」第25條第1項規定，繳納仲裁費。而仲裁人再依同規則第28條第1項規定，按各款比例，轉交參與各該事件之仲裁人，其餘歸仲裁機構。

然而，在非經仲裁機構辦理之仲裁事件，其仲裁費用之收取，依該法第38條規定，得準用本規則有關之規定。依此規定，仲裁人究僅能取得仲裁費用之若干百分比，抑或仲裁費用之全部金額，新修正「仲裁機構組織與調解程序及費用規則」對此亦無明確規定，學者認為，仲裁人可請求之仲裁報酬，除當事人與仲裁人另有約定外，應參考外國法制所規定之「合理費用」為標準，如有爭執，宜由法院裁定以確定其數額[25]，本章從之。

不過，實務上，有關仲裁費用案件，最高法院有如下二案例，可供參考。

（一）法院對仲裁庭核定仲裁標的之價額有審查權

查仲裁法第54條第2項規定：「仲裁機構之組織、設立許可、撤銷或廢止許可、仲裁人登記、註銷登記、仲裁費用、調解程序及費用等事項之規則，由行政院會同司法院定之。」嗣行政院會同司法院訂定仲裁機構組

---

[24] 從我國仲裁實務上言之，並不會發生所謂「仲裁程序終結後，當事人仍未給付仲裁費問題」，從而亦無所謂「仲裁人亦得以契約債務不履行向法院起訴請求」問題，學者此項主張，似乎有誤，參閱林曉瑩，前揭書，頁144。

[25] 參閱羅昌發，論仲裁當事人與仲裁人之法律關係，商務仲裁，26期，1990年9月，頁17。

織與調解程序及費用規則，其第27條規定：「仲裁標的之價額，由仲裁庭核定。民事訴訟費用法第四條至第七條規定，於計算仲裁標的之價額時，準用之。」則仲裁庭核定仲裁標的之價額，自應依上開法條之規定。而當事人倘主張仲裁庭核定不實，致其溢繳仲裁費，請求退還時，法院對仲裁庭有否依法律之規定核定仲裁標的之價額，自有審查權[26]。

（二）仲裁費用之爭議，得由當事人向法院提起訴訟

　　仲裁法第29條固規定當事人知悉或可得而知仲裁程序違反仲裁法或仲裁協議，而仍進行仲裁程序者，不得異議（第1項）；異議，由仲裁庭決定之，當事人不得聲明不服（第2項）。此係指當事人對於仲裁庭所進行之仲裁程序本身不得聲明不服而言，並未排除當事人基於其與仲裁機構間之契約關係向法院起訴請求救濟之權利。仲裁庭核定仲裁費用多寡之決定非屬仲裁判斷，不具同法第37條第1項所定與法院之確定判決，有同一效力，非屬同法第40條第1項各款所定得對之提起撤銷仲裁判斷之訴之範疇，關於仲裁庭核定仲裁費用之決定，無從循此途徑救濟，惟當事人非不得就無關仲裁標的而就其與仲裁機構或仲裁人間爭議事項之核定仲裁費用之決定，本於其間之私法契約，向法院提起訴訟，以求救濟，否則仲裁庭若未依仲裁機構組織與調解程序及費用規則（下稱費用規則）核定仲裁標的價額，計算仲裁費用，仲裁機構仍據以通知當事人補正，當事人拒不補正，仲裁機構即依費用規則第25條第4項規定不受理其仲裁之聲請，造成當事人權益受損，卻無救濟途逕，顯與法治國家有權利受侵害必有救濟之原則相扞格。綜上所論，有關仲裁費用之相關爭議，應得由當事人依據其與仲裁機關間內部之契約，向法院提起訴訟，請求救濟，始符法制，並合公允[27]。

---

26 參閱最高法院97年度台上字第782號民事判決。
27 參閱最高法院99年度台聲字第826號民事判決。

第五節　仲裁人民事豁免原則

按仲裁人於仲裁程序時，如有違反仲裁人義務，或有不當執行職務問題，當事人之損失，可否提起民事訴訟，向仲裁人請求損害賠償。換言之，仲裁人是否與法官相同，享有民事豁免原則，關於此點，學說上有肯定說與否定說[28]，茲分述如下：

一、肯定說

主張此說者認為，仲裁人之功能類似於法官，故其責任亦應與法官同。因此，為避免仲裁人於仲裁判斷時，受敗訴當事人不當威脅，而影響其獨立性與公正性，自當允許仲裁人與法官同樣享有民事豁免原則。此外，為鼓勵仲裁制度之政策，發揮疏解訟源之積極功能，如仲裁人不適用民事豁免原則，將因其可能面對民事賠償，致無人敢擔任仲裁人，故為使仲裁制度之蓬勃發展，應允許仲裁人享有民事豁免權。

二、否定說

主張此說者認為，仲裁人本質上與法官並不相同，故其責任亦應與法官不同。按仲裁人之權限源自於「仲裁人契約」中當事人之授權，仲裁人乃是「契約下之產物」（Creature of Contract），而法官之權限源自於法律之規定，法官係國家為解決社會紛爭而設置之公務員。因之，仲裁人如有故意過失，致當事人權益受有損害時，應認當事人得對仲裁人請求民事損害賠償，以控制仲裁人審慎履行其仲裁職務。

再者，仲裁程序與訴訟程序，在本質上各有不同，仲裁程序不公開，且一審終結，而仲裁判斷之撤銷，限於仲裁法第40條第1項各款之事由，為防止仲裁人濫用其權限，仲裁人實不得享有民事豁免權。

---

[28] 參閱林曉瑩，論商務仲裁人之民事責任及其豁免，商務仲裁，38期，1995年1月，頁82、83。

三、有限之民事豁免原則

由於兩大法系在仲裁責任問題上，有兩種完全不同之主張，大陸法系之國家認為，縱仲裁人之功能類似於法官，但實際上，仲裁人之功能仍屬相當有限，仲裁人既因其專家知識而被選任，且受有報酬，則不應有民事豁免權[29]。

至於普通法系（Common Law）國家，如美國，則不採大陸法系國家之基於「仲裁人契約」，以探討是否有民事豁免原則之適用，美國實務上在探討*Corvey v. New York Stock Exchange*[30]一案中，其最高法院強調，仲裁有司法判斷是非之功能，而仲裁人之角色，其社會公益之特性，是以原則上仲裁人應有民事豁免原則之適用。

兩種法系相比較結果，本文認為，仲裁人在一定範圍內可享受豁免，但超出此一範圍則不能免除其責任較妥。蓋仲裁人之行為應可分「司法行為」與「非司法行為」，就仲裁人之「司法行為」部分，採用仲裁人民事責任豁免原則，並無問題。而仲裁人之「非司法行為」部分，如因故意過失致當事人受有損害時，仲裁人不應有民事責任豁免原則之適用，而應負民事損害賠償責任。

晚近大陸學者認為，「仲裁人責任有限豁免制度」是「仲裁之獨立性」與「仲裁之公正性」相互衝突、妥協之結果[31]。

亦有認為仲裁人責任判定之標準有二：一是仲裁人之行為有故意性或惡意性；二是仲裁人之行為屬於重大過失。至於仲裁人民事責任之賠償數額，應控制在仲裁人所取得報酬及其相應利息範圍內，以免當事人有欺騙性與報復性起訴行為[32]，可供參考。

---

[29] 例如奧地利民事訴訟法即明文規定，仲裁人如有故意過失，致當事人權益受有損害時，應對當事人負民事損害賠償責任。德國聯邦最高法院則認為，當「仲裁人契約」中，未明文約定時，應認為當事人默示同意仲裁人享有民事豁免權。

[30] 參閱林曉瑩，前揭文，頁84。

[31] 參閱黃雅萍，仲裁員責任制度研究，涉外仲裁司法審查，法律出版社，頁269。

[32] 參閱韓平，論仲裁員的民事責任，武漢大學學報，5期，2011年，頁29至35。

第六節 結語

從當事人與仲裁人間法律關係而言，學說上向有準契約關係說、基於特定身分所生之關係說、契約關係說等之不同。而因準契約關係說者，對當事人與仲裁人間究為如何之準契約法律關係，並無具體之說明；而基於特定身分所生之關係說者，雖較能說明「仲裁人之地位」，但其附隨於「仲裁之身分」，應如何認定其權利義務，此說之主張，亦不確定，且失之空泛。比較言之，仍以契約關係說較為可採，而契約關係說，又有委任契約說、僱傭契約說、承攬契約說、特殊關係說之不同。然而，鑑於仲裁制度之特性，當事人與仲裁人間法律關係存在一種「仲裁人契約」應屬於一種特殊契約類型，故應可準用「委任」之規定。

又仲裁人基於仲裁制度之特性，應公正獨立執行其職務、並負限期內作成仲裁判斷、揭露以及守密等義務，但在權利方面，則有仲裁報酬請求權。但此仲裁報酬請求權，係由仲裁機構代收代付，不發生仲裁人以「契約債務不履行向法院起訴請求」之問題。

至於當事人是否可以「仲裁人違背其應盡義務，致受有損害」為由，請求損害賠償問題，大陸法系國家與英美法系國家，對此問題之規範，有所不同。英美法系國家，大多認為仲裁人亦得援用法官民事責任豁免原則；大陸法系國家，則持否定見解。本章主張，原則上，仲裁人民事責任豁免原則應有所限制；蓋仲裁人之行為應可分「司法行為」與「非司法行為」，就仲裁人之「司法行為」部分，採用仲裁人民事責任豁免原則，並無問題。而仲裁人之「非司法行為」部分，因故意過失致當事人受有損害時，仲裁人不應有民事責任豁免原則，而應負民事損害賠償責任。

然而，「有限責任豁免原則」仍應有具體豁免範圍，亦即「有限責任豁免原則」仍有其程序上之限制，例如仲裁程序違背仲裁之自願性，即應承擔民事責任。此外，仲裁人下列幾種不當仲裁行為，可視為仲裁人違反契約性限制，應承擔民事責任。例如仲裁人與案件有利害關係而未迴避，事後該仲裁判斷被撤銷，使當事人必須重新仲裁，花費過長之時間與過高

之費用。又如仲裁人無正當理由提前退出仲裁，使當事人投入大量時間與財力變成毫無價值。再如仲裁人未按期限完成仲裁判斷，他造依法提起訴訟，致原仲裁程序無法充分有效地發揮仲裁作用。

　　總之，爲充分有效地發揮仲裁作用，在仲裁人承擔義務與免除仲裁人責任間，必須有一適當之平衡。一方面，既要加重仲裁人一定之責任，使其不至故意或過失濫用其權限；另一方面，又必須使仲裁人能夠履行其職責，而不必擔心受不當之訴訟，故「有限責任豁免原則」較爲可探。

CHAPTER

3

仲裁庭適用仲裁程序之探討

第一節　概說

　　按仲裁庭審理仲裁案件有兩種方式，一爲開庭審理，一爲書面審理。依我國現行仲裁法規定，仲裁原則上採開庭審理，但不公開進行，而如當事人另有約定者，不在此限。依現行仲裁法第21條規定，仲裁庭應於接獲被選爲仲裁人之通知之日起10日內，決定仲裁處所及詢問期日，通知雙方當事人，並於6個月內作成仲裁判斷書，必要時得延長3個月。現行仲裁法第三章，從第18條至第36條，即爲有關仲裁程序之規定。

　　仲裁庭以法律爲準繩，即在調查事實之基礎上，仲裁庭是要根據當事人約定選擇所適用之法律，或按照法律所適用之原則確定準據法，以適用法律規定，釐清當事人間之責任，從獨立之審理中，作出公正之仲裁判斷。因此，現行仲裁法就「仲裁程序」，訂有章次及章名，並參考聯合國國際商務仲裁模範法（UNCITRAL Model Law）第16條、第18條、第19條、第20條、第21條、第32條等規定訂之，以示重視。

　　又有關「仲裁事件之程序是否準用民事訴訟法」[1]問題，最高法院69年有兩件判決[2]均認爲「商務仲裁條例並未規定仲裁時應適用民事訴訟法之規定」，故仲裁事件之程序並不準用民事訴訟法。歷經15年後，最高法院84年判決[3]則採相反見解，認爲：「按民事訴訟法第48條、第75條規定法定代理權或訴訟代理權之欠缺經追認者，溯及於行爲時發生效力，依商務仲裁條例第35條規定於仲裁事件之程序，亦得準用。」此前後不一致之立論，因現行仲裁法就「仲裁程序」，已經訂定，本文即係就此點而爲闡述，並就教於學者專家。本章之研究範圍，亦包括仲裁程序之意義、仲裁審前準備、仲裁審理、當事人之陳述、仲裁當事人之意義、仲裁當事人之權利與義務，最後並就仲裁庭視情況而決定準用「民事訴訟法」，或衡酌

---

[1] 參閱林俊益，論仲裁事件之程序是否準用民事訴訟法，律師通訊，200期，1996年5月，頁18至23。

[2] 參閱最高法院69年度台上字第1969號判決及69年度台再字第242號判決。

[3] 參閱最高法院84年度台上字第1986號判決。

公平合理原則與實際需要，選擇妥適之仲裁程序問題，提出一些意見，以供各界參考[4]。

　　此外，仲裁法第52條現定：「法院關於仲裁事件之程序，除本法另有規定外，適用非訟事件法，非訟事件法未規定者，準用民事訴訟法。」係專就「法院關於仲裁事件」之程序而為規定，與本主題並無關聯，限於篇幅，恕不贅述。

　　至於國際上主要仲裁規則，大同小異，最具有代表性者，有聯合國國際貿易法委員會仲裁規則（UNCITRAL Arbitration Rules）、聯合國國際商務仲裁模範法（UNCITRAL Model Law）、倫敦國際仲裁院規則（the Rules of the London Court of International Arbitration）、國際商會仲裁院規則（the Rules of the ICC Court of International Arbitration，簡稱ICC）、美國仲裁協會規則（the Rules of the American Arbitration Asso-ciation，簡稱AAA）等[5]，僅就其大原則部分，予以敘述，細節部分，則不在此討論範圍。

第二節　仲裁程序之概念

第一項　意義

　　仲裁程序係指仲裁庭有可仲裁之爭議時，所適用之程序及其次序，亦即仲裁之方式方法與步驟之規範。仲裁程序係仲裁法律制度之核心，仲裁庭必須依法進行。舊商務仲裁條例之規定過於簡略，實務上頗生困擾，對於仲裁程序之進行，則適用「非訟事件法」、「民事訴訟法」，致學者批

4　另請參閱吳光明，仲裁庭適用仲裁程序之探討，商事法暨財經法論文集，1999年8月，頁153至176。

5　Gary B. Born, International Commercial Arbitration in the United States, Kluwer, 1994, pp. 917-1021. Schwab, Walter, Schiedsgerichtsbarkeit, 1995, s. 553-660.

評，仲裁績效不彰，法令制度有欠完備，難辭其咎[6]。

現行仲裁法第三章為「仲裁程序」之專章，其第18條規定，仲裁程序之開始；第19條規定，仲裁程序之適用；第20條規定，仲裁程序之仲裁地；第21條規定，決定仲裁處所及詢問期日；第22條規定，仲裁庭管轄權之異議；第23條規定，當事人之充分陳述；第24條規定，委任代理人；第25條規定，涉外仲裁之語言；第26條規定，詢問證人及鑑定人；第27條規定，文書之送達；第28條規定，法院之協助；第29條規定，違反仲裁協議仍進行仲裁時，不得異議；第30條規定，仲裁庭認為無理由時，仍得進行仲裁程序；第31條規定，衡平仲裁；第32條規定，仲裁判斷之評議；第33條規定，作成仲裁判斷書；第34條規定，判斷書之送達；第35條規定，判斷書之更正；第36條規定，簡易仲裁。

國際仲裁規則就國際仲裁程序部分而言，從仲裁通知、仲裁聲請之受理範圍，即聲請仲裁之客體能力與主體能力，乃至仲裁庭之組成、仲裁庭審理程序，一直至作出仲裁判斷，均有一部非常詳盡之規則，可供參考。

關於仲裁程序，各國仲裁立法大多允許當事人雙方經由協商確定，僅在當事人雙方未約定時，才授權仲裁庭依法決定，如德國法與日本法規定，當事人可以經由仲裁協議，自行約定仲裁程序[7]。如當事人之仲裁協議未約定仲裁程序時，仲裁庭可自由裁量。

第二項　基本原則

在仲裁審理程序上，仲裁庭均要遵守下列七項基本程序原則[8]：

一、必須平等地對待各當事人。

二、國際商務仲裁程序中，各個階段均必須給予當事人陳述案情之充

6　參閱陳煥文，國際仲裁法專論，五南，1994年4月，初版一刷，頁95。

7　例如當事人雙方約定採用某種仲裁機構之仲裁規則，但實務上，仲裁均依其爭議所提交之仲裁機構之仲裁規則進行。

8　The Commercial Way to Justice: The 1996 International Conference of Chartered Institute of Arbitrators, 1997, pp. 5-289.

分機會。

三、當事人有權瞭解提供給仲裁庭之文件。

四、當事人有權要求開庭審理。

五、仲裁庭有權確定當事人向其提供之任何證據是否可以採納，並衡量其相關性與實質性。

六、當事人有選擇仲裁程序之自由權。

七、仲裁庭有確定程序規則之自由權與自主權。

又仲裁地問題，各國規則均允許當事人就仲裁地完全自由地達成協議，選擇其認為合適之國家。如當事人就仲裁地無法達成一致之協議時，應由仲裁機構（例如ICC或AAA）或由各地仲裁庭決定仲裁地[9]。至於仲裁庭在適用仲裁程序之範圍，學者認為，仲裁合意之成立要件、爭議之是否具備可仲裁性等問題，並非仲裁程序法之規範對象，而應專列於仲裁契約本身之準據範圍。仲裁程序之範圍，應包括當事人開始提付仲裁起至仲裁人之選任、仲裁庭之組織、仲裁人之權限，乃至仲裁判斷作成之程序及公布等問題[10]。實務上，應以仲裁程序開始至仲裁判斷作出之期間內，相關於仲裁人或仲裁庭所為之一切程序上作為均屬之。但司法監督或強制執行問題，則不包括在內。

總之，仲裁程序應充分尊重「當事人意思自由原則」下，很多問題不宜硬性規定。但對於涉及仲裁程序上之基本原則要求，允許當事人自由確定之事項，作相應之規定。在仲裁實務上，從仲裁聲請、受理、答辯或反訴、代理、證據調查、審理、仲裁判斷等內容在尊重當事人協議之基礎上，均應有較為周全之規定。

---

9 但有國家仲裁規則，不同意當事人有就仲裁地達成一致之選擇自由，即在與有關當事人國籍不同之國家，或在像瑞士之中立國進行，例如蘇聯仲裁規則。

10 參閱黃鈺華，國際商務仲裁之法律適用問題，台大法研所碩士論文，1986年，頁78。

第三節 仲裁當事人

第一項 定義

仲裁當事人係指因契約糾紛或其他財產權益，根據糾紛雙方達成之仲裁協議，以自己之名義參加仲裁活動，並受仲裁庭仲裁判斷拘束之直接利害關係人。如係依法向仲裁機構提出仲裁聲請之當事人為仲裁聲請人；而如與仲裁聲請人依法向仲裁機構提出仲裁聲請有直接利害關係之當事人，為仲裁相對人。仲裁當事人具有以下特徵：

一、仲裁當事人為仲裁協議之一方。仲裁當事人之仲裁活動，以仲裁協議之存在為前提。

二、仲裁當事人係以自己之名義參加仲裁活動。如以他人之名義參加仲裁，則該人為仲裁代理人，而非仲裁當事人。

三、仲裁當事人與仲裁案件有直接利害關係。亦即仲裁當事人係發生糾紛之民事法律關係之主體。

四、仲裁當事人須受仲裁庭仲裁判斷之拘束。

仲裁庭所作之仲裁判斷，依仲裁法第37條第1項之規定，於當事人間，與法院之確定判決，有同一效力。故仲裁當事人須受其拘束，並須履行。

第二項 權利

仲裁當事人在仲裁中之權利，係仲裁法賦予當事人用以維護自己民事權益之法律手段。依仲裁法之規定，仲裁當事人在仲裁中，主要享有以下權利：

一、仲裁當事人可請求仲裁保護，亦即仲裁聲請人有聲請仲裁權；仲裁相對人有答辯權。

二、仲裁當事人有權委託律師或其他代理人進行仲裁，此在仲裁法第24條：「當事人得以書面委託代理人到場陳述。」有明文規定。

　　三、仲裁當事人有權選任仲裁人。此從仲裁法第9條第1項前段規定：「仲裁協議，未約定仲裁人及選定方法者，應由雙方當事人各選一仲裁人。」亦有明文規定[11]。

　　四、仲裁當事人有權聲請仲裁人迴避，以保證仲裁之公正性。依仲裁法第17條第1項規定：「當事人請求仲裁人迴避者，應於知悉迴避原因後十四日內，以書面敘明理由，向仲裁庭提出，仲裁庭應於十日內作成決定。但當事人另有約定者，不在此限。」另於第3項規定，對仲裁庭之決定不服時，始聲請法院裁定之。

　　五、仲裁當事人有權於仲裁庭詢問會議時，蒐集、提供證據並進行辯論。按仲裁法第23條第1項規定：「仲裁庭應予當事人充分陳述機會，並就當事人所提主張為必要之調查。」

　　六、仲裁當事人有權撤回或變更請求，依據當事人有權處分自己權利之原則，當事人在法律規定範圍內，既可行使權利，自亦可放棄其權利，故提出仲裁聲請後有權撤回或變更請求。仲裁相對人有權承認或反駁仲裁請求，並可提出「反請求」，蓋反駁仲裁請求之權利，實質上是辯論原則之具體表現。反駁是仲裁相對人為維護自己之合法權益，而提出理由與證據以對抗仲裁聲請人之仲裁請求之一種法律手段。反駁可分為程序上之反駁與實體上之反駁，前者係以程序上之理由來反對仲裁聲請人之請求，並舉證證明仲裁聲請人之不具備仲裁請求之條件，而要求仲裁庭駁回其仲裁；後者係以實體上之理由來反對仲裁聲請人之請求，並舉證證明仲裁人仲裁請求並無理由。

　　反請求係仲裁相對人在仲裁程序中，為抵銷仲裁人之仲裁請求，而向仲裁聲請人提出之請求。仲裁相對人仲裁反請求，須與仲裁請求標的相牽連，以保障自己之民事權利與合法權益。按我國仲裁法雖無仲裁相對人「反請求」之規定，但依仲裁法所新增之第19條規定：「當事人就仲裁程序為約定者，適用本法之規定；本法未規定者，仲裁庭得準用民事訴訟法

---

[11] 至於詳細規定，請參閱吳光明，論仲裁庭之組織，仲裁，53期，1999年5月，頁56至67。本文限於篇幅，不再贅述。

或依其認為適當之程序進行。」因此，為保障仲裁當事人之合法權益，如符合民事訴訟法之規定時，應認仲裁相對人可提出仲裁「反請求」為當。在仲裁程序中，仲裁「反請求」具有以下特點：

（一）仲裁「反請求」之獨立性。仲裁之「反請求」，雖係針對仲裁聲請人之仲裁聲請而提出，但如聲請人撤回仲裁之聲請，其仲裁「反請求」並不受影響。

（二）仲裁「反請求」目的之對抗性。仲裁相對人之仲裁「反請求」係針對仲裁聲請人之仲裁聲請而提出，其目的係為對抗聲請人之仲裁聲請，而以抵銷或其他請求對抗之。

（三）仲裁「反請求」之內容與仲裁聲請人之仲裁聲請，屬於同一仲裁協議之約定，且兩者之間必須具有相牽連關係。

（四）仲裁「反請求」使仲裁當事人在仲裁中，處於雙重地位。換言之，仲裁聲請人在仲裁「反請求」中，是仲裁相對人；仲裁相對人在仲裁「反請求」中，是仲裁聲請人。

七、仲裁當事人有權請求調解。按仲裁法第45條第1項規定：「未依本法訂立仲裁協議者，仲裁機構得依當事人之聲請，經他方同意後，由雙方選定仲裁人進行調解。調解成立者，由仲裁人作成調解書。」

八、仲裁當事人有權自行和解。按仲裁法第44條第1項規定：「仲裁事件，於仲裁判斷前，得為和解。和解成立者，由仲裁人作成和解書。」

九、仲裁當事人有權聲請強制執行。按仲裁法第37條第2項前段規定：「仲裁判斷，須聲請法院為執行裁定後，方得為強制執行。」

第三項　義務

仲裁中，仲裁當事人應維護仲裁程序，保障仲裁程序順利進行。故仲裁當事人應承擔下列義務：

一、仲裁當事人有依法行使仲裁法規定之義務

蓋仲裁之權利係用以保護仲裁當事人之合法權益，不可濫用，否則不

僅達不到保護自己之合法權益之目的，還會損害對造當事人之合法權益，影響到仲裁程序之順利進行。

二、仲裁當事人有遵守仲裁秩序之義務

良好之仲裁秩序，會使整個仲裁程序進行順利並正確，此亦為仲裁當事人行使仲裁中權利之條件。

三、仲裁當事人有履行仲裁判斷之義務

仲裁當事人對於發生法律效力之仲裁判斷或仲裁調解書，均有履行之義務，否則他造仲裁當事人可依仲裁法第37條第2項前段規定：「……聲請法院為執行裁定後，方得為強制執行。」

第四項　仲裁當事人之委任代理人

在仲裁案件中，受仲裁當事人之委任，代為進行仲裁程序之人稱為「仲裁當事人之委任代理人」。該仲裁當事人之委任人包括自然人或法人。一般而言，委任代理係仲裁程序中最普遍適用之代理制度。實務上，有些當事人對法律不熟悉，或缺少仲裁經驗，或有某種原因不能親自進行仲裁程序，自有設立委任代理制度之現實需要。

仲裁之委任代理具有下列特點：

一、代理權基於當事人（包括自然人或法人）之授權而產生。

二、代理之事項及權限由委任人自行決定，但不能違反法律之強行規定。

三、仲裁當事人委任代理人代為進行仲裁程序，依仲裁法第24條規定，應向仲裁庭提出書面，委任代理人到場陳述[12]。如當事人於仲裁程序未經合法代理者，依仲裁法第40條第1項第3款規定，

---

[12] 現行仲裁法第24條第1項規定，係將舊商務仲裁條例第14條原「出庭陳述」修正為「到場陳述」，以資周延。

當事人得對於他方提起撤銷仲裁判斷之訴。

當然，在仲裁程序進行中，受任律師之代理權源自於當事人；因此，對內要簽訂委託代理契約，對外要向仲裁庭提交授權委託書，此兩個步驟，缺一不可。

第四節　審前準備

嚴格言之，仲裁程序從何時開始，依舊商務仲裁條例之規定觀之，並不甚明確。現行仲裁法第18條第1項規定：「當事人將爭議事件提付仲裁時，應以書面通知相對人。」此規定係仿聯合國國際商務仲裁模範法第21條規定增訂，並列當事人將爭議事件提付仲裁時，應以書面通知相對人之要式規定；另明定相對人有多數且均獲他方將爭議提付仲裁之通知，而時間先後不一時，以接獲之日在前者為準，俾杜爭議[13]。依仲裁法及其他相關法規之規定，仲裁程序之主要步驟如下：

第一項　聲請與受理

一、聲請

聲請仲裁係指一方當事人，依仲裁條款或雙方達成之仲裁協議，向仲裁機構請求對所發生之爭議進行仲裁之行為。聲請仲裁之特點，係當事人為獲得仲裁解決爭議之一種請求，是保護自身合法權益之一種手段，亦是行使仲裁權之前提要件與起點。換言之，必須經當事人提出聲請，仲裁機構才能受理案件。換言之，當仲裁聲請人認自己之權益被侵害時，可依法向仲裁機構提出具體之仲裁請求，而依據仲裁聲請人請求仲裁之目的與內

---

13 參閱法務部編印，仲裁法修正條文對照表，仲裁法彙編，1999年3月，頁48。筆者有幸，能追隨多位專家學者參與法務部仲裁法修正條文草案，受益良多，本章若干見解，均係引自該處，特此致謝。

容之不同，可分為給付之請求、體認之請求、形成之請求等三種。此與司法訴訟有給付之訴、確認之訴、形成之訴等三種相同，惟涉及仲裁判斷之執行問題，實務上，以給付之請求最有實益。

　　根據國際慣例與一些仲裁機構之仲裁規則，仲裁聲請包括：提出仲裁聲請書、指定或委託代為指定一名仲裁人、預繳仲裁費三項內容。由於世界各國之國際商務仲裁機構均為民間機構，為維持仲裁機構管理工作之正常運轉，在處理仲裁案件時，均須向當事人收取一定之仲裁費，其收費標準，各國規定亦不盡相同[14]。

二、受理

　　受理係指仲裁機構審查仲裁聲請後，認為符合受理條件，應當受理並通知當事人；此時仲裁機構不但有權利，並有義務協助解決該當事人間之爭議，並進行一切工作，仲裁機構受理該件後，仲裁程序即行開始。

　　受理係以當事人聲請仲裁為前提，如無當事人聲請仲裁，即無仲裁機構之受理。而如無仲裁機構之受理，當事人仲裁之聲請，亦失去意義。仲裁程序之發生、仲裁機構對案件進行仲裁審理、當事人與仲裁機構間所產生之法律關係，均由當事人聲請仲裁，仲裁機構受理後才開始。因之，仲裁機構對當事人之仲裁聲請，一經受理，便發生以下法律效果：

（一）仲裁聲請人與仲裁相對人取得仲裁當事人資格，其各自享有仲裁法規定之權利與承擔仲裁中之義務。仲裁聲請人有權撤回聲請，但依仲裁機構組織與調解程序及費用規則第35條第1項規定，應由其負擔仲裁費用。當然，仲裁聲請人亦有權變更仲裁之請求。

（二）仲裁機構審查仲裁聲請人之聲請書後，應以書面通知他方及仲裁人。仲裁相對人於收到仲裁聲請書副本後，應於規定期限內，將答辯書及副本送達聲請人，如其未提交答辯書者，不影

---

[14] 基本上，國際商務仲裁費用之計算是根據爭議之金額、爭議標的之複雜性、仲裁人所花費之時間，以及與案件有關之其他情況，合理地決定應收之仲裁費用。

響仲裁程序之進行。

第二項　決定仲裁地

依仲裁法第20條規定：「仲裁地，當事人未約定者，由仲裁庭決定。」此規定係參考聯合國國際商務仲裁模範法第20條第1項之規定，以資明確。

以國際商務仲裁而言，世界各仲裁機構在其仲裁規則中，因受「當事人意思自由」之仲裁原則影響，對在外國開庭審理之規定均較靈活。仲裁機構在決定審理地點時，一般均會考慮下列因素：一、便於雙方當事人出席；二、儘可能選擇貨物或文件所在地；三、便於找到證人，進行檢驗並取得調查報告；四、便於仲裁之承認與執行；五、充分利用在仲裁相對人所在國家進行仲裁審理之有利條件。

第三項　提出書狀

仲裁聲請人提出仲裁聲請書後，除口頭陳述外，如認為必要時，仍可提出仲裁理由書，直至其認為已充分陳述為止。同樣地，仲裁相對人除口頭陳述外，如認為必要時，亦可提出仲裁答辯書，以反駁之，直至其認為已充分陳述為止。例如聯合國國際貿易法委員會仲裁規則第19條規定，在仲裁庭決定之期限內，應將答辯意旨以書面送達仲裁庭與對造。答辯書應對仲裁聲請書所依據之事實與陳述、爭議點、法律關係、請求權基礎等內容作出答覆。

第五節　審理

第一項　仲裁庭之組成

我國仲裁法賦予仲裁庭之組織形式有二種：一、獨任仲裁庭，即由一個仲裁人組成之仲裁庭；二、合議仲裁庭，即由三個仲裁人組成之仲裁

庭。此可由仲裁法第9條第3項之規定：「仲裁協議約定由單一之仲裁人仲裁」以及同條第1項之規定：「應由雙方當事人各選一仲裁人，再由雙方選定之仲裁人共推第三仲裁人為主任仲裁人」可見明之[15]。

　　仲裁庭組成後，即可依仲裁法第21條之規定，決定仲裁處所及詢問期日。

第二項　開詢問會

　　仲裁庭在雙方當事人，或其代理人律師等參加下，對仲裁請求進行實體審理。聲請人為自己之主張提出證據與理由，相對人進行答辯或反請求，然後雙方當事人進行辯論。此時仲裁庭可依仲裁法第26條規定，詢問證人及鑑定人；並依仲裁法第28條規定，必要時得請求法院或其他機關之協助。

第三項　適用法律

一、仲裁法理

　　依仲裁法第19條之規定：「當事人就仲裁程序未約定者，適用本法之規定；本法未規定者，仲裁庭得準用民事訴訟法或依其認為適當之程序進行。」按本條參考聯合國國際商務仲裁模範法第19條，允許當事人約定仲裁程序，以符私法自治之原則；於當事人未約定，仲裁法亦未規定者，由仲裁庭決定準用民事訴訟法或依其認為適當之程序進行，俾仲裁庭得衡酌公平合理原則與實際需要，選擇妥適之仲裁程序[16]。換言之，仲裁庭並非必受民事訴訟法之規制不可，而是有權決定是否準用民事訴訟法，蓋仲裁與訴訟畢竟不同。在世界各國立法例中，仲裁法之立法方式，有規定於民事訴訟法中，有單獨立法成為單行法者，有分散於不同法律內容者。大

---

15 有關仲裁庭之組成，請參閱吳光明，前揭文，頁56至67。本文限於篇幅，不再贅述。
16 參閱法務部，仲裁法修正條文對照表，前揭書，1999年3月，頁49。

陸法系國家，仲裁法大多規定於民事訴訟法中，故仲裁法事件之程序準用民事訴訟法之規定，乃屬當然之理；普通法系國家，仲裁法之立法大多探單行法之方式。我國雖爲大陸法系國家，但立法較爲特殊，仲裁法採單行立法，獨立於民事訴訟法之外，故「仲裁法」修正之前，產生仲裁事件之程序是否準用民事訴訟法問題[17]，乃成爲爭議。

惟值得注意者，現行仲裁法第19條之規定，係當事人自主決定仲裁程序之準據法[18]。但如當事人就仲裁程序未約定準據法者，仲裁庭得適用仲裁法之規定；仲裁法未規定者，得準用民事訴訟法或依其認爲適當之程序進行[19]。換言之，現行仲裁法已將民事訴訟法明白規定爲仲裁程序中所準用之範圍，則從法理上言之，將民事訴訟法之完整爭訟程序規定移至仲裁判斷程序中之意圖，實屬顯然。

至於國際商務仲裁之法律適用，包括適用程序法與適用實體法兩方面內容。仲裁程序大部分取決於當事人之意願，雙方當事人可自行約定仲裁應採用之程序，亦可指定適用仲裁機構之仲裁規則[20]。在國際商務仲裁之實體法律適用中，基本上亦係遵照「當事人意思自由原則」[21]。而如當事人對所適用之實體法與法律衝突原則均未作出選擇時，理論上可選擇下類之一種，作爲可適用之實體法：（一）仲裁庭所在地國之法律；（二）由仲裁庭認爲可適用之法律衝突原則，以決定所適用之實體法；（三）如存在雙邊條約關係，而條約已對法律適用問題作明確規定者，從其規定；（四）在涉及國家與另一國家之國民之間，因投資關係而發生之爭端，應適用地主國之法律，包括有關之法律衝突原則。

---

17 參閱林俊益，論仲裁事件之程序是否準用民事訴訟法，前揭文，頁22。

18 參閱林俊益，論仲裁法之修正，法令月刊，49卷12期，1998年12月，頁20。

19 參閱吳光明，仲裁庭準用民事訴訟法之探討，在山東大學法學院訴訟法專題講座文章，2013年9月。

20 但仲裁地法對仲裁程序仍有非常重要之作用與影響。

21 參閱聯合國國際商務仲裁模範法第28條，關於適用於爭議主體之規則規定。

二、仲裁實務

　　最高法院認為，查仲裁法第52條固係規定法院關於仲裁事件之程序，可準用非訟事件法或可準用民事訴訟法，而仲裁人進行仲裁程序，並無該條之適用。然原審係認定上訴人依仲裁法第19條聲請參加仲裁程序，而經上述92年度仲聲信字第002號仲裁程序之仲裁庭依民事訴訟法有關訴訟參加規定，予以准許為仲裁參加。對仲裁判斷，上訴人自應受前述民事訴訟法第61條前段、第63條前段關於參加訴訟效力之拘束。否則無異將民事訴訟法參加訴訟之有關規定予以割裂適用，且有違紛爭一次解決之訴訟經濟原則及誠信原則，自無不合[22]。

第四項　當事人之陳述

一、程序上

　　當事人對仲裁庭管轄權之異議，依仲裁法第22條規定：「……由仲裁庭決定之。但當事人已就仲裁契約標的之爭議為陳述者，不得異議。」按本條係參考聯合國國際商務仲裁模範法第16條第1項及第2項，規定當事人對仲裁庭管轄權有異議者，由仲裁庭決定之。但當事人已就仲裁契約標的之爭議為陳述者，即不得再為異議，避免程序拖延[23]。

　　在國際仲裁中，關於管轄權之抗辯，亦即管轄權衝突，適用於仲裁條款之法律。原則上各國仲裁規則，大多要求對於仲裁庭管轄權之抗辯，至少應於答辯書中提出[24]。至於對有關管轄權之抗辯，是否應當立即以初步仲裁判斷，或以中間仲裁判斷之形式予以判定，抑或是僅在最後以實質性仲裁判斷之形式作出。關於此點，大部分國家之仲裁規則，皆將此問題完

---

[22] 參閱最高法院95年度台上字第2277號民事判決。

[23] 參閱法務部，仲裁法修正條文對照表，前揭書，1999年3月，頁53。

[24] 但AAA規則並未包括此類條款。參閱1991年美國仲裁協會仲裁規則，轉引自陳煥文，國際仲裁法專論，前揭書，頁686至698。

全交給仲裁庭決定[25]。

至於實務上，有關於聲請法院裁定許可強制執行部分應適用何種程式，於仲裁法第37條中未有明確規定，即應以非訟事件法第44條規定，由地方法院以合議裁定[26]。

二、實體上

依仲裁法第23條第1項規定：「仲裁庭應予當事人充分陳述機會，並就當事人所提主張爲必要之調查。」按本條係參考聯合國國際商務仲裁模範法第18條第1項，明定仲裁庭應予當事人充分陳述機會，以維仲裁之公平與周全。又依仲裁法第23條第2項規定：「仲裁程序，不公開之。但當事人另有約定者，不在此限。」蓋隱密爲仲裁制度重要特色之一，國際社會之仲裁程序原則上均不公開，爰增訂第2項，並於但書明定當事人另有約定者，從其約定，以貫徹當事人自主原則。

惟「仲裁程序不公開」之原則，其適用期間與範圍有無限制，仲裁人或當事人可否請求調閱其他相關仲裁案卷、機關團體可否請求仲裁機構提供判斷書、撤銷仲裁判斷之訴，可否明定秘密審理等問題[27]，現行仲裁法並未規定，似有所遺憾。

另外，在仲裁審理階段，對各國仲裁立法而言，存在一個「仲裁程序合併問題」。在當事人已經達成各自不同之仲裁協議之情況下，可否將幾個相關之爭議合併在同一程序中，加以處理。此在仲裁實務上，已出現不少實例。以美國加州爲例，其規定仲裁協議之一方當事人在一定條件下，可向法院聲請合併各自獨立之仲裁程序，而法院亦可依職權命令，合併各

---

25 但AAA規則並未提及此事。參閱1991年美國仲裁協會仲裁規則，轉引自陳煥文，國際仲裁法專論，前揭書，頁686至698。

26 參閱最高法院99年度台抗字第358號民事裁判。

27 參閱高瑞錚，現行商務仲裁制度實務運作上之缺失及其改進，律師通訊，200期，1996年5月，頁11；高瑞錚，評議行政院「商務仲裁條例修正草案」，律師通訊，218期，1997年11月，頁5。

自獨立之仲裁程序[28]。

第五項　作成仲裁判斷

依仲裁法第33條第1項前段之規定：「仲裁庭認仲裁達於可為判斷之程度者，應宣告詢問終結。」蓋仲裁庭依法召開詢問庭，於解決爭議之實體事項，已達於可為判斷之程度者，應宣告詢問終結。再依仲裁法第33條第1項後段之規定：「依當事人聲明之事項，於十日內作成判斷書。」依舊商務仲裁條例規定，仲裁人應於3個月內作成判斷，必要時得延長3個月。現行仲裁法則修訂為：仲裁庭應於6個月內作成仲裁判斷「書」，必要時得延長3個月。換言之，仲裁程序期限由6個月延長為9個月，但後者涵蓋作成仲裁判斷「書」，非僅作成仲裁判斷主文。因此學者認為，其一，仲裁案件並非一律相同，實務上遇有案件特別繁雜，如涉外仲裁、仲裁人中途出缺、仲裁標的須付鑑定、判斷前雙方試行和解等問題，原應有彈性規定，難免發生仲裁人為遵守期限而倉促作成仲裁判斷「書」；其二，依民事訴訟法理論，合議案件之判決，於完成評議時即為成立。民事訴訟法雖規定有交付判決原本之期限，但其屬「訓示」期間，縱未依期限作成，仍不影響判決之已成立。現行仲裁法將仲裁判斷「書」之作成納入仲裁程序期限內，則有可能仲裁庭於期限內，完成評議，只因未於期限內，作成仲裁判斷「書」，而當事人即可依仲裁法第21條第3項中段之規定「逕行起訴」，則前已成立之仲裁判斷，如何處理[29]，值得研究。

本章認為，此仲裁判斷依仲裁法第37條第1項之規定：「……於當事人間，與法院之確定判決，有同一之效力。」如受不利仲裁判斷之當事人依仲裁法第21條第3項中段之規定「逕行起訴」，法院受理時，仍會斟酌該超過10日後作成判斷書，因此，於程序上並不成問題。

---

[28] 參閱美國加州民事訴訟法第1281條之規定。

[29] 參閱高瑞錚，評議行政院「商務仲裁條例修正草案」，律師雜誌，218期，1997年11月，頁4。

第六節　結語

有關「仲裁庭適用仲裁程序」問題，現行仲裁法第三章，從第18條至第36條之規定，非常詳盡。而按我國仲裁法雖無仲裁相對人「反請求」之規定，但依仲裁法第19條之規定：「當事人就仲裁程序爲約定者，適用本法之規定；本法未規定者，仲裁庭得準用民事訴訟法或依其認爲適當之程序進行。」因此，爲保障仲裁當事人之合法權益，如符合民事訴訟法之規定時，應認仲裁相對人可提出仲裁「反請求」爲當。

又由於現行仲裁法將「民事訴訟法」與「仲裁庭認爲適當之程序」並列於同一位階，可由仲裁庭依情形決定準用「民事訴訟法」或衡酌公平合理原則與實際需要，選擇妥適之仲裁程序。此等規定保持仲裁人適用程序法則之彈性，但在實際適用上亦有若干之疑慮。茲分析如下：

一、仲裁程序將隨著仲裁人之組合而有不同之結果：

（一）如全部仲裁人均有法律專長或知識時，將會準用「民事訴訟法」，使仲裁程序順利進行，而不受阻礙。

（二）如僅有部分仲裁人有法律專長或知識時，對於是否準用「民事訴訟法」，較不易與其他仲裁人達成共識，可能對仲裁程序造成延滯，而不利於當事人。

（三）如全部仲裁人均不具備法律背景或知識時，則將必然捨棄「民事訴訟法」，而傾向於採用公平合理原則，以爲仲裁程序之準則。

綜觀上述三種假設之情形，現行仲裁法之規定，將造成由「本案事實以外之因素」影響仲裁程序，進而影響仲裁判斷之結果，似有不當之處。

二、在當事人未約定仲裁程序時，如依仲裁庭認爲「適當之程序」進行，則此「適當之程序」是否包括所謂「衡平仲裁」問題。按現行仲裁法第31條規定：「仲裁庭經當事人明示合意者，得適用衡平原則爲判斷。」換言之，「衡平仲裁」須經當事人明示合意，始能適用。在當事人未約定仲裁程序之情況下，仲裁庭似不應以仲裁法第19條規定之「適當之程

序」，而適用衡平原則為判斷，以免滋生疑義。

　　三、仲裁法第19條後段規定：「本法未規定者，仲裁庭得準用民事訴訟法」。惟民事訴訟法規定國家權力與人民之互動關係，性質上屬於公法[30]，其中包括許多法院之專屬權限；而仲裁人是當事人所選任，性質上非能比擬法院。是故當仲裁庭決定準用民事訴訟法時，其準用範圍必定不是民事訴訟法之全部，而是應受到限縮，關於此點，法條並未明白規定，值得研究。

　　四、仲裁法第19條前段規定：「當事人就仲裁程序未約定者，應適用本法之規定」，惟觀之仲裁法，有關仲裁程序之規定，少之又少，故本條如是之規定，似乎並無多大意義。基於仲裁與訴訟之差異，現行仲裁法似應制定一章屬於仲裁程序之規定，此在立法技術上並非不可能。

　　五、最後，仲裁制度之首要目的，在解決當事人間之民商事爭議；而爭議之解決並非仲裁庭作成仲裁判斷，即可達成，必須當事人對於仲裁之結果，均能心服口服，始能為功德圓滿。如過度強調仲裁之快捷便利，而放任仲裁人恣意進行程序，罔顧當事人對仲裁結果之期待，反而不易達其目的，此有違仲裁制度之原來功能。再者，民事訴訟法中有關訴訟程序之規定，提供仲裁程序一種可行之遵行準則，有助於仲裁程序之進行，並確保仲裁之妥適性。是故仲裁庭關於仲裁程序，只要與法院專屬管轄權限無關者，應盡量準用民事訴訟法中有關訴訟程序之規定。或謂「仲裁人並非個個是法律專家」[31]，如準用民事訴訟法是否會造成適用困難問題，事實上，仲裁法亦為法律，為何無人質疑仲裁人可能不知如何適用「仲裁法」。何況法律具有教育之功能，一項明文立法，不但使人有規則可循，而且使人知其存在，進而認識其內容，萬不可以「可能造成適用法律之困難」，而捨棄良好之立法，阻礙法律之發展。再者，主管機關訂有「仲裁

---

30 參閱駱永家，民事訴訟法（一），自版，1992年，修正5版，頁9。
31 參閱葉永芳，商務仲裁論著彙編，第1冊，頁256。

人訓練及講習辦法」[32]，仲裁人已經不能以「非法律專家」爲藉口[33]，恣意進行程序。

---

[32] 參閱1999年3月3日行政院台88法字第08006號，司法院（88）院台廳民三字第02096號令會銜發布。按該辦法經2001年12月31日修正，最近一次修正於2003年1月22日，並改名爲「仲裁人訓練及講習辦法」。

[33] 有認爲「法律人間不必贅述的道理，在仲裁程序也許需要費些唇舌」。參閱黃虹霞，律師與仲裁，律師雜誌，218期，1997年11月，頁45。

CHAPTER

4

論仲裁契約之妨訴抗辯

第一節　概說

　　仲裁制度之產生，係私法自治、契約自由原則之實踐。仲裁制度係一種進步之制度，其具快速、經濟、秘密、專業、技術等特性，使其在國際性爭議處理之適用上，非常普遍。然而，仲裁契約存在中，如當事人之一方，就雙方所約定應提付仲裁之約定，提起訴訟，或在仲裁程序進行中，當事人之一方，另行提起訴訟，此時應如何處理，乃仲裁法上應解決之問題。換言之，仲裁契約之功能，主要表現在妨訴抗辯上[1]，蓋仲裁契約存在中，如當事人一造竟就雙方約定應提付仲裁之糾紛，向法院提起訴訟時，或是仲裁程序繫屬中，一造另行提起訴訟之情況，受訴法院應如何處理，乃仲裁法上應解決之問題。舊商務仲裁條例第3條規定：「仲裁契約，如一造不遵守，而另行提起訴訟時，他造得據以請求法院駁回原告之訴。」即為仲裁契約妨訴抗辯之主要具體表現。此種規定在適用上，採「抗辯駁回制」，而其他相關問題未為規定，其立法似有過於簡略，並限制涉外仲裁妨訴抗辯之效力等問題。

　　現行仲裁法第4條規定：「仲裁協議，如一方不遵守，另行提起訴訟時，法院應依他方聲請裁定停止訴訟程序，並命原告於一定期間內提付仲裁。但被告已為本案之言詞辯論者，不在此限。原告逾前項期間未提付仲裁者，法院應以裁定駁回其訴。第一項之訴訟，經法院裁定停止訴訟程序後，如仲裁成立，視為於仲裁庭作成判斷時撤回起訴。」此種規定改採「停止訴訟制」，有無解決舊商務仲裁條例所採「抗辯駁回制」之問題，不無探討空間。

　　基此，本章擬對舊商務仲裁條例第3條以及現行仲裁法第4條之立法進行探討，主要針對仲裁契約妨訴抗辯之效力問題，對得提出「妨訴抗辯」之仲裁契約、適用時期，以及法院之處理等問題，從立法論及解釋論進行探討。至於仲裁契約之意義及成立要件，非本章之主題，限於篇幅，

---

[1]　參閱林俊益，法院在商務仲裁中之角色，永然出版社，1996年4月，頁27。

茲不贅述。

第二節　得為妨訴抗辯之仲裁契約

第一項　非商務仲裁契約之妨訴抗辯問題

由於舊商務仲裁條例第1條第1項規定之問題，實務上便有所謂商務仲裁契約與非商務仲裁契約之分[2]，但仲裁法第1條第1項已將舊條文中「商務上」三字刪除，並於第2項規定：「前項爭議，以依法得和解者為限。」故無此問題，但為便於討論，仍以商務仲裁契約與非商務仲裁契約，分述如下：

一、商務仲裁契約與非商務仲裁契約

（一）商務仲裁契約

商務仲裁契約係指雙方當事人約定依有關仲裁之法律進行仲裁，依據此種商務仲裁契約，其仲裁庭所作成之仲裁判斷，當事人得據以聲請准予強制執行，故此種仲裁判斷與確定判決有同一效力。

（二）非商務仲裁契約

非商務仲裁契約係相對於合意，利用上開正式仲裁之情形而言，乃依契約私法自治、契約自由原則而訂立，雖非直接根據有關仲裁之程序法而成，且其仲裁庭所作成之仲裁判斷，當事人得據以聲請准予強制執行，但仍具有仲裁契約之性質，故可能發生一定之契約上效力。

---

2 參閱最高法院80年度台上字第924號判決，其要旨略謂：按商務仲裁條例第3條所定得據以主張妨訴抗辯之仲裁契約，係指依同條例第1條規定所訂立之仲裁契約而言。

二、非商務仲裁契約之妨訴抗辯

　　商務仲裁契約係依有關仲裁之法律而訂定，其依規定得據以為妨訴抗辯，固無疑義。而非商務仲裁契約可否為妨訴抗辯問題，則涉及到是否承認商務仲裁契約之問題。關於非商務仲裁契約效力之問題，涉及舊商務仲裁條例第1條第1項之規定：「凡有關商務上現在或將來之爭議，當事人得依本條例訂立仲裁契約，約定仲裁人中之一人或單數之數人仲裁之。」然依學者意見，基於私法自治、契約自由原則，當事人亦得不依本條例訂立仲裁契約[3]。仲裁法第1條第1項經規定為：「有關現在或將來之爭議，當事人得訂立仲裁協議，約定由仲裁人一人或單數之數人成立仲裁庭仲裁之。」換言之，雖非商務仲裁契約，只要有仲裁協議之性質者，均擁有妨訴抗辯權。

第二項　涉外仲裁契約之妨訴抗辯問題

一、法規上

　　我國就涉外仲裁契約之妨訴抗辯問題並未明文規定，舊商務仲裁條例第30條至第34條明定外國仲裁判斷之承認與執行。現行仲裁法第七章係就外國仲裁判斷所增章次，而於第47條至第51條予以規定。惟就涉外仲裁契約之妨訴抗辯問題仍未論及，致實務上之適用，有不同意見。

二、實務上

　　最高法院81年度第3次民事庭會議決議[4]：「按仲裁制度之基礎在於仲裁契約，國內仲裁如此，涉外仲裁亦然。所謂涉外仲裁契約，係指契約當事人之國籍、住所、契約訂立地或仲裁程序進行地等各項之一，含有涉外

---

[3]　參閱林俊益，法院在商務仲裁中之角色，前揭書，頁28。

[4]　參閱司法院公報，34卷8期，頁86；最高法院81年度第3次民事庭會議決議，1992年5月12日。

因素之仲裁契約或條款而言。在立法例上，我國舊商務仲裁條例並未如英、美、法等國設有內國仲裁契約與涉外仲裁契約之區分。我國舊商務仲裁條例第3條僅規定：『仲裁契約如一造不遵守，而另行提起訴訟時，他造得據以請求法院駁回原告之訴』，而該第3條規定，係由第1條接續而來，依第1條第1項規定：『凡有關商務上現在或將來之爭議，當事人得依本條例訂立仲裁契約，約定仲裁人一人或單數之數人仲裁之』。是第1條既謂『依本條例訂立仲裁契約』，則此項仲裁契約，顯屬我國內國仲裁契約，故第3條所指之仲裁契約，亦屬內國仲裁契約，並不包括涉外仲裁契約在內。因此涉外仲裁契約之當事人，尚難逕適用商務仲裁條例第3條規定，主張妨訴抗辯。惟現代國際貿易發展迅速，商務仲裁制度日形重要，國際間之仲裁契約亦日益盛行，聯合國外國仲裁判斷之承認及執行公約（紐約公約）第2條第3項即規定：『當事人就糾紛專項訂有本條所稱之契約者，締約國之法院受理該訴訟時，應依當事人一方之請求，命當事人將糾紛交付仲裁。但其約定無效，不生效力或履行不能者，不在此限』。我國有鑑於涉外仲裁，與推展國際貿易，息息相關，乃於民國71年6月11日修正商務仲裁條例，增訂第30條至第34條，明定在中華民國領域外所作成仲裁判斷之定義、承認及其執行，惟就仲裁制度之基礎即涉外仲裁契約之存在，並未一併作配合之增訂，以致發生畸形現象。申言之，當時之修法，僅及於仲裁判斷層面，而未及於仲裁契約問題，因此舊商務仲裁條例第3條妨訴抗辯之規定，仍無法適用於涉外仲裁契約，此項疏漏，顯造成法律之漏洞。為補救此一立法之不足，應認涉外仲裁契約，其當事人之一方不遵守，逕向我國法院起訴時，他方得類推適用我國舊商務仲裁條例第3條之規定，為妨訴之抗辯。」至於國內仲裁契約之妨訴抗辯問題，最高法院認為，當事人於契約中約定以仲裁或訴訟解決爭議，即係賦予當事人程序選擇權於一方行使程序選擇權，而繫屬後，他方即應受其拘束。倘當事人雙方各採取仲裁程序及訴訟程序時，則應以其繫屬先後為準。若仲裁程序繫屬在先，當有仲裁法第4條之適用[5]。

---

[5]　參閱最高法院95年度台抗字第390號民事裁定。

三、小結

　　爲發展國際貿易，並適應現代國際商務往來之需要，凡有涉外因素之仲裁協議或仲裁條款，例如當事人間約定在國外爲仲裁之外國仲裁契約，應解釋爲得類推適用舊商務仲裁條例第3條妨訴抗辯之規定，但仲裁法第4條已改採「停止訴訟制」之規定，解決部分問題。從而，學者對於「仲裁程序與訴訟程序競合問題」之研究[6]，同樣因現行仲裁法第4條規定已改採「停止訴訟制」，程序上較無問題。故如雙方當事人之仲裁協議爲「得提付仲裁」時，當事人有選擇權，而如雙方當事人之仲裁協議爲「應提付仲裁」時，依該法第4條規定，法院應依他方聲請裁定停止訴訟程序，並命原告於一定期間內提付仲裁。但被告已爲本案之言詞辯論者，不在此限。原告逾前項期間未提付仲裁者，法院應以裁定駁回其訴。

第三節　仲裁契約之妨訴抗辯在民事訴訟法上之地位

第一項　民事訴訟法之妨訴抗辯

　　法院對仲裁契約之協助，主要表現在妨訴抗辯。在仲裁契約中，如當事人一造竟就雙方約定應提付仲裁之糾紛，向法院提起訴訟時，受訴法院應如何處理，乃仲裁法上應解決之問題。而此問題亦可能發生於仲裁程序繫屬中，一造提起訴訟之情況。關於此問題之處理方式，舊商務仲裁條例第3條係採「駁回訴訟制」，仲裁法第4條改採「停止訴訟制」，已如前述。

　　至於仲裁契約之妨訴抗辯在民事訴訟法上之地位，牽涉民事訴訟法之妨訴抗辯問題。按我國民事訴訟法條文中，並無「妨訴抗辯」文字，學

6　參閱林俊益，法院在商務仲裁中之角色，前揭書，頁29；陳煥文，國際仲裁法專論，五南，1994年4月，頁484。

理上所稱之「妨訴抗辯」係指被告以訴訟要件欠缺或訴訟障礙存在為由，主張起訴不合法，或請求駁回原告之訴。訴訟要件中，法院不待當事人主張，即應依職權斟酌之事項，稱為「職權事項」；訴訟要件中，非經被告主張法院不必過問之事項，稱為「抗辯事項」。訴訟要件大多為「職權事項」，其屬於「抗辯事項」者，例如，現行仲裁法第4條仲裁契約之存在、民事訴訟法第98條供訴訟費用擔保之聲請、民事訴訟法第442條第2項上訴案件不於一定期間補正等[7]。此種抗辯事項，法院不得依職權調查，須經被告主張後，始成為本案訴訟之障礙，是以又稱為訴訟障礙之事項相對之訴訟要件[8]。上述之「職權事項」與「抗辯事項」即民事訴訟法之妨訴抗辯問題。

第二項　仲裁契約妨訴抗辯之立法方向

　　由上可知，舊商務仲裁條例第3條有關仲裁契約妨訴抗辯之規定，有許多缺失，不論在立法上，包括「商務」仲裁契約、涉外仲裁契約等，甚至關於妨訴抗辯之處理，均待解決。

　　因之，仲裁法第4條已規定為：「仲裁協議，如一方不遵守，另行提起訴訟時，法院應依他方聲請裁定停止訴訟程序，並命原告於一定期間內提付仲裁。但被告已為本案之言詞辯論者，不在此限。原告逾前項期間未提付仲裁者，法院應以裁定駁回其訴。第一項之訴訟，經法院裁定停止訴訟程序後，如仲裁成立，視為於仲裁庭作成判斷時撤回起訴。」此種規定將原來之妨訴抗辯採「駁回訴訟制」改採「停止訴訟制」。蓋依民法第131條之規定，訴訟因不合法而被駁回確定者，原告之請求權時效視為不中斷。如原告之請求權係短期時效，被告極可能因時效完成而主張時效抗辯權，致原告即使於一定期間內提付仲裁亦無實益，為保護原告之權利，爰參考美國聯邦仲裁法、英國仲裁法及1998年仲裁法草案，將現行之駁回

7　參閱駱永家，民事訴訟法I，1995年10月，頁88。
8　參閱楊建華、鄭健才、王甲乙合著，民事訴訟法新論，三民書局，1995年8月，頁230。

訴訟修正爲法院應依他方聲請裁定停止訴訟,並命原告於一定期間內提付仲裁。另參考聯合國國際商務仲裁模範法第8條第1項之規定,限制被告已爲本案之言詞辯論者,即不得主張妨訴抗辯,以免當事人故意延滯訴訟程序。又爲確保當事人權益,避免原告不提付仲裁及終結法院之停止訴訟程序,對於原告不於期間內提付仲裁之效果宜予明定,爰增列第2項,俾資周延。再者,原遵期提付仲裁並經仲裁庭作成判斷,原法院停止之訴訟程序如何終結,亦宜予明定,爰參考鄉鎮市調解條例第28條第2項、公害糾紛處理法第42條第2項規定,增訂第3項[9]。

第四節　結語

　　關於仲裁契約妨訴抗辯問題,舊商務仲裁條例第1條之規定不甚妥當,現行仲裁法第1條第1項已將舊條文中「商務上」及「依本條例」等文字刪除,並於第2項增列:「前項爭議,以依法得和解者爲限。」故已無所謂「商務仲裁契約」或「非商務仲裁契約」問題。換言之,基於私法自治、契約自由原則,當事人得自由訂立仲裁契約,使仲裁制度之功能得以發揮。

　　而舊商務仲裁條例第3條,係採「駁回訴訟制」,仲裁法第4條將原來之妨訴抗辯所採「駁回訴訟制」改採「停止訴訟制」,似無不妥,且爲免原告不提付仲裁及終結法院之停止訴訟程序,以確保當事人權益,對於原告不於期間內提付仲裁之效果宜予明定,爰增列第2項:「原告逾前項期間未提付仲裁者,法院應以裁定駁回其訴。」俾資周延。此種規定,固非無見。

　　惟現行仲裁法第4條條文所謂「一方不遵守仲裁協議」,解釋上應限於強制仲裁,蓋如雙方當事人係約定「任意仲裁」,則當事人享有「訴

9　參閱法務部,仲裁法修正對照表,仲裁法規彙編,1999年3月,頁26至28。

訟」或「仲裁」之選擇權，如其選擇提起訴訟，則不會發生仲裁法第4條條文所謂「一方不遵守仲裁協議」之問題。而在仲裁制度中，當事人一般均於仲裁協議中約定，如發生爭議，「得」提付仲裁，此即所謂「任意仲裁」。至於強制仲裁最常見者僅在證券交易法第166條第1項但書之規定，其餘並不容易發現。有關「妨訴抗辯」問題規定於證券交易法第167條中，該條條文內容為：「爭議當事人之一造違反前條規定，另行提起訴訟時，他造得據以請求法院駁回其訴。」該條文於1992年迄今之修正草案，均未提及修正「妨訴抗辯」問題，雖然證券交易法第166條第2項規定：「前項仲裁，除本法規定外，依仲裁法規定。」顯然，證券交易法為仲裁法之特別法，但相同之「妨訴抗辯」問題，發生不同之訴訟法效果，顯然不妥。因此，為仲裁制度之完整性，實不宜讓「妨訴抗辯」之規定，在證券交易法與仲裁法中相互牴觸[10]。

---

[10] 參閱吳光明，證券交易法論，三民書局，1998年11月，修訂版，頁299。該書現已增訂14版。

CHAPTER

5

論仲裁庭之組織

第一節　概說

　　「仲裁庭」（Arbitral Tribunal）係由仲裁人一人或單數之數人成立合議庭，以處理仲裁事件之臨時性組織，始於仲裁人接受選任，終於作出仲裁判斷時[1]。而如仲裁庭超過仲裁期限，或有其他原因，則仲裁程序亦告終結。原商務仲裁條例中並無「仲裁庭」之明文，現行仲裁法參考歐美先進國家、國際公約或規則，例如聯合國國際貿易法委員會國際商務仲裁模範法（UNCITRAL Model Law on International Commercial Arbitration as adopted by United Nations Commission Trade Law on 21 June 1985）[2]及聯合國海上貨物運送公約，故仲裁法第1條第1項明示由仲裁人成立仲裁庭仲裁之，以符國際社會之共識[3]。

　　「仲裁庭」係仲裁機構根據當事人之需要，對某一案件進行審理時，由仲裁人組成之組織。仲裁庭以事實為根據，依照法律，獨立公正、公平合理地解決當事人間之爭議，不受任何干涉。一般而言，仲裁庭主要有下列權責：一、要求當事人提供證據，或自行蒐集證據，根據事實，依據法律，作成仲裁判斷；二、在當事人受合法通知，無正當理由仍不到庭時，作出缺席仲裁判斷；三、通知證人或鑑定人到場應訊；四、為進行仲裁之必要，請求法院或其他機關協助。仲裁庭並非常設之組織，而係臨時性之組織，此從下列兩方面可看出其臨時性之表現，其一，仲裁庭係為解決某項爭議事項而組成；其二，仲裁庭之管轄權係依當事人間之某項仲裁協議而成立，爭議案件作成仲裁判斷書後，案件宣告結束，仲裁庭即不復存在。

1　參閱陳煥文，仲裁庭與時效限制條款，萬國法律，92期，1997年4月，頁61。

2　Schwab/Walter, Schiedsgerichtsbarkeit, Kommentar 5., C. H. Beck'sche, München 1995, s. 553-566.

3　參閱法務部陳報行政院「商務仲裁條例修正草案」條文對照表，法務部，中華民國仲裁法暨相關立法資料，1998年7月，頁27及28；筆者有幸亦擔任法務部「仲裁法」修正委員，獲益良多，本章諸多觀點，亦均引自該處，特此致謝。

如從組成仲裁庭之仲裁人人數區分，仲裁庭可分為獨任之仲裁庭與合議制之仲裁庭。關於組成仲裁庭之仲裁人人數，原則上應由仲裁當事人雙方協議決定，但在當事人雙方無協議決定時，各國國內法規定並不一致[4]。依我國仲裁法第1條第1項規定：「有關現在或將來之爭議，當事人得訂立仲裁協議，約定由仲裁人一人或單數之數人成立仲裁庭仲裁之。」前者「仲裁人一人」即為獨任之仲裁庭，其係一種較迅速、經濟之仲裁方式；然而，實務上，雙方當事人想找到共同信賴之獨任仲裁人，並非容易，且如獨任仲裁人對案件之認識有些偏差，將造成權利上之損失，故當事人選任獨任仲裁人之形式，在我國並不很普遍。後者「單數之數人」即為合議制之仲裁庭，一般係由三人組成仲裁庭。合議制之仲裁庭設主任仲裁人，仲裁庭以合議方式，集體對案件進行審理，最後並作成仲裁判斷書。此種合議制之仲裁庭，在現代仲裁制度中，係較為普遍之方式。

基此，本章擬經由仲裁庭之定義，進而闡明仲裁庭之組成，並深入探討仲裁人之資格、仲裁人之訓練、仲裁人之選定、仲裁人之義務、仲裁人之迴避、仲裁庭之管轄權等問題。

---

4 例如1950年英國仲裁法第6條規定，當事人並無相反意思表示時，由獨任仲裁人仲裁。此規定在1996年英國新仲裁法中，並未修訂。參閱陳煥文，論英國1996年新仲裁法，商務仲裁，40期，1995年11月，頁38。又如1994年中共仲裁法規定，當事人以三名仲裁員組成仲裁庭時，應各自選定或各自委託仲裁委員會主任指定一名仲裁員；第三名仲裁員係首席仲裁員。由當事人共同選定，或共同委託仲裁委員會主任指定。當事人由一名仲裁員成立仲裁庭時，應由當事人共同選定，或共同委託仲裁委員會主任指定仲裁員。當事人並未在仲裁規則規定之期限內約定仲裁庭之組成方式或者選定仲裁員時，由仲裁委員會主任指定。

第二節　仲裁庭之組成

第一項　仲裁人必須為自然人

　　仲裁機構於受理爭議案件後,應組成仲裁庭,進行仲裁程序。換言之,仲裁庭係仲裁協會處理爭議案件時,必要設置之組織形式,以承擔審理具體爭議案件之職責,從而代表仲裁協會行使仲裁判斷權。一旦案件審理終結,該仲裁庭即應自動終止。

　　依我國仲裁法第5條第1項規定:「仲裁人應為自然人。」蓋仲裁人之仲裁權如同法官之審判權,必須具備專業知識及判斷能力,故限於自然人[5],始得為之,爰予「明定」[6]。而如當事人違反此項規定,其法律上效果,依仲裁法第5條第2項規定:「當事人於仲裁協議約定仲裁機構以外之法人或其他團體為仲裁人者,視為未約定仲裁人。」以杜爭議。

　　實務上亦認為,仲裁人應為自然人,且當事人就現在或將來之私法上爭議,約定由單數或複數人成立仲裁庭仲裁之,乃其基於權利義務及程序之主體地位而行使程序選擇權,自應予以尊重。如當事人約定由未經許可設立仲裁機構之法人或團體為仲裁人者,視為未約定仲裁人,非屬仲裁法之機構仲裁,其作成之仲裁判斷,即無仲裁法第37條第1項有關與法院之確定判決有同一效力規定之適用[7]。

第二項　仲裁人之資格

　　各國仲裁法通常規定,仲裁人需具備一定之資格,以我國為例,有關仲裁人之資格,可分積極資格與消極資格,茲分述如下:

---

[5] 例如1981年法國「民事訴訟法典」第1151條第1項規定:「仲裁人之任務僅能委託給該具有行使民事權利之完全能力之自然人。」

[6] 參閱法務部,前揭書,1998年7月,頁33。按原文為「明定」,應為「明訂」之誤,為忠於原文,故遵照引用(以下亦同)。

[7] 參閱最高法院103年度台抗字第236號民事裁判。

一、積極資格

依仲裁法第6條規定：「具有法律或各業專門知議或經驗、信望素孚之公正人士，具備下列資格之一者，得為仲裁人：

（一）曾任實任推事、法官或檢察官者。

（二）曾執行律師、會計師、建築師、技師或其他與商務有關之專門職業人員業務五年以上者。

（三）曾任國內、外仲裁機構仲裁事件之仲裁人者。

（四）曾任教育部認可之國內、外大專院校助理教授以上職務五年以上者。

（五）具有特殊領域之專門知識或技術，並在該特殊領域服務五年以上者。」

二、消極資格

依仲裁法第7條規定：「有下列各款情形之一者，不得為仲裁人：

（一）犯貪污、瀆職之罪，經判刑確定。

（二）犯前款以外之罪，經判處有期徒刑一年以上之刑確定。

（三）經褫奪公權宣告尚未復權。

（四）破產宣告尚未復權。

（五）受監護或輔助宣告尚未撤銷。

（六）未成年人。」

鑑於仲裁人之地位，有如法官，故仲裁法參考「商務仲裁協會組織及仲裁費用規則」第15條規定，明定仲裁人之消極資格，以排除不適任之人擔任之，俾提升仲裁品質。

另外，配合2009年5月23日修正公布之民法總則編（禁治產部分）、親屬編（監護部分）及其施行法部分條文，已將「禁治產宣告」修正為「監護宣告」，並增訂「受輔助宣告」之相關規定，爰配合將第5款之「受禁治產宣告」修正為「受監護宣告」，另考量受輔助宣告之人係因精神障礙或其他心智缺陷，致其為意思表示或受意思表示，或辨識其意思表

示效果之能力，顯有不足，不宜擔任仲裁人，爰於同款增列「受輔助宣告」為仲裁人消極資格之規定；其餘各款未修正[8]。

至於公務員得否向商務仲裁協會申請登記為仲裁人問題，實務上曾認為，公務員應避免兼任仲裁人職務，公立學校之專任教授，亦以不任仲裁人為宜[9]。其後教育部為推廣商務仲裁制度，函示公立學校教師如經學校允許，亦得登記為商務仲裁人，但同一時期以擔任一仲裁事務為限[10]。惟自外國立法例觀察，設立在法國巴黎之國際商會，其仲裁人名冊中，亦有具公務員身分之人。以德國法為例，其公務員服務法第65條第1項第3款規定：「公務員經允許後，得充任仲裁人。」故學者對公務員得否登記為仲裁人一事，多持肯定之見解[11]。至於仲裁人之國籍，現代國際傾向於不排除外國人在國際商務仲裁事項中作為仲裁人[12]。

第三項　仲裁人之訓練

有關仲裁人訓練講習，原商務仲裁條例並無規定，嗣後法務部陳報行政院之「商務仲裁條例修正草案」，亦無規定，立法院通過時，才注意此一問題。依舊仲裁法第8條第1項規定：「仲裁人應經訓練或講習。」至於其訓練講習依舊仲裁法第8條第2項規定：「仲裁人之訓練講習辦法，由行政院會同司法院定之。」基此，主管機關已訂立「仲裁人訓練及講習辦

---

8 參閱仲裁法2009年12月30日第7條修正之立法理由。

9 參閱教育部1987年台（76）人字第05004號函。法務部，商務仲裁法規彙編，1994年3月，頁69。

10 參閱教育部1991年9月7日台（80）人47649號函，商務仲裁，30期，1991年9月，頁30。按該函係仲裁協會請教育部重行考慮有關「公立學校之專任教授，以不任仲裁人為宜」，經教育部考慮仲裁制度之發展，以及兼顧教師之教學、研究，故同意放寬。法務部，商務仲裁法規彙編，1994年3月，頁72。

11 參閱藍瀛芳，談仲裁人的資格問題，商務仲裁論著彙編，第3冊，頁47至49。至於現任法官，則不准申請仲裁人登記。法務部，法82律字第25553號函。

12 聯合國國際商務仲裁模範法第11條第1項規定：「任何人不得因國籍之理由，而被排除擔任仲裁人，但當事人有相反之約定者，從其約定。」

法」，故凡具有仲裁法第6條所規定得為仲裁人資格者，得檢具相關資格
證件，向法務部申請參加訓練。但具備「仲裁機構組織與調解程序及費用
規則」第11條所列之資格者，得不參加「仲裁人訓練及講習辦法」所定之
訓練[13]。

　　惟2002年起，仲裁法第8條已經規定：「具有本法所定得為仲裁人資
格者，除有下列情形之一者外，應經訓練並取得合格證書，始得向仲裁機
構申請登記為仲裁人：一、曾任實任推事、法官或檢察官者。二、曾執行
律師職務三年以上者。三、曾在教育部認可之國內、外大專校院法律學系
或法律研究所專任教授二年、副教授三年，講授主要法律科目三年以上
者。四、本法修正施行前已向仲裁機構登記為仲裁人，並曾實際參與爭議
事件之仲裁者。前項第三款所定任教年資之計算及主要法律科目之範圍，
由法務部會商相關機關定之。仲裁人未依第一項規定向仲裁機構申請登記
者，亦適用本法訓練之規定。仲裁人已向仲裁機構申請登記者，應參加仲
裁機構每年定期舉辦之講習；未定期參加者，仲裁機構得註銷其登記。仲
裁人之訓練及講習辦法，由行政院會同司法院定之。」其規範條件更屬周
延。

第四項　仲裁人之選定

一、原則上——各自選定

　　依仲裁法第9條第1項規定：「仲裁協議，未約定仲裁人及其選定方
法者，應由雙方當事人各選一仲裁人，再由雙方選定之仲裁人共推第三仲
裁人為主任仲裁人，並由仲裁庭以書面通知當事人。」換言之，主任仲裁
人之產生，係由兩造各選一仲裁人，然後由共推之仲裁人為主任仲裁人，
以免增加仲裁程序不必要之困擾。

---

[13] 參閱1999年3月4日法務部法88律決字第000088號函。按「仲裁人訓練及講習辦法」係
　　1999年3月3日行政院台88法字第08006號與司法院（88）院台聽民三字第02096號令會
　　銜發布。

　　依仲裁法第9條第2項規定：「仲裁人於選定後三十日內未共推主任仲裁人者」，以及依該法第9條第3項規定：「仲裁協議約定由單一之仲裁人仲裁，而當事人之一方於收受他方選定仲裁人之書面要求後三十日內未能達成協議時」，當事人之一方均得聲請法院爲之選定，俾免延宕仲裁程序[14]。又「前二項情形，於當事人約定仲裁事件由仲裁機構辦理者」，足認當事人對仲裁機構有相當之信任，爰增定仲裁法第9條第4項，由該仲裁機構選定仲裁人，以爭取時效，並減輕法院之負擔。

　　再依仲裁法第9條第5項規定：「當事人之一方有二人以上，而對仲裁人之選定未達成協議者，依多數決定之；人數相等時，以抽籤定之。」舊商務仲裁條例第4條第2項條文規定爲「對仲裁人之選定協議不諧」，仲裁法文字修正改爲「對仲裁人之選定未達成協議者」，以資明確。

二、一方選定仲裁人後之程序

　　依仲裁法第10條第1項規定：「當事人之一方選定仲裁人後，應以書面通知他方及仲裁人；由仲裁機構選定仲裁人者，仲裁機構應以書面通知雙方當事人及仲裁人。」此項舊商務仲裁條例第8條條文規定爲「催告」，仲裁法文字修正爲「以書面通知」，以杜爭議。

　　依仲裁法第10條第2項規定：「前項通知送達後，非經雙方當事人同意，不得撤回或變更。」此項舊商務仲裁條例第7條條文規定爲「不得撤回」，仲裁法文字修正爲「不得撤回或變更」，俾維護當事人權益[15]。

　　依仲裁法第11條第1項規定：「當事人之一方選定仲裁人後，得以書面催告他方於受催告之日起，十四日內選定仲裁人。」此項舊商務仲裁條例第8條條文規定爲「七日內」，仲裁法延長修正爲「十四日內」，以符實際需要。至於其期間之計算，適用民法第120條第2項規定，始日不算入，自不待言。而依仲裁法第11條第2項規定：「應由仲裁機構選定仲裁

---

[14] 參閱法務部，前揭書，1998年7月，頁37。

[15] 惟此種修正能否防止仲裁人故意辭去仲裁人之職，以拖延仲裁程序，不無疑問。參閱臺灣臺北地方法院83年度仲聲字第1號民事裁定。

人者，當事人得催告仲裁機構，於前項規定期間內選定之。」

三、仲裁機構或法院之選定程序

依仲裁法第12條第1項規定：「受前條第一項之催告，已逾規定期間而不選定仲裁人者，催告人得聲請仲裁機構或法院為之選定。」因此，催告人除得向法院聲請選定仲裁人外，尚得聲請仲裁機構為之選定，以資便民。然而，仲裁人人選，涉及仲裁之品質與仲裁之信譽，聲請仲裁機構為之選定固可達便民之效，然仲裁機構為社團法人，其成員亦包括「當事人」或「代理人」，似應另訂一套「選任仲裁人標準辦法」[16]，以資因應。再者，如仲裁機構受前條第2項之催告，已逾規定期間而不選定仲裁人之情形，如仍規定催告人得向仲裁機構聲請選定仲裁人，易造成程序浪費，爰於仲裁法第12條第2項規定：「受前條第二項之催告，已逾規定期間而不選定仲裁人者，催告人得聲請法院為之選定。」既要仲裁機構「公正」選定仲裁人，又要「快速」選定仲裁人，則是否能「利於仲裁程序之進行」，不無疑問。

依仲裁法第13條第1項規定：「仲裁協議所約定之仲裁人，因死亡或其他原因出缺，或拒絕擔任仲裁人或延滯履行仲裁任務者，當事人得再行約定仲裁人；如未能達成協議者，當事人一方得聲請仲裁機構或法院為之選定。」按當事人選定之仲裁人可能於仲裁進行至一定程度，發現對選其為仲裁人之當事人不利時，即以拒絕履行職務方式拖延時間，甚或藉故辭去仲裁人之職務，以達更換主任仲裁人之目的，對於他造及主任仲裁人均不公平，爰設仲裁法第13條第2項規定：「當事人選定之仲裁人，如有前項事由之一者，他方得催告該當事人，自受催告之日起，十四日內另行選定仲裁人。但已依第九條第一項規定共推之主任仲裁人不受影響。」關於此問題，一般亦有所謂「代替仲裁人之指定」問題，按多數國家之國內

---

16 學者認為，仲裁人人選，關係仲裁之品質與信譽至鉅，但仲裁協會或法院迄無具體客觀之選任標準及程序。參閱高瑞錚，現行商務仲裁制度實務運作上之缺失及其改造，法務部，「商務仲裁制度研討會」實錄（二），1995年6月，頁16。

立法，如仲裁人中之一人不論由於任何原因終止其任務，致仲裁並未完成時，原則上應「指定代替仲裁人」，以代替履行其任務[17]。

依仲裁法第13條第3項規定：「受催告之當事人，已逾前項之規定期間，而不另行選定仲裁人者，催告人得聲請仲裁機構或法院爲之選定。」原「商務仲裁條例」第9條僅規定「得聲請法院爲之選定仲裁人」，仲裁法修正爲「得聲請仲裁機構或法院爲之選定」，故催告人除得向法院聲請選定仲裁人外，尚得聲請仲裁機構爲之選定[18]。

依仲裁法第13條第4項規定：「仲裁機構或法院選定之仲裁人，有第一項情形者，仲裁機構或法院得各自依聲請或職權另行選定。」原「商務仲裁條例」第10條第4項僅規定「法院選定之仲裁人」，仲裁法再加上「仲裁機構選定之仲裁人」，以配合文字之修正，目的在使仲裁機構發揮主動積極之功能。此外，依仲裁法第13條第5項規定：「主任仲裁人有第一項事由之一者，法院得依聲請或職權另行選定。」蓋有第1項情形者，第4項業已規定其另行選定之依據，爰將「商務仲裁條例」第10條第5項刪除，新法增訂第13條第5項，俾資周全[19]。

再者，依仲裁法第14條規定：「對於仲裁機構或法院依本章選定之仲裁人，除依本法請求迴避者外，當事人不得聲明不服。」此條係新增，蓋明定「當事人不得聲明不服」，俾免無謂之程序及延宕，爰參考聯合國國際商務仲裁模範法第11條第5項規定增訂之。

---

[17] 例如，1969年瑞士「州際間協定仲裁法」第23條規定，1.如一仲裁人死亡、辭退、被要求迴避、或被撤職，應依其被指定或選定之方法，予以替換。2.如不能如此替換，新仲裁人應由第3條規定之司法機關選定，除非從仲裁契約得出該契約必須認爲已失效。又如聯合國國際商務仲裁模範法第15條，亦採此種規定。

[18] 仲裁機構爲社團法人，以仲裁協會爲例，其成員亦有些包括法人「當事人」之重要成員或「代理人」，其理監事亦均爲社會上賢達或有影響力者，故訂定具體客觀之選任標準即程序，當爲一大學問。

[19] 參閱法務部，前揭書，頁41。

第五項　仲裁人之態度及義務

　　仲裁人處理仲裁事件時，依仲裁法第15條第1項規定：「仲裁人應獨立、公正處理仲裁事件，並保守秘密。」此為仲裁人應遵守之重要原則。又由於某些情況下，如當事人或其代理人與仲裁人間，存有相當密切之關係，如人事、財務等或其他足以令人懷疑仲裁人獨立性、公正性之事由時，雖其並不當然會影響仲裁人之獨立、公正之仲裁判斷，但如課以仲裁人於選定前及仲裁程序中負有「揭露義務」（duty of disclosure），即可使可能遭受偏見之當事人，慎重決定是否接受該仲裁人。參考聯合國國際商務仲裁模範法第12條第1項，明定仲裁人於選定前及仲裁程序中負有「揭露義務」，以維護仲裁人之獨立、公正性，確保仲裁制度之公信力，爰增訂第15條第2項規定：「仲裁人有下列各款情形之一者，應即告知當事人：一、有民事訴訟法第三十二條所定法官應自行迴避之同一原因者。二、仲裁人與當事人間現有或曾有僱傭或代理關係者。三、仲裁人與當事人之代理人或重要證人間現有或曾有僱傭或代理關係者。四、有其他情形足使當事人認其有不能獨立、公正執行職務之虞者。」

　　按仲裁人自行揭露與案件之關係，有助於仲裁人之公正審理，維護仲裁人之信譽。如當事人對被選定仲裁人之公正性與獨立性，有合理之懷疑時，可提出具體之事實與理由，請求該仲裁人迴避。

第三節　仲裁人之迴避

　　世界各國之仲裁法，均許可當事人在具備一定原因之條件下，請求仲裁人迴避。我國仲裁法亦不例外，該法第16條第1項規定：「仲裁人有下列各款情形之一者，當事人得請求其迴避：一、不具備當事人所約定之資格者。二、有前條第二項各款情形之一者。」

　　「迴避」於舊商務仲裁條例，原規定為「拒卻」，嗣因我國民事訴訟法第一編第一章第二節「法院職員之迴避」及日本1989年仲裁法草案，

將「拒卻」修正為「迴避」，使程序用法一致。又仲裁人有應迴避之情形者，係屬仲裁法第13條第1項之「仲裁人因其他原因出缺」，故應依該條規定另行選定仲裁人，爰將「商務仲裁條例」第11條第1項「通知該仲裁人，並聲請法院另為選定」予以刪除。此外，參考聯合國國際商務仲裁模範法第13條第1項，於仲裁法第16條第1項第1款明定「仲裁人不具備當事人所約定之資格者」，當事人得請求其迴避。至於「有其他情形足使當事人認其有不能獨立、公正執行職務之虞者」[20]條文，為法務部陳報行政院之「商務仲裁條例修正草案」中第15條第1項第3款所增訂，其係參考聯合國國際商務仲裁模範法第12條第2項規定，因其已改列於仲裁法第15條第2項，故仲裁法第16條第1項並無第3款。

又按仲裁法第16條第2項規定：「當事人對其自行選定之仲裁人，除迴避之原因發生在選定後，或至選定後始知其原因者外，不得請求仲裁人迴避。」該條文刪除「商務仲裁條例」第11條第2項中「或經同意，由他造或仲裁協會選定之仲裁人」，蓋其究與自行選定者不同，如迴避之原因發生在選定後，或至選定後始知其原因，始得聲請迴避，顯然過苛[21]。

再參考聯合國國際商務仲裁模範法第13條第2項及第3項規定，仲裁法第17條第1項明定：「當事人請求仲裁人迴避者，應於知悉迴避原因後十四日內，以書面敘明理由，向仲裁庭提出，仲裁庭應於十日內作成決定。但當事人另有約定者，不在此限。」其第2項規定：「前項請求，仲裁庭尚未成立者，其請求期間自仲裁庭成立後起算。」而如對於仲裁庭之決定不服者，始得依其第3項規定：「得於十四日內聲請法院裁定之。」

再者，依仲裁法第17條第4項規定：「當事人對於法院依前項規定所為之裁定，不得聲明不服。」蓋為免拖延仲裁程序，爰參考聯合國國際商

---

20 外國學者Na'on在第14屆ICCA大會論文中指出，須避免由同一當事人在所有仲裁案件中，有系統地指派仲裁人，以免此仲裁人久而久之對某類爭端性質較其他仲裁人熟悉，或關係密切。此種情形，是否為「有其他情形足使當事人認其有不能獨立、公正執行職務之虞者」，不無疑問。參閱楊崇森，出席巴黎第14屆ICCA大會報告，商務仲裁，50期，1998年6月，頁112。

21 參閱法務部，前揭書，頁46。

務仲裁模範法第13條第3項之規定。而依該條第5項規定：「雙方當事人請求仲裁人迴避者，仲裁人應即迴避。」此時，無需由仲裁庭或法院決定。

至於仲裁法第17條第6項規定：「當事人請求獨任仲裁人迴避者，應向法院為之。」蓋於此情況下，難期該獨任仲裁庭尚能為合理之決定，故應向法院為之，以避免困擾。

第四節　仲裁庭之管轄權

一般而言，仲裁庭管轄權範圍可分為「約定」範圍與「法定」範圍，在法定範圍方面可從各國國內仲裁法或仲裁機構之仲裁規則中，對仲裁庭就仲裁程序運作所必須之權限，包括仲裁地點或場所之決定、仲裁庭期之訂定、仲裁庭證據調查、仲裁評議、仲裁判斷等，均作明確之規定。足見關於仲裁庭管轄權之法定範圍，內容詳盡，實務上較無爭議。

至於有關仲裁庭管轄權之約定範圍，限於當事人所同意提交給仲裁庭判斷爭議之協議範圍，因之，此一範圍如何確定，亦往往是雙方當事人爭議焦點之一。實務上，很多仲裁庭之管轄權源自於仲裁條款，由於此時仲裁條款之存在或有效成立要件，常涉及當事人之間是否訂立仲裁條款之交換文件，以及當事人是否已將標準條件中之仲裁條款併入可能訂立之契約，甚至涉及仲裁條款之自主性等較為複雜之問題。此時，仲裁庭有權調查當事人所提出之管轄權之異議程序。理論上，仲裁庭針對當事人所提出之仲裁申請，決定是否屬於其管轄範圍，當然對上述資料均有資格審查，包括仲裁協議契約中涉及仲裁庭之條文，以及其他有關之文件。雖然仲裁庭所作之判斷，事後可能被法院所推翻，但仍不能阻止仲裁庭事先所作之判斷。依仲裁法第22條前段規定：「當事人對仲裁庭管轄權之異議，由仲裁庭決定之。」從文義解釋上言之，仲裁庭有最後解釋之權，何況，如當事人有仲裁法第30條規定之主張，而仲裁庭認其無理由時，仍得進行仲裁

程序，並爲仲裁判斷。對此，學者有不同見解[22]。

關於仲裁管轄權之權源問題，理論上各國主張並不統一，茲分述其主要觀點如下：

一、當事人協議說

此說亦有稱爲「契約性」，至1930年代，法國還有判例採此見解[23]。此說認爲仲裁之產生係基於雙方當事人之約定，當事人經由仲裁協議，約定其間之爭議交付仲裁，係仲裁庭之所以能作仲裁判斷之前提要件。換言之，仲裁人與仲裁庭之管轄權來自雙方當事人之協議，如無當事人所簽訂之仲裁條款或仲裁協議，則仲裁人與仲裁庭當然無權進行仲裁程序。因之，在仲裁中，當事人享有高度之自治性，其可以決定仲裁人之人選、仲裁程序、仲裁地點或場所、仲裁庭所適用之法律。仲裁判斷不過是當事人授權仲裁庭，代理當事人所訂立之一種特別之協議，該協議對雙方當事人均有拘束力。當事人有義務自動履行仲裁判斷，否則對造當事人可據以聲請法院強制執行。

二、國家授權說

此說亦有稱爲「司法性」，其認爲審判權係國家法院專門行使之權力，而仲裁機構係民間組織。仲裁庭之所以能審理案件，係因國家賦予其在一定條件下，對某些案件之審理權，仲裁庭因而具有國家法院之某種職能。整個仲裁制度自始至終，均受國家法律之監督與控制。易言之，仲裁制度係國家法律所承認之制度，理論上，仲裁爭議適格範圍與仲裁程序均

---

[22] 學者陳煥文主張採法院併行監督（Concurrent Control）之模式，增訂如當事人不服仲裁庭對其所提管轄權異議所作之中間判斷時，當事人得於收到判斷後30日內，聲請法院裁定之。當事人對法院之裁定不得聲明不服。參閱陳煥文，論仲裁管轄權，商務仲裁，50期，1998年6月，頁47。

[23] 參閱藍瀛芳，談商務仲裁之意義及其法律基礎，商務仲裁論著彙編，第1冊，1989年，頁225至226。

受國家法律之控制。因之，仲裁人與仲裁庭之權力，實際上係受國家所授與。

三、綜合說

此說亦有稱爲「折衷說」[24]，主張商務仲裁具有司法與契約雙重性，亦即綜合當事人協議說與國家授權說，主張此說者認爲，僅承認司法性一面而忽略契約性一面，或僅承認契約性一面而忽略司法性一面，均爲片面的。只有將司法性與契約性結合在一起，才能正確地說明仲裁之性質。蓋仲裁人與仲裁庭之所以有權作出具有法律拘束力之仲裁判斷，一方面既需有當事人之有效協議，另一方面又需有法律之承認。再者，仲裁爭議適格之事項，其範圍亦係完全取決於法律規定，當事人之協議不能超出此一法律規定範圍，否則其協議無效。

四、小結

比較上述三說，本章認爲「當事人協議說」，強調仲裁係出自於當事人自治之一面，但卻忽略國家法律監督與限制之一面[25]。國家授權說者之觀點，過分強調國家法律對仲裁之監督與控制，而忽略當事人之自治權與仲裁庭之自主權。綜合說具有全面性，其不但採雙方當事人意思自由一致協議之基礎，而且亦肯認在國家法律之授權基礎上，仲裁庭可作仲裁判斷，故較爲可採。再者，仲裁係一種自成一體之解決爭議模式，有其獨立之體系。一般人樂於採用仲裁方式，以解決爭議，係因仲裁具有快速與靈活之特點，符合商業發展之需要。此外，依據當事人意思自由原則，當事人可依仲裁協議自行選擇實體法與程序法，其仲裁判斷對當事人均有拘束力，而非僅基於仲裁之司法性與契約性。從歷史觀點言之，仲裁是在商人

---

24 參閱吳光明，證券糾紛之仲裁，證券交易法論，1999年增訂新版，頁283、284。然而，在證券爭議之仲裁中，應優先適用，故與上述之法律基礎而言，顯然另成一體。

25 例如，當事人不能將法律所不允許仲裁之爭議事項，交付仲裁，否則該仲裁將被撤銷。又如仲裁程序不得違反仲裁地國程序法之強制規定。

間先發展起來，而後國家法律再予以確認之一種解決商務爭議之制度。

　　實務上認爲，當事人對仲裁庭管轄權之異議，由仲裁庭決定之。但當事人已就仲裁協議標的之爭議爲陳述者，不得異議，爲仲裁法第22條所明定。本條係參考聯合國仲裁模範法第16條第1項及第2項，規定當事人對仲裁庭之管轄權有異議者，由仲裁庭決定之。準此，有關仲裁管轄權的爭議，包括「仲裁契約的存在或效力的任何抗辯」，均由仲裁庭自行決定，而該條第3項特別就仲裁庭此項權力作一例外規定，即有條件之司法審查制度，我國仲裁法第22條未採該項之規定，因此仲裁庭對於仲裁庭管轄權之決定，係最終之決定，當事人不得向法院請求司法審查。於本件情形，因仲裁庭之決定並非認定仲裁庭有管轄權，故依該模範法第16條第3項，當事人亦不得聲請司法審查。是本件仲裁庭既已就管轄權之有無作成決定，被上訴人自不得就此更向法院提起撤銷仲裁判斷之訴[26]。本文亦同意此見解。

第五節　結語

　　仲裁係指爭議雙方在爭議發生前，或爭議發生後，達成協議，自願將爭議提交仲裁庭，作成仲裁判斷之一種解決爭議之方法。仲裁庭之仲裁判斷係終局性的，其與法院之確定判決有同一之效力，當事人間均應受其拘束。仲裁庭處理案件之管轄權，源自當事人間之協議，如無仲裁協議，仲裁庭即無權受理。此外，仲裁庭審理仲裁案件，不得公開進行。

　　又由於仲裁一般具有辦案迅速、程序簡便、費用低廉等特性，加上雙方當事人可自行選定仲裁人，以組成仲裁庭，從而，新仲裁法在明確規定迴避制度之基礎上，增加仲裁人於選定前及仲裁程序中負有「揭露義務」，當事人對指定仲裁人之公正性，有合理之懷疑時，當事人可請求其

---

[26] 參閱臺灣高等法院90年度重上字第230號民事裁判。

迴避。仲裁庭應開庭審理，就案件有關爭議事實與證據，詳細調查，並應根據事實，依照法律與契約，參考商業習慣，遵循公平合理原則，獨立公正地作出仲裁判斷。在審理中，如一方當事人經合法通知，無正當理由不出庭應訊，仲裁庭可進行缺席審理，並作缺席仲裁判斷。

　　綜上所述，可知仲裁庭之權力源自當事人之授權，且仲裁庭所為仲裁判斷與確定判決有同一效力，影響當事人權益甚鉅。因此，在仲裁審理過程中，除仲裁人保持其獨立公正之地位外，更需充實仲裁人之學養素質，增進實務經驗，以提升仲裁品質、效率及公信力。主管機關訂有「仲裁人訓練及講習辦法」，值得喝采。然而，有關仲裁人獨立性與公正性問題，是否可參照國外，由仲裁機構研擬類似「仲裁人守則」或「仲裁人倫理規範」，仲裁人除應遵守當事人所施加及法律所賦予之義務外，其亦應遵守仲裁人行為守則或道德規範，俾使仲裁制度更加健全。

CHAPTER

6

法院在仲裁中之角色

第一節　概說

　　仲裁係民間性質之仲裁機構以第三者之身分，對雙方當事人之爭議作出仲裁判斷。由於仲裁機構係民間性質之機構，故就仲裁機構之權力，有必要加以一定之限制，因而在仲裁過程中之某些事項，以及仲裁判斷之強制執行，需要法院之協助。為維護國家司法機關之尊嚴，法院在協助仲裁案件時，必須察明協助之事項，或仲裁判斷為正當或合法。另一方面，由於仲裁人可能受到認知上之侷限，以及其他方面因素之影響與限制，導致在仲裁過程中存在不正當行為，或仲裁判斷存在錯誤。法院監督制度即係避免此種消極之不利後果之必要措施。此不僅表現為仲裁組織體系之自我監督，更表現在法院對仲裁活動之司法監督。

　　仲裁庭不具有國家可供執行仲裁判斷之主要權力，仲裁庭亦無充分之權力，確保仲裁程序之適當並有效之進行。理論上，無論是國內仲裁，抑或國際仲裁，如無內國法院之監督與協助，其仲裁判斷並無法發揮作用。

　　當然，此內國法院之監督與協助，包括兩方面之意義：其一，係指在國際商務仲裁中法院所給予之支持與協助。例如有關仲裁協議之強制履行、對於仲裁相對人之保全措施、對仲裁判斷之強制執行等；其二，係指法院對國際商務仲裁程序之監督，以及對仲裁判斷之司法審查，仲裁管轄權之控制、仲裁人之選任與撤換、撤銷仲裁判斷、拒絕承認與執行仲裁判斷等。

　　從法院對仲裁之支持與協助而言，仲裁與司法訴訟之顯著區別之一，即仲裁之民間性與自願性。換言之，民間性與自願性決定仲裁庭之權力來源，雙方當事人間經由有效之仲裁協議，即可進入仲裁程序。因此，在整個仲裁程序中，既無充分之權力，以保證仲裁程序之正常進行，更無相應之權力執行其所作出之仲裁判斷。例如在仲裁程序進行中，一方當事人持不合作態度，故意遲延仲裁程序，拒不向仲裁庭提示證據，拒不履行仲裁判斷等。由於仲裁庭缺乏強制性權力，故對當事人之不合作行為束手無策；再加上，仲裁庭之權力來自於仲裁協議，故仲裁庭之命令或裁決，

僅對仲裁當事人發生拘束力，如與爭議有關事項之財產或證據為第三人所持有或掌控，而又需採取保全措施時，即有賴於法院之協助。

　　為使仲裁程序正常進行，並對仲裁判斷予以承認，並予以執行，各國仲裁立法，或有關仲裁之國際條約，以及常設仲裁機構之仲裁規則，均包含有法院對仲裁之支持與協助之規定。理論上言之，法院對仲裁之支持與協助之規定主要表現在下列三方面：

一、對仲裁庭之管轄權實施控制

　　如當事人認為仲裁協議不成立，違反仲裁協議等事由，依仲裁法第30條規定，仲裁庭認其無理由時，仍得進行仲裁程序，並為仲裁判斷。但外國法有「法院可命令仲裁庭終止仲裁程序，並由法院審理」之規定，與我國仲裁法第29條第2項「異議，由仲裁庭決定之，當事人不得聲明不服」之規定精神，完全不同。

二、對仲裁程序，包括仲裁庭之組成實施監督

　　對仲裁庭之組成或仲裁程序違反仲裁協議或法律規定者，依仲裁法第40條規定，當事人得對於他方提起撤銷仲裁判斷之訴。

三、對仲裁庭進行仲裁時之協助

　　依仲裁法第28條第1項規定：「仲裁庭為進行仲裁，必要時得請求法院或其他機關之協助。」以便使仲裁順利進行。又依仲裁法第28條第2項規定：「受請求之法院，關於調查程序，有受訴法院之權。」

　　除此之外，有幾個國家允許法院對仲裁判斷作實質性審查[1]。1979年「英國仲裁法」規定，英國對待仲裁判斷之司法審查態度有所轉變，但原則上仍承認法院有權對仲裁判斷之法律問題，進行司法審查，只不過是在

---

[1] 例如英國實行「特別案由」（special case）或「案情陳述」（case stated）程序，允許法院以判決在事實上或法律上有錯誤為由，撤銷仲裁判斷。

國際商務仲裁之領域範圍內，授權當事人通過事前協議，排除法院對仲裁判斷之司法審查而已。

總之，世界各國在法院對仲裁司法監督之問題上，有一定之差異，然整體言之，法院對仲裁監督之發展趨勢，係改變法院對仲裁進行過多監督之傳統做法，賦予仲裁在其程序上，以及仲裁判斷效力等方面所應有之權威與地位，從而保證仲裁判斷作為解決民事爭議之一種重要方式，並體現出仲裁制度之應有價值。

基此，本文擬就我國仲裁法之規定，探討法院對仲裁之支持，包括財產保全、執行仲裁判斷、證據保全，以及探討法院對仲裁之司法監督，包括審查仲裁協議之效力、撤銷仲裁判斷、駁回仲裁判斷之執行、裁定駁回執行之補救措施。

第二節　法院對仲裁之協助

依我國仲裁法之規定，法院對仲裁之支持，表現在以下幾項：

第一項　法院協助選定仲裁人

按當事人聲請法院選定仲裁人之時機，有以下四種：

一、相對人拒不選定仲裁人時

當事人之一方選定仲裁人後，依仲裁法第10條第1項前段規定，應以書面通知他方及仲裁人，並得依仲裁法第11條第1項規定，以書面催告他方於受催告之日起，14日內選定仲裁人，受催告之人已逾規定期間而不選定仲裁人者，催告人得依仲裁法第12條第1項規定，聲請仲裁機構或法院為之選定。

二、仲裁人間無法共推主任仲裁人時

當事人間之仲裁協議，如未約定仲裁人及其選定方法者，依仲裁法第9條第1項規定：「應由雙方當事人各選一仲裁人，再由雙方選定之仲裁人共推第三仲裁人爲主任仲裁人」，如仲裁人於選定後30日內未共推主任仲裁人者，依仲裁法第9條第2項規定：「當事人得聲請法院爲之選定」。按舊商務仲裁條例之條文第4條及第18條規定，主任仲裁人之產生，係由兩造各選一仲裁人，由其共推第三仲裁人後，再由三仲裁人互推主任仲裁人，徒增程序不必要之困擾，仲裁法第9條爰訂定第1項，明定由雙方選定之仲裁人共推之第三仲裁人爲主任仲裁人，俾符國際社會常以三仲裁人爲umpire之實務。並增訂由仲裁庭以書面通知當事人之規定，俾使當事人知悉[2]。

三、仲裁人因故不能履行仲裁任務時

仲裁法第13條規定：「仲裁協議所約定之仲裁人，因死亡或其他原因出缺，或拒絕擔任仲裁人或延滯履行仲裁任務者，當事人得再行約定仲裁人；如未能達成協議者，當事人一方得聲請仲裁機構或法院爲之選定。當事人選定之仲裁人，如有前項事由之一者，他方得催告該當事人，自受催告之日起，十四日內另行選定仲裁人。但已依第九條第一項規定共推之主任仲裁人不受影響。受催告之當事人，已逾前項之規定期間，而不另行選定仲裁人者，催告人得聲請仲裁機構或法院爲之選定。仲裁機構或法院選定之仲裁人，有第一項情形者，仲裁機構或法院得各自依聲請或職權另行選定。主任仲裁人有第一項事由之一者，法院得依聲請或職權另行選定。」

按仲裁程序進行中，如仲裁協議所約定之仲裁人，因死亡或其他原因（例如長期出國）而出缺，依仲裁法第13條第1項、第2項規定，固得由「當事人再行約定仲裁人；如未能達成協議者，當事人一方得聲請仲裁機

2　參閱法務部，仲裁法條文修正對照表，仲裁法規彙編，1999年3月，頁32。

構或法院為之選定」，「他方得催告該當事人，自受催告之日起，十四日內另行選定仲裁人」，受催告之人，已逾規定期間，而不另行選定仲裁人者，催告人得聲請仲裁機構或法院為之選定。至於仲裁程序是否因而終止或停止，仲裁法並無規定，易生疑義。學者認為[3]，仲裁程序之開始日，於仲裁合議庭時，係以主任仲裁人接受通知之日，始有可能進行仲裁程序，而開始進行仲裁程序，如仲裁協議所約定之仲裁人，因死亡或其他原因（例如長期出國、辭任）而出缺，合法之仲裁庭並不存在，仲裁程序本質上無從進行，依仲裁法第21條第1項所定之「6個月」或「9個月」之仲裁期間，無從起算，亦無屆滿之問題，惟於補選任之仲裁人產生後，有合法之仲裁庭存在，始有可能進行仲裁程序，其仲裁期間才可開始計算[4]。

四、當事人聲請仲裁人迴避時

仲裁法第16條規定：「仲裁人有下列各款情形之一者，當事人得請求其迴避：一、不具備當事人所約定之資格者。二、有前條第二項各款情形之一者。當事人對其自行選定之仲裁人，除迴避之原因發生在選定後，或至選定後始知其原因者外，不得請求仲裁人迴避。」按本條文係參考我國民事訴訟法第一編第一章第三節「法院職員之迴避」及日本1989年仲裁法草案，將「拒卻」修正為「迴避」，使程序法用語一致。而聲請迴避之程序，於仲裁法條文第17條已明定。至於仲裁人有應迴避情形者，係屬同法第13條第1項之「仲裁人因其他原因出缺」所規定，故應依該條規定另行選定仲裁人，並修正仲裁法第16條第1項第2款為「有前條第二項各款情形之一者」，以擴大聲請迴避之事由，使當事人對於仲裁人有告知義務情形時得聲請迴避，以避免達成仲裁判斷後，再提起撤銷仲裁判斷，致浪費當事人金錢及社會資源。再依仲裁法第7條規定，未成年人、受監護或輔助宣告人、破產人及褫奪公權人均不得為仲裁人，故如有該等人為仲裁

---

3 參閱林俊益，法院在商務仲裁之角色，永然文化，1996年4月，頁65。

4 參閱臺灣臺北地方法院，以及臺灣高等法院院83年度仲聲字第1號民事裁定、83年台抗字第962號民事裁定。

人，係仲裁組織不合法，並非得聲請迴避事由。至於聾啞人，除具仲裁法第16條第1項各款規定情形得聲請迴避外，不宜與一般人為不同之看待，爰刪除舊商務仲裁條例第1項第2款規定。再者，參考聯合國國際商務仲裁模範法第12條第2項，將舊商務仲裁條例第11條第1項第3款改列為第1項第1款，並擴大得聲請迴避之範圍，明定仲裁人不具備當事人約定之資格者，當事人得請求其迴避。所謂「不具備當事人所約定之資格者」，例如當事人約定仲裁人應具有曾任海事仲裁事件之仲裁人，而仲裁人未具該項資格者而言。另查，舊商務仲裁條例第11條第2項「或經其同意，由他造或仲裁協議選定之仲裁人」究與自行選定不同，如迴避原因發生在後或至選定後方知悉，始得聲請迴避，顯然過苛，爰將舊商務仲裁條例第11條第2項上開規定予以刪除[5]。

　　仲裁法第17條規定：「當事人請求仲裁人迴避者，應於知悉迴避原因後十四日內，以書面敘明理由，向仲裁庭提出，仲裁庭應於十日內作成決定。但當事人另有約定者，不在此限。前項請求，仲裁庭尚未成立者，其請求期間自仲裁庭成立後起算。當事人對於仲裁庭之決定不服者，得於十四日內聲請法院裁定之。當事人對於法院依前項規定所為之裁定，不得聲明不服。雙方當事人請求仲裁人迴避者，仲裁人應即迴避。當事人請求獨任仲裁人迴避者，應向法院為之。」按本條係參考聯合國國際商務仲裁模範法第13條第2項及第3項規定，分別於第1項及第2項明定聲請仲裁人迴避應先向仲裁庭為之，但當事人另有約定者，從其約定。另於第3項明定當事人對仲裁庭之決定不服者，始得聲請法院裁定之。當事人不服仲裁庭所為有關仲裁人迴避之決定而聲請法院裁定者，為免仲裁程序拖延，爰參考前揭模範法第13條第3項之規定，明定當事人對於該裁定，不得聲明不服。又參考前揭模範法第13條第2項後段，增訂第5項，規定雙方當事人請求仲裁人迴避者，仲裁人既已不為雙方當事人所信任應即迴避，無須由仲裁庭或法院決定。此外，獨任仲裁人即仲裁庭，別無其他仲裁人，故當

5　參閱法務部，仲裁法條文修正對照表，前揭書，頁41至45；並請參考聯合國國際商務仲裁模範法第12條第2項後段修正現行條文第2項，並作文字調整，俾資明確。

事人請求獨任仲裁人迴避者，難期仲裁庭（獨任仲裁人）尚能爲合理之決定，故增訂第6項，明定請求獨任仲裁人迴避者，應向法院爲之，以避免困擾。

　　有趣者，中華民國仲裁協會曾於2009年去函法務部，詢及評決迴避申請有無理由之仲裁庭如何組成疑義一節，法務部則回覆，有關仲裁法第17條當事人聲請仲裁人迴避相關程序，非屬法務部職掌。另評決迴避申請有無理由之仲裁庭如何組成疑義，因具體個案事實已進入司法程序，仍請依法院判決見解辦理[6]。

第二項　財產保全

　　舊商務仲裁條例之條文，並未就保全程序加以規定，如當事人間訂立仲裁契約，雖仍得適用民事訴訟法有關保全程序之規定，惟仲裁相對人如聲請法院依民事訴訟法第529條之規定，命限期起訴，然後依「商務仲裁條例」規定提出妨訴抗辯，請求法院駁回原告之訴，再依民事訴訟法第530條第1項之規定，聲請法院撤銷假扣押裁定，則債權人無從依保全程序之規定保障其權益，故有修法之必要。

　　依現行仲裁法第39條第1項規定：「仲裁協議當事人之一方，依民事訴訟法有關保全程序之規定，聲請假扣押或假處分者，如其尚未提付仲裁，命假扣押或假處分之法院，應依相對人之聲請，命該保全程序之聲請人，於一定期間內提付仲裁。但當事人依法得提起訴訟時，法院亦得命其起訴。」本條文係從原商務仲裁條例第27條修正而來，原條文規定仲裁程序不適用民事訴訟法第529條之規定，致仲裁協議當事人一方尚未提付仲裁即開始保全程序時，他方當事人無法聲請法院命其提付仲裁，對當事人權益之保障顯然不周全，亦不合理。爰參考民事訴訟法第529條之立法精神修正本條條文，使相對人於此種情形，得聲請法院命定期提付仲裁。

6　參閱法務部法律決字第0980013208號，法務部法規諮詢意見。其實，針對仲裁法第17
　條，有關仲裁人之迴避問題，仲裁協會於2022年又提出，由仲裁庭之「仲裁院」決定之
　（按此部分是否符合仲裁法律體系，以及有無違背國際潮流，有待觀察）。

現行仲裁法第39條並增訂第2項規定：「保全程序聲請人不於前項期間內提付仲裁或起訴者，法院得依相對人之聲請，撤銷假扣抑或假處分之裁定。」以示公允[7]。

第三項　執行仲裁判斷

仲裁庭所作之仲裁判斷係終局之判斷，仲裁判斷一經作出即發生法律效力。依仲裁法第37條第1項規定：「仲裁人之判斷，於當事人間，與法院之確定判決，有同一效力。」故雙方當事人既無法就同一爭議再聲請仲裁，又不能向法院起訴，敗訴之一造應履行仲裁判斷所確定之義務。

不過，應注意實務上認為，按仲裁判斷於當事人間，除與法院之確定判決有同一之既判力外，仲裁判斷理由中所為其他非聲請仲裁標的之重要爭點判斷，對當事人自不生拘束力。同一當事人於提起之另件民事訴訟，就相同爭點法律關係，仍得為相反之主張，法院亦得為相異於仲裁判斷之判斷[8]。

其次，由於法院協助仲裁機構，強制執行仲裁判斷，係世界各國之通例，我國現行仲裁法第37條第2項規定：「仲裁判斷，須聲請法院為執行裁定後，方得為強制執行。但合於下列規定之一，並經當事人雙方以書面約定仲裁判斷無須法院裁定即得為強制執行者，得逕為強制執行：一、以給付金錢或其他代替物或有價證券之一定數量為標的者。二、以給付特定之動產為標的者。」

再依仲裁法第37條第3項規定：「前項強制執行之規定，除當事人外，對於下列之人，就該仲裁判斷之法律關係，亦有效力：一、仲裁程序開始後為當事人之繼受人及為當事人或其繼受人占有請求之標的物者。二、為他人而為當事人者之該他人及仲裁程序開始後為該他人之繼受人，及為該他人或其繼受人占有請求之標的物者。」

7　參閱法務部，仲裁法條文修正對照表，前揭書，頁69、70。
8　參閱最高法院107年度台上字第1142號民事裁判。

　　按仲裁判斷經法院爲執行裁定後，該執行裁定即爲強制執行法第4條第1項第6款規定「其他依法律之規定，得爲強制執行名義者」[9]。

　　而如聲請執行外國仲裁判斷者，尙須依仲裁法第七章，即第47條、第48條、第49條、第50條、第51條之規定。因非本論文之主體，限於篇輻，恕不贅述。

第四項　證據保全

　　在仲裁中，可能發生證據滅失，或以後難以取得之情況，此時有必要採取證據保全措施。按聯合國國際商務仲裁模範法第27條規定，仲裁庭或當事人一方在仲裁庭同意下，可以請求本國法院協助獲取證據，法院可在其權限範圍內，依照獲取證據之規則，執行上述請求。我國有關證據之保全規定於民事訴訟法，而依仲裁法第28條之規定，仲裁庭爲進行仲裁，必要時得請求法院協助。換言之，法院可協助證據保全。

第三節　法院對仲裁之司法監督

　　仲裁係依雙方當事人意思自由原則，將其間所發生之爭議，提交給第三者予以解決之方式，故法院有必要監督此種民間性之仲裁機構，依我國仲裁法之規定，法院對仲裁之監督，表現在以下幾個方面：

第一項　審查仲裁協議之效力

　　仲裁機構之管轄權完全源自於雙方當事人自由意思所達成之仲裁協議；仲裁協議是否有效，係仲裁制度之核心問題。不僅仲裁機構對仲裁協

---

[9] 按1996年10月9日修正公布之強制執行法第4條之2定有明文，爰參考上開條文修正本條第3項規定。按「強制執行法」訂於1940年1月19日，歷經多次修正，最近一次修正於2019年5月29日。

議極爲關切，法院亦將其納入監督範圍。

理論上，仲裁協議係一種契約，仲裁協議與其他契約一樣，均受導致該契約無效之各種因素之影響。如訂立仲裁協議之當事人爲無行爲能力人、或限制行爲能力人、或有強暴脅迫之情形、或仲裁協議所約定範圍違反法律規定，依民法規定爲無效時，則當然會造成該仲裁協議無效。

對仲裁協議效力之異議，實際上係對仲裁機構管轄權提出挑戰。世界各國與國際組織制定之仲裁規定，均承認仲裁庭有權對自己之管轄權作出決定，但此決定是否受司法審查，則規定不一。一般而言，世界各國大致上有兩種仲裁規則：一種即是授權仲裁庭對當事人之異議，作出仲裁判斷，當事人不服，仍可提起撤銷仲裁判斷之訴之方式，要求法院對此進行審查，亦即法院享有最終之決定權[10]；另一種即是授權仲裁庭對當事人之異議，作出仲裁判斷，而此仲裁判斷原則上不受司法審查。

以我國爲例，當事人依仲裁協議提出仲裁聲請，他造當事人聲明異議時，仲裁庭仍可進行仲裁程序，但如當事人知悉或可得而知仲裁程序違反仲裁法或仲裁協議，而仍進行仲裁程序者，依仲裁法第29條第1項規定，不得異議。又依仲裁法第29條第2項：「異議，由仲裁庭決定之，當事人不得聲明不服。」此種規定之精神，與法院之介入情形完全不同。

惟應注意，實務上最高法院認爲，此仲裁法第29條第2項之「異議」係指當事人對於仲裁庭所進行之仲裁程序本身不得聲明不服而言，並未排除當事人基於其與仲裁機構間之契約關係向法院起訴請求救濟之權利。仲裁庭核定仲裁費用多寡之決定非屬仲裁判斷，不具同法第37條第1項所定與法院之確定判決，有同一效力，非屬同法第40條第1項各款所定得對之提起撤銷仲裁判斷之訴之範疇，關於仲裁庭核定仲裁費用之決定，無從循此途徑救濟，惟當事人非不得就無關仲裁標的而就其與仲裁機構或仲裁人間爭議事項之核定仲裁費用之決定，本於其間之私法契約，向法院提起訴訟，以求救濟[11]。

---

10 例如瑞士、英國採取此種做法。

11 參閱最高法院99年度台聲字第826號民事裁定。

第二項　撤銷仲裁判斷

　　我國仲裁法專門於第五章設立「撤銷仲裁判斷之訴」之條件與程序。依仲裁法第40條規定：「有下列各款情形之一者，當事人得對於他方提起撤銷仲裁判斷之訴：一、有第三十八條各款情形之一者。二、仲裁協議不成立、無效，或於仲裁庭詢問終結時尚未生效或已失效者。三、仲裁庭於詢問終結前未使當事人陳述，或當事人於仲裁程序未經合法代理者。四、仲裁庭之組成或仲裁程序，違反仲裁協議或法律規定者。五、仲裁人違反第十五條第二項所定之告知義務而顯有偏頗或被聲請迴避而仍參與仲裁者。但迴避之聲請，經依本法駁回者，不在此限。六、參與仲裁之仲裁人，關於仲裁違背職務，犯刑事上之罪者。七、當事人或其代理人，關於仲裁犯刑事上之罪者。八、為判斷基礎之證據、通譯內容係偽造、變造或有其他虛偽情事者。九、為判斷基礎之民事、刑事及其他裁判或行政處分，依其後之確定裁判或行政處分已變更者。前項第六款至第八款情形，以宣告有罪之判決已確定，或其刑事訴訟不能開始或續行非因證據不足者為限。第一項第四款違反仲裁協議及第五款至第九款情形，以足以影響判斷之結果為限。」

　　按仲裁法第40條第1項第2款增列仲裁協議不成立、於仲裁庭詢問終結時尚未生效，亦得提起撤銷仲裁判斷之訴，俾資周延。另配合同法第1條之規定，將本款及第3款之「仲裁人」修正為「仲裁庭」。

　　又本條第1項第4款修正為「仲裁庭之組成或仲裁程序，違反仲裁協議或法律規定者」，俾資周延。

　　本條第1項第5款配合仲裁法第15條仲裁人告知義務之增訂，如仲裁人違反告知義務而顯有偏頗，而依修正條文第2項規定，足以影響仲裁判斷之結果者，當事人得提起撤銷仲裁判斷之訴，以強化仲裁人之告知義務及提高仲裁之公正性。另將原商務仲裁條例之用語「拒卻」修正為「迴避」[12]。又迴避之聲請經駁回，依仲裁法第17條規定可能係仲裁庭或法院

---

[12] 此係參考我國民事訴訟法第一編第一章第二節「法院職員之迴避」及日本1989年仲裁法

所爲，故將其規定爲「經依本法駁回者」。

　　再者，本條第1項第7款，將「有刑事上應罰之行爲，影響仲裁者」修正爲「犯刑事上之罪者」，以資明確，並簡化本款文字。而本條第1項第8款，係合併原條文第1項第8款及第9款之規定，並增列通譯內容不實爲得提起撤銷仲裁判斷之訴之原因，俾資周延。本條第1項第10款文字修正，並改爲列第9款。

　　修正本條第2項，規定第6款至第8款情形，必須已受有罪判決確定，或其刑事訴訟不能開始或續行非因證據不足者爲限，始得提起撤銷仲裁判斷之訴，以防受不利仲裁判斷之當事人，濫行提起撤銷仲裁判斷之訴。

一、撤銷仲裁判斷之理論

　　爲確保仲裁判斷之品質與執行，如仲裁判斷有法定瑕疵時，理應由當事人依法提起撤銷仲裁判斷，而由法院審查之，此在國內仲裁判斷與在國際商務仲裁判斷均同[13]。另有學者認爲，仲裁法第40條第1項之修正，值得說明者有如下[14]：

（一）就原受有利判斷之當事人利益言

　　本條第1項第8款爲「判斷基礎之證據係僞造」，如有規定之必要應從嚴規定，方足以確保有利判斷之當事人，並促進我國仲裁制度之正常發展。

（二）就國際觀與潮流言

　　查1998年仲裁法修正之主要論據，係參考聯合國模範法，惟該法並

　　草案，將「拒卻」修正爲「迴避」，使程序法用語一致，參閱法務部，仲裁法條文修正對照表，前揭書，頁41、42。

[13] 參閱吳光明、俞鴻玲，仲裁判斷的撤銷與執行，國際商務仲裁理論與發展，翰蘆圖書，2013年1月，頁264。

[14] 參閱賴來焜，一部劃時代恢宏氣度之「仲裁法」即將誕生，全國律師，2卷1期，1998年1月，頁82。

無類似第40條第1項第8款之規定，足見此一條款，已有背國際商務仲裁之潮流趨勢，爲達國際化、自由化之際，撤銷仲裁判斷之訴之事由不宜多，縱有規定之必要，亦應從嚴規定，故而宜再明定「經判決確定」者爲限。

（三）就立法原意言

1961年我國商務仲裁條例立法時，立法理由亦應增加「經判決確定」，以資愼重，立法者之立法理由可供參考。

（四）從撤銷仲裁判斷之訴之立法目的而言

本訴之目的並非對仲裁判斷紛爭再予以另一次實質審理，僅係事後對仲裁判斷之作成是否違反仲裁制度之立法基礎審查，故應限於「經判決確定」者爲限，始足以達成目的。

二、撤銷仲裁判斷之實務

最高法院實務上認爲，撤銷仲裁判斷之訴，並非就原仲裁程序再爲審判，法院應僅就原仲裁判斷是否具有仲裁法第40條第1項所列各款情事，加以審查，至於原仲裁判斷所持之法律見解及對於實體內容之判斷是否妥適，則爲仲裁人之權限，自非法院所得過問[15]。

實務上又認爲，仲裁法第40條第1項第4款規定，係爲程序上有瑕疵之仲裁判斷所設之救濟方法，若仲裁人適用當事人共同認知之實體法予以判斷，即不得據以請求撤銷仲裁判斷。至仲裁判斷之實體內容是否合法、妥適，則不在該條款規範之列。系爭仲裁判斷係以兩造共同認知之建築法爲其依據，並未適用衡平法則，既爲原審所認定，則該仲裁判斷謂系爭工程中之主體工程應申辦建造執照及雜項執照，即令非屬事實之認定，而係適用法規不當，依上說明，亦不符上開條款所定之撤銷事由[16]。

另外，最高法院認爲，若原告提起撤銷仲裁判斷之訴，所爭執之仲裁

---

15 參閱最高法院90年度台上字第1362號民事判決。
16 參閱最高法院92年度台上字第2412號民事判決。

判斷結果爲駁回原告之請求，則原告勝訴之結果，僅單純使原告取得仲裁法第43條所定另行起訴之訴訟利益，並無使原告取得或免除給付之金額或財產價值可供核定。原告聲請仲裁判斷時原請求之給付內容，不因其提起撤銷仲裁判斷之訴獲得勝訴而可當然取得，尙須另行提起訴訟爲請求，自無法以其聲請仲裁判斷時所請求之金額，作爲核定訴訟標的利益之依據，應屬民事訴訟法第77條之12所稱訴訟標的之價額不能核定，以同法第466條所定不得上訴第三審之最高利益額數加十分之一即165萬元，作爲訴訟標的之價額[17]。

　　另外，實務上，撤銷仲裁判斷之訴，非就原仲裁判斷認定事實、適用法規是否妥當，再爲審判，法院僅得就原仲裁判斷有無仲裁法第40條第1項各款所列情形加以審查，至於當事人於實體法上有無請求權，仲裁人所命給付是否有誤，並非所問。此外，有關現在或將來之爭議，當事人得訂立仲裁協議，約定由仲裁人一人或單數之數人成立仲裁庭仲裁之；當事人間之文書、證券、信函、電傳、電報或其他類似方式之通訊，足認有仲裁合意者，視爲仲裁協議成立。另所謂仲裁判斷書應附理由而未附者，係指未經當事人約定毋庸記載理由之判斷書完全不附理由者而言，倘已附理由，縱其理由不完備，亦不得謂其未附理由，據以請求撤銷仲裁判斷[18]。

　　最後，亦應注意，實務上認爲，仲裁法第五章「撤銷仲裁判斷之訴」於第40條所規定者，應以「本國仲裁判斷」爲對象，而不包括外國仲裁判斷至明[19]。

三、其他相關規定

　　仲裁法第40條第3項，規定第1項第4款違反仲裁協議及第5款至第9款情形，必須其原因之嚴重性已足改變仲裁判斷之結果，始得提起撤銷仲裁

---

[17] 參閱最高法院97年度台抗字第761號民事裁定。

[18] 參閱最高法院109年度台上字第1829號民事判決。其他採相同見解者，如最高法院109年度台上字第98號民事判決。

[19] 參閱最高法院110年度台上字第1563號民事判決。

判斷之訴，以符國際商務仲裁之潮流[20]。

　　依仲裁法第41條第1項規定：「撤銷仲裁判斷之訴，得由仲裁地之地方法院管轄。」此係為解決被告為外國人致我國法院並無管轄權之困擾及方便法院對於提起撤銷仲裁判斷之訴之證據蒐集，以杜爭議，並盡速解決紛爭。再依仲裁法第41條第2項規定：「提起撤銷仲裁判斷之訴，應於判斷書交付或送達之日起，三十日之不變期間內為之；如有前條第一項第六款至第九款所列之原因，並經釋明，非因當事人之過失，不能於規定期間內主張撤銷之理由者，自當事人知悉撤銷之原因時起算。但自仲裁判斷書作成日起，已逾五年者，不得提起。」此係將原「商務仲裁條例」之條文移列為第2項，並配合前條修正，將本項所載其他相關條文之條款予以調整。

　　至於有關「提起撤銷仲裁判斷之訴之停止執行」事宜，依仲裁法第42條第1項規定：「當事人提起撤銷仲裁判斷之訴者，法院得依當事人之聲請，定相當並確實之擔保，裁定停止執行。」此係為保護執行債權人之權益。依仲裁法第42條第2項規定：「仲裁判斷，經法院撤銷者，如有執行裁定時，應依職權併撤銷其執行裁定。」此第2項「仲裁人之判斷」修正為「仲裁判斷」。至於法院撤銷仲裁判斷時，應依職權一併撤銷仲裁之執行裁定，爰將同項之「應併撤銷」修正為「應依職權併撤銷」。

　　最後，依仲裁法第43條規定：「仲裁判斷經法院判決撤銷確定者，除另有仲裁合意外，當事人得就該爭議事項提起訴訟。」係明定法院判決撤銷仲裁判斷確定者，當事人除可就該爭議事項提起訴訟外，亦得因其間「另有仲裁合意」，而再以仲裁解決。

第三項　駁回仲裁判斷之執行

　　在仲裁判斷作出後，如當事人無法主動履行仲裁判斷，則勝訴之一造可向履行地國法院聲請強制執行。而由於仲裁判斷之執行與履行地國之經

---

20 參閱法務部，仲裁法條文修正對照表，前揭書，頁71、74。

濟利益與法律秩序存在著密切關係。世界各國立法普通規定,有管轄權之法院有權根據本國法律以及本國所參加之條約規定,作出執行或駁回執行之判決。此係內國法院對國際商務仲裁之最後且最重要之監督。

在我國仲裁法體系中,仲裁法第四章係有關仲裁判斷之執行規定,仲裁法第37條係有關聲請法院為執行裁定,以及仲裁判斷強制執行對「人」效力範圍之規定。而依仲裁法第38條規定:「有下列各款情形之一者,法院應駁回其執行裁定之聲請:一、仲裁判斷與仲裁協議標的之爭議無關,或逾越仲裁協議之範圍者。但除去該部分亦可成立者,其餘部分,不在此限。二、仲裁判斷書應附理由而未附者。但經仲裁庭補正後,不在此限。三、仲裁判斷,係命當事人為法律上所不許之行為者。」

蓋逾越仲裁協議之範圍所為之仲裁,因欠缺仲裁合意之要件,自應駁回其執行裁定之聲請,爰於第1款增訂「逾越仲裁協議之範圍」。仲裁判斷除去與仲裁協議標的之爭議無關部分仍可成立者,該可成立部分之聲請執行裁定,仍應准許,始為妥適,爰增訂第1款但書如上。再者,為配合仲裁法第33條業已修正為「當事人約定仲裁判斷書無須附理由者,得不記載理由」,故第2款修正為「應附理由而未附」。又依仲裁法第33條第3項規定,判斷書有仲裁人不能簽名者,自簽名之仲裁人附記其事由即可,故將原條文第2款「或未經簽名」配合予以刪除,俾資周延[21]。

又最高法院認為,仲裁法第38條第3款規定仲裁判斷係命當事人為法律上所不許之行為者,自係指仲裁判斷主文所命之給付行為或其他行為,有違法律強制或禁止之規定,或有背於公共秩序或善良風俗者而言;至於當事人於實體法上有無請求權,仲裁人所命給付是否有誤,並非所問。仲裁人縱因認定事實或適用法規有誤,而命無給付義務之一方為給付,亦非該款所稱之「命當事人為法律上所不許之行為」[22],值得注意。

---

21 參閱法務部,仲裁法條文修正對照表,前揭書,頁68、69。
22 參閱最高法院94年度台上字第492號民事判決。

第四項　裁定駁回執行之補救措施

對於法院裁定駁回仲裁判斷執行之補救措施，原「商務仲裁條例」第26條規定並不明確，理論上，有兩種不同解釋：

第一種解釋，當事人可根據雙方達成之書面仲裁協議，亦即原先當事人在契約中訂立之仲裁條款，或爭議發生後所達成之書面仲裁協議，重新聲請仲裁。蓋法院拒絕對仲裁判斷之承認與執行，但不能拒絕或改變當事人原先仲裁之意願，亦即原先之仲裁協議依然存在。當然，如法院駁回之理由係「當事人在契約中，並無訂立仲裁條款，或爭議發生後，並未達成書面仲裁協議」，此時當事人即可向法院起訴。

第二種解釋，法院裁定駁回仲裁判斷執行，原先當事人在契約中訂立之仲裁條款，或爭議發生後所達成之書面仲裁協議，即喪失效力。如當事人要再重新聲請仲裁，必須另外達成書面仲裁協議，如無法達成書面仲裁協議，則僅能向法院起訴。

上述二種解釋，並無不當，故本章認為，由於「仲裁判斷經法院判決撤銷確定」補救措施問題，依仲裁法第43條規定，當事人得就該爭議事項提起訴訟，亦得因其間「另有仲裁合意」，而再以仲裁解決。因之，對於法院裁定駁回仲裁判斷執行，其補救措施問題，應採相同問題相同解釋之原則，亦即當事人得就該爭議事項提起訴訟，亦得因其間「另有仲裁合意」，而再以仲裁解決。當然，於提起訴訟中，他造不得再主張妨訴抗辯。

第四節　結語

從理論上言之，仲裁包括兩方面之因素，即契約因素與司法因素。契約因素明確地表現在各項仲裁原則中，例如仲裁須建立在雙方當事人間仲裁協議之基礎上、仲裁庭之仲裁判斷不得超越雙方當事人所授與之管轄權範圍、仲裁須有仲裁容許性等；司法因素則出現在許多法律原則之中，例

如仲裁判斷與法院之判決有同一效力、仲裁人必須公正並遵守正義之各項原則。然而，仲裁所包括之契約因素與司法因素，在結合上卻存在著很大之區別，有時契約因素較重要[23]，有時司法因素較重要，以英國爲例，其司法因素有主導之作用[24]。

　　以我國言，我國經貿發展以國際化與自由化爲最高指導原則，國際商務仲裁制度應用與推展之成效，對於國際貿易之國際化與自由化，尤爲重要。國家對於仲裁制度之角色，在於促進其健全發展上，予以必要之協助與監督。而對於仲裁之協助與監督，係由法院代表國家爲之，並於相關之仲裁法明文規定，法院對仲裁事件之協助與監督。然而，儘管法院對當事人不服仲裁判斷而起訴「撤銷仲裁判斷」之爭議事項，具有最終之司法判決權，以及當事人聲請執行仲裁判斷時，法院具有司法審查權，仲裁判斷仍具有與確定判決同一之效力，亦即一般所謂之「一裁終局」，蓋允許當事人不服仲裁判斷而起訴「撤銷仲裁判斷」之爭議事項，其撤銷之事由限於仲裁法第40條規定之各款情形之一者，除此之外，法院對仲裁庭之實質認定問題，並不予斟酌。因此，我國法院對仲裁實體問題之監督管轄權，其所依據之司法原則即爲所謂之「不容剝奪原則」（the doctrine of ouster）。依此原則，法院對法律問題之管轄權不得經由當事人間之協議予以排除。

　　當然，我國法院對仲裁之司法監督，建立在當事人聲請之基礎上，如當事人未提出聲請，或未向法院提起撤銷仲裁判斷之訴，法院不能行使對仲裁之司法審查權，縱使仲裁判斷係命當事人爲法律上所不許之行爲者，亦僅能於當事人提出聲請或提起撤銷仲裁判斷之訴時，法院始可駁回其執行裁定之聲請，或判決撤銷仲裁判斷，而不能主動裁定撤銷仲裁判斷，或不予執行該仲裁判斷。

---

[23] 例如西班牙與義大利。

[24] 事實上，英國法院表明監督管轄權之發展時，世界上還未有任何其他法律制度，如英國特別強調司法因素。

CHAPTER

7

衡平原則與衡平仲裁

第一節　概說

第一項　研究之動機

由於國際貿易之發達，仲裁制度亦走向國際化，各國政府亦紛紛增設或加強仲裁之規定，以解決各種商務所引起之爭議。我國商務仲裁制度之建立，迄今已滿60多年，但前20年工商各界不諳仲裁程序。民國71年至民國75年間，政府爲因應私法自治趨勢以及國際貿易仲裁所需，分別增設相關規定，奠定商務仲裁之法制基礎。近年來，主管機關爲符合國際社會大多數國家之立法趨勢，並促使我國仲裁立法「國際化」與「自由化」，乃積極進行修法，使當事人於仲裁程序中，得以自由意志，既經濟又迅速地解決爭議。

舊商務仲裁條例已於1998年間修正爲仲裁法，且其幅度極大，影響極爲深遠。在修正案中，最值得討論也最具爭議性問題者，即所謂「衡平仲裁」問題。換言之，在仲裁案件中，仲裁人之判斷，究竟要以何種標準作爲基準，是否仲裁人與法官相同，必須嚴格地以法律作基準，而作仲裁判斷，抑或仲裁人可不受嚴格法律之限制，而可斟酌衡平原則、商業習慣作仲裁判斷。此問題在舊商務仲裁條例中，並無明文規定，但在仲裁協會草擬之「商務仲裁條例修正草案」中，曾於第28條增訂第1項：「仲裁應依據當事人約定適用之準據法而爲判斷；當事人未約定者，應依據法律爲判斷，法律未規定者，並得斟酌相關交易習慣。」第2項：「除前項規定外，其經當事人明示合意者，仲裁庭得適用衡平原則爲判斷。」其立法說明係參考聯合國國際商務仲裁模範法第28條及學說；其第2項係用以明定仲裁庭適用衡平原則之依據[1]。該條文在仲裁協會修正小組研修過程中，有正反兩派意見，對立得相當尖銳；法務部幾次審查時，又有正反兩派意見對立，足見本議題之重要，嗣後行政院送立法院審議之「仲裁法修正草

---

[1] 參閱法務部修正草案第一稿條文對照表第36頁，筆者有幸追隨諸位學者專家參與法務部修正草案之討論。

案」（即「商務仲裁條例修正草案」），雖將本增修條文刪除，但本議題仍可從不同角度加以探討，本文即在此情況下提出。

理論上，衡平仲裁之意思與英美法上所謂衡平原則是否完全相同，本質上亦值得探討。最初，普通法一詞，係由英國國王轄下之法官所形成之法律，此係英美法中之一種特質，而衡平法院一向以彌補普通法之缺陷為其能事，但自16世紀起，其力量顯然較普通法為大，至17世紀末葉，才確立衡平法與普通法並存，衡平法院對普通法之法則間不能適用，而普通法法院對衡平法之法則亦不能適用。直至1873年，另設最高法院以掌握普通法法院與衡平法院之一切權限，此後，普通法與衡平法相牴觸時，即優先適用衡平法。

因此，討論衡平仲裁之前，有必要先瞭解衡平原則之內涵，包括衡平之基本理論、民法與衡平原則、衡平之性質，尤其衡平法之起源。再由於法制之不同，衡平法在英美法上之適用原則與在大陸法上之適用原則亦有不同，此亦為本文所須詳加探討者。再從衡平仲裁之內涵觀之，衡平仲裁之名稱用語並不統一，在外國有：「amiable compositeur」、「ex aequo et bono」及「equity」，其涵義是否完全相同，該用語與我國法制有何差別；尤其衡平仲裁之特色、衡平仲裁之限制為何，均有待研析，因為只有完全明白上述諸問題，才能客觀地指出仲裁判斷之基準所在；換言之，仲裁人之仲裁判斷究應依法律或可依法律判斷，必須考慮我國法制背景、社會周邊制度、民法第1條之意義等因素。

基此，本文嘗試以上述問題為研究課題，以期對於仲裁判斷之基準有較明確之認識與掌握，並提供實務或學術研究之參考。

第二項　研究方法

由於我國商務仲裁條例對於仲裁判斷之基準並無明文規定，而仲裁制度係以當事人意思自主為原則；一般而言，仲裁法中大部分均規定，當事人得自由選定仲裁人，或約定選任仲裁人之方法，以及確定仲裁程序所應遵循之規則，我國亦同；再加上我國民法理論以承襲大陸法系之學理發展

爲主要之架構，故本文在研究方法上偏重於比較研究法，而比較之對象，主要係以英美法在衡平法上之歷史演進，以及大陸法系將衡平觀念融入法典之部分。蓋法國之法律制度，在歐洲各國中最富有開創性，尤其在仲裁制度之立法，亦有其重要地位，故法國之衡平仲裁，自甚具參考價值。從成文法之出現與法典之編纂，所造成實行「公平原則」之障礙，許多國家乃注意到「衡平仲裁」之存在意義。然而，在英國法中，仲裁人必須嚴格依照法律作出仲裁判斷，英國認爲「司法因素高於契約因素」，才能符合社會需要，故其立法，亦有值得借鏡之處，故本文一併介紹並比較。

其次，本章在探討過程中，亦援用歷史研究法，或從商務仲裁條例修正草案之資料，或藉文獻之蒐集，參酌仲裁人暨法官實務座談會所提學說主張，對各項問題反覆思考，以分析歸納既有之可能規範。

第二節　衡平原則

第一項　衡平之基本理論

衡平，德文爲「Billigkeit」，英文爲「equity」，衡平作爲一種法律概念，具有一定之意涵與機能[2]，限於篇幅，本章僅從衡平與法律層面加以探討。

衡平與法律之關係爲衡平之外部層面，此層面因世界各國法律文化及歷史發展而有所不同。

按羅馬法之格言「sumnum ius summa iniuri」（即法之極，惡之極），就法律言，在於表示拘泥束縛於法條之文義，必將造成不合理之結果；而此項格言之內容，更包括以衡平原則緩和嚴格之法律，同時並克服

2　Ralph A Newrnan, Equity and Law, A Comparative Study, 1961, p. 11; Myron G Hill, Howard M. Rossen, Wilton Ralph A Newrnan, Equity and Law, A Comparative Study, 1961, p. 11; Myron G Hill, Howard M. Rossen, Wilton S. Sogg, Remedies Equity-Damages-Restitution, 1974, p. 4 ; Ann R. Everton, What is Equity About? 1970, p. 8.

權利之濫用。

　　以英國法上之普通法（common law）與衡平法（equity）而言，關於衡平與法律之關係，英國法之發展過程深具啓發性。

　　在普通法法院，因限於嚴格之形式主義，受敗訴判決之一方，爲翻案而獲得公平判決之可能性，乃向象徵公正與寬恕泉源之「國王」提出申訴，請求救濟，而由「國王良心維護者」之衡平法院大法官（chancellor）負責處理，因其等爲神職人員，其斷案各憑良心上之公平，不受普通法之拘束，在衡平法院大法官所審理之訴訟程序，不拘於形式，不但較能緩和普通法之嚴格性，而且更能適應社會之需要。然而，最初係由衡平法院大法官依自己之良心就個案而爲判決，因此常發生與普通法衝突之情形；其後衡平法院之判決須附加理由，並採判例拘束之理論，使衡平法院之判決逐漸體系化。

　　衡平法之發展深受教會法之影響，間接繼受教會法，但衡平法仍非獨立自主之法律體系，而係普通法之補充與詮釋，衡平法以普通法之存在爲前提，並補充普通法之不備，而給予新之救濟方法，尤其在緩和普通法之嚴格性方面，衡平法創造許多制度。

　　以英國法而言，1873年至1875年之司法改革，廢除普通法法院與衡平法院不同之管轄，重組英國法院體系[3]，使當事人得在同一法院，同一訴訟程序主張普通法與衡平法之救濟方法。

　　在美國，其於英國殖民地時代，多數州反對英王之統治，故對英王所委派之衡平法官，並不予贊同，因此引起州長與當地立法機關爭取衡平法院管轄之糾紛。直至1938年，美國聯邦政府制定聯邦民事訴訟法（the Federal Rules of Civil Procedure），廢止普通法與衡平法程序之區別，其

---

[3] 原來普通法與衡平法可以並存，但衡平法院不能適用普通法之原則，普通法院亦不能適用衡平法之原則，迨至1873年，英國最高法院組織法（Supreme Court of Judicature Act, 1873）遂將兩個法院同時廢止，另設立一最高法院（Supreme Court），準此，衡平法與普通法相抵觸時，即優先適用衡平法。參閱山崎晴一著，徐興榮譯，英美法概要，人文出版社，1962年，頁17。

他多數州亦採同一步驟。美國聯邦最高法院僅在程序上之差異時廢棄，至於實質上之衡平法則並不受影響。在衡平法與法律行為之訴訟中，美國聯邦上訴法院（Fedral Court of Appeals），於巡迴法院（Circuits）時，一再確定此點[4]。衡平法院法官雖依良心審判案件，以達到衡平之目的，但並非全然依據適當之概念進行審判，有時亦參酌羅馬法之規定。此後美國判例日積月累，至美國獨立時，已成為法律之一重要支流。直至美國聯邦憲法實施後，除三州以外，均有衡平法院。有設立獨立之法院，亦有普通法法官兼掌衡平法之審理。例如聯邦法院之普通法法官審理衡平訴訟時，即居於衡平法官之地位，無陪審團參加審判[5]。

至於羅馬法，在中世紀經德法等國繼受後，受到人文主義及自然法之影響，衡平理念滲透進入實體法，此後法律與衡平相互並存，不再對立，法律與衡平逐漸融為一體，許多規範具有衡平之性質，在構成要件以及法律效果上，容許就個案加以衡量，並對抽象之法律為內在之補充，調整或個別化，以實現正義[6]。

第二項　衡平之性質

衡平之作為一種法律原則，其性質上係不確定之法律概念，衡平之特徵在於無具體之構成要件可供包攝而須斟酌相關情事觀照個案而為裁判。此種衡平裁判係屬於一種衡量，並非所謂之裁量，亦無多數決定可供選擇，僅能對該個案作出最合理妥當之判斷。

從判斷標準與客觀衡量言之，衡平係個別之正義，須就個別案件加以判斷及衡量，而客觀之衡量須有判斷之標準，應將之公開化，使其透明。衡量之空間越廣泛時，其判斷之標準越須嚴謹。

又判斷之標準不以法律所明文規定者為限，蓋在法治國家，法院之衡

---

4 Ralph A. Newman, supra note, p. 502.
5 參閱姚其清譯，英美法總論，頁158。
6 參閱王澤鑑，舉重明輕、衡平原則與類推適用（上），法令月刊，47卷2期，1996年2月，頁6至9。

量，必須客觀，亦即要有合於事理之理由構成，因此，衡量須受拘束，而非全然自由。理論上，在現行民法中，衡平與法律並非完全對立存在，衡平理念已滲透並滋潤著整個民法，而納入民法之內，再以具體化之方式，規定於法律或法律制度中。換言之，衡平原則係個別化正義，此在民法雖未設規定，但學說及判例均肯定之，衡平原則不但提升法律之倫理基礎及適用之合理性，對民法之發展亦具有重大深遠之影響和貢獻。

第三項　衡平法之適用原則

衡平法之設立係針對嚴格法所為，嚴格法常侷限於一定之準繩，毋庸斟酌各該事件之情形。法官適用衡平法規時，則務必使其適合於各該事件。衡平法可減輕制定法之嚴苛，鬆懈其嚴格之束縛，而傾向於宥恕、赦免、施捨等方面。因此，衡平法係注重在如何判斷之事項，使其合於衡平，作為事後之救濟。

法院適用衡平法時，其所使用之準則應力求其完全公平，而非侷限於局部公平；衡平法於探求當事人之意思時，重實質而輕形式；衡平法對於應為之行為完成時，始承認其完成；當事人請求衡平法院救濟時，必須自己證明清白；換言之，請求衡平救濟之人，必須自己為衡平行為[7]。

至於衡平法之適用原則，在英美法系與大陸法系亦有不同，茲分述如下：

一、衡平法在英美法上之適用原則

英美法系之衡平法與普通法，最初係兩種不同形式之司法制度，分別由不同法院主持，當時之理由有三：（一）普通法院歧視衡平法院之職權，蓋普通法院屬於人民，而衡平法院則代表王室，普通法院並不願衡平法院侵犯其權利；（二）衡平法院之救濟方法較為困難，故通常情形，當事人傾向於向普通法院請求救濟，惟遇有特殊理由時，始得向衡平法院訴

7　參閱何孝元，誠實信用原則與衡平法，自版，1966年9月，頁44。

請補救；（三）衡平法院無陪審制度，故關於事實之認定常有缺陷，不得不由普通法院彌補之。嗣後，普通法院與衡平法院兩者合併。

衡平法院之救濟方式，其主要特點如下[8]：

（一）衡平法院之救濟具有特殊性

即當事人聲請法院救濟時，必須證明其所受之侵害，並非普通法院以一般之救濟程序所可以補救者，始可享受衡平法之保護，而予以衡平之救濟。

（二）衡平法官可自由裁量，決定是否准予衡平法救濟。

當事人對於衡平法院賦予衡平法救濟與否，並無自由決定權，此項權限完全由衡平法官依據「司法上之自由裁量權」（judicial discretion）以決定之。所謂「司法上之自由裁量權」者，即指衡平法官得自由引用衡平法格言，例如「請求救濟者本身必須清白」等，予以救濟之。又如法院予以衡平救濟時，應儘量顧及雙方當事人系爭之利益，依「當事人請求衡平救濟者，必須自為衡平行為」之格言；故衡平法官行使衡平法救濟時，全係依衡平法格言，賦予當事人公平之救濟，藉以減輕普通法之嚴格性，而非僅憑衡平法官一己之意思，任意為不當之救濟。

（三）最初，衡平法之救濟，僅為對人處分，而非對物處分

衡平法院之法官有權利判令被告自為一定之行為，或不為一定之行為，以使該判決發生效力，而如被告放棄命令時，得依藐視法庭罪予以懲處，直到其服從命令時為止，此即所謂衡平法院直接對人之處分也。又衡平法院之處分命令，並非為推翻普通法院之判決，其僅於普通法院判決之執行有違反良心與誠信時，始加以適當之干預。

總而言之，英美之衡平法不僅對於民法上有違衡平之事件予以救濟，即有關刑事之犯罪行為或違憲之行為，如有涉及經濟利益者，亦皆有

---

8 參閱何孝元，前揭書，頁157。

衡平救濟之適用，且衡平法在訴訟程序與執行上，亦較富有機動性，而容易爲靈活之應用。同時，衡平法所爲之救濟，具有直接之效果，能使抽象之法律，以公平之方式付諸實施，故衡平法兼有實踐性，頗值吾人借鏡[9]。

二、衡平法在大陸法系之適用原則

衡平法介於萬民法（Jus gentium）與自然法之間，並將此二者結合而擔任媒介之角色。在羅馬法，衡平之意義，實等於希臘「平均分配」（levelling）之意義，自然界之「數」（number）與「量」（magmitude）之平均分配，應與公平（justice）之意義相符合。惟希臘所謂「平等」與羅馬所謂「衡平」，並不相同。希臘所謂「平等」，乃民法對公民在其階段之限制內，有平等之應用。而羅馬所謂「衡平」，乃指一種法律施行於一切階級，而不僅限於一般市民。萬民法之特質，即在消除此種差別待遇，而表現衡平之意思。

衡平法與誠信原則之性質不同，但大陸法系解釋誠信原則之範圍日漸擴大，儼然已包含公平正義之要素。且衡平法所用以判斷事項之標準，例如契約之訂定、交易上之習慣、債之性質或個別之情況，如上述種種情形不符合誠信原則時，則不予斟酌。

以我國民法之規定言之，衡平法原則大多用於物權法上之相鄰關係，例如民法第785條第1項規定：「水流地所有人有設堰之必要者，得使其堰附著於對岸。但對於因此所生之損害，應支付償金。」又同法第788條第1項規定：「有通行權人於必要時，得開設道路。但對於通行地因此所受之損害，應支付償金。」衡平法上亦有適用於債編上之契約規定；例如民法第365條規定：「買受人因物有瑕疵，而得解除契約或請求減少價金者，其解除權或請求權，於買受人依第三百五十六條規定爲通知後六個月間不行使或自物之交付時起經過五年而消滅。前項關於六個月期間之規

9　參閱何孝元，前揭書，頁231。

定,於出賣人故意不告知瑕疵者,不適用之。」又如同法第496條規定:「工作物之瑕疵,因定作人所供給材料之性質或依定作人之指示而生者,定作人無前三條所規定之權利。但承攬人明知材料之性質或指示不適當,而不告知定作人者,不在此限。」從上述法條之規定可見,誠信原則雖非衡平法唯一判斷之標準,但其有超越其他標準而優先予以適用之力量,故謂衡平法與誠信原則在法律上有同一之效能,並不爲過。

第四項　我國民法與衡平原則

眾所周知,現行衡平法並未忽視法律之規定,衡平法院亦受財產法之拘束,此與普通法法院相同。因此,當事人之權利義務既經現行法律所規定,衡平法院自有遵守之義務。此亦即所謂適用衡平法時應儘量依據法律之規定。而如審判普通法上之權利或利益時,衡平法院亦應依據法規適用。此亦即在裁判衡平法上之所有權或其他利益時,如法律有類似之規定即應採用。根據觀察,各國法律中均有衡平原則之內涵,惟其所表現態樣、機能及範圍各有所不同。以我國民法言之,雖未使用「衡平」概念,但判例學說均肯定具體衡平規定之存在,尤其所謂「衡平責任」,則散見於民法之財產法中,茲從涉及「衡平責任」之法條與民法第1條之適用,分述如下:

一、涉及「衡平責任」之民法法條

與「衡平責任」相關之民法法條,例如民法第187條規定:「無行爲能力人或限制行爲能力人,不法侵害他人之權利者,以行爲時有識別能力爲限,與法定代理人連帶負損害賠償責任。行爲時無識別能力者,由其法定代理人負損害賠償責任。前項情形,法定代理人如其監督並未疏懈,或縱加以相當之監督,而仍不免發生損害者,不負賠償責任。如不能依前二項規定受損害賠償時,法院因被害人之聲請,得斟酌行爲人及其法定代理人與被害人之經濟狀況,令行爲人或其法定代理人爲全部或一部之損害賠償。前項規定,於其他之人,在無意識或精神錯亂中所爲之行爲致第三人

受損害時，準用之。」由此可見，本條第2項之規定，行為人於行為時並無識別能力，而其有監督權之人又可不負賠償責任。此應斟酌當事人之經濟狀況，便無侵權行為能力人為損害之賠償，至於賠償額之大小，則由法院依公平原則判定之。在此條文所謂公平原則，即衡平原則是也。至於條文第3項雖僅規定得斟酌行為人及其法定代理人與被害人之經濟狀況，但學者認為法院所應斟酌者，除當事人之經濟狀況外，其他如加害之種類方法、責任能力欠缺之程度、被害人過失之有無及輕重，以及被害人是否已取得保險金等情事，亦應一併斟酌，以定其賠償之數額[10]。

又如民法第188條規定：「受僱人因執行職務，不法侵害他人權利者，由僱用人與行為人連帶負損害賠償責任。但選任受僱人及監督其職務之執行，已盡相當之注意或縱加以相當之注意而仍不免發生損害者，僱用人不負所害賠償責任。如被害人依前項但書之規定，不能受損害賠償時，法院因其聲請，得斟酌僱用人或被害人之經濟狀況，令僱用人為全部或一部之損害賠償。僱用人賠償損害時，對於為侵權行為之受僱人，有求償權。」本條第2項規定係我國民法所創設，學說上多認為係僱用人之衡平責任[11]；實務上，亦採此概念[12]。

此外，法院得依衡平而為裁判之情形，除民法第187條及第188條規定之衡平責任外，如民法第195條第1項前段規定：「不法侵害他人之身體、健康、名譽、自由、信用、隱私、貞操，或不法侵害其他人格法益而情節重大者，被害人雖非財產上之損害，亦得請求賠償相當之金額。」依此規定，法院為裁判時，應依衡平原則，就個案斟酌相關情事，以定其是否相當。同樣地，民法第218條規定：「損害非因故意或重大過失所致者，如其賠償致賠償義務人之生計有重大影響時，法院得減輕賠償金額。」此在理論上亦應適用衡平原則，就個案斟酌相關情事定之，乃屬當然。其他如民法第489條規定：「當事人之一方，遇有重大事由，其僱傭

---

10 參閱史尚寬，債法總論，頁178。
11 參閱鄭玉波，前揭書，頁178；邱聰智，民法債編通則，頁146。
12 參閱最高法院73年度台上字第4580號判決。

契約，縱定有期限，仍得於期限屆滿前終止之。前項事由，如因當事人一方之過失而生者，他方得向其請求損害賠償。」本條文中「事由」是否重大，亦應斟酌相關情事認定之。

二、民法第一條之適用

　　我國民法第1條之規定：「民事，法律所未規定者，依習慣；無習慣者，依法理。」該條旨在規定民法之法源，承認法律有漏洞，並明定法律漏洞之填補方法。因此學者認為衡平原則係針對個案，非在提供一般性之規範，其本身不足作為填補法律漏洞之手段，亦不得以之作為類推適用之依據[13]。從民法第1條之規定，我國民法之補充法為習慣與法理。所謂法理乃指法律之原理，其探求方法，一應依據現行法規，並就現在社會現象為研究，以求調和秩序之原則；二應訴於理性及道德之知覺[14]。此之「理性及道德之知覺」即指誠信原則。因此，法律無明文規定時，可以適用誠信原則與衡平法。

　　或有認為民法第1條係明示成文法之效力，優先於習慣法；成文法優先於習慣法而適用，習慣法僅居於補充成文法之地位。此固言之成理，然亦有習慣法優先於成文法而適用之例，例如民法第450條關於終止租賃契約之規定是也。故學者認為民法第1條係法律適用順位規定，非認為成文法之效力優先於習慣法，更非認為成文法與習慣法之價值，有何軒輊[15]。

　　至於法理乃指法律之原理；詳言之，法律乃指為維持社會共同生活，事物不可不然之原理原則也，故法理實為客觀之存在無疑，蓋法官就具體事件，適用法理而為裁判時，固不免因其見解之不同，而使適用之法典發生歧異，然此猶如法官對於法律之解釋，發生歧異者然，並不影響法理之客觀性[16]。

---

13 參閱王澤鑑，前揭文，頁6。
14 參閱史尚寬，民法總則原論，頁48。
15 參閱楊日然，民法第1條之研究，民法總則論文集，1984年7月，頁214。
16 參閱楊日然，前揭文，頁216、217。

　　實務上，所謂法律所未規定者，係指法律無明文規定，且依現存之法條解釋，仍不知其法意之所在者而言[17]。

第三節　衡平仲裁之內涵

第一項　衡平仲裁之名稱

　　一般國外仲裁制度中，有法律仲裁及衡平仲裁，後者之用語，從各國文獻中，有「Amiable Compositeur」、「Ex aequo et bono」及「Equity」。茲分述如下：

一、Amiable Compositeur

　　此制度源自法國1806年民事訴訟法典第1019條規定：「仲裁人與第三仲裁人應依法律之規則為裁判，惟仲裁約定授權其依衡平仲裁人裁判者，不在此限。」[18]其中「Amiable Compositeur」一詞，學者曾於1976年聯合國國際貿易法委員會之仲裁規則中第33條第2項規定：「仲裁法庭僅得於經當事人明示指定，並於規範仲裁程序之法律允許該仲裁時，以善良公正之仲裁人身分製作決定。」中，將其譯為「善良公正之仲裁人」[19]。另有學者依「Amiable Compositeur」之特徵，並參照學理上之區別，而將此制度譯為「衡平仲裁」[20]，為便於討論，本章亦從之。

　　有關國外衡平仲裁之相關文獻及判例中，以法國最具參考價值，茲分

---

[17] 參閱最高法院29年台上字第20號判例。

[18] 參閱法國民事訴訟法第1019條規定之內容。轉引自藍瀛芳，商務仲裁中之衡平仲裁制度——Amiable Compositeur淺釋，頁395。關於法國文獻資料均參考量藍瀛芳教授之大作，特此致謝。

[19] 參閱張茂梅譯，東吳法律學報，1977年12月，頁204。

[20] 參閱藍瀛芳，前揭文，頁388。

述如下[21]：

　　*Socie to Detudes v. Roussey*案中，巴黎上訴法院指出：「於衡平仲裁時，衡平仲裁人須以衡平之觀念爲仲裁判斷。」法國學Loquin闡述「Amiable Compositeur」之觀念，認此係友善之和解，以便使仲裁人得自「須依照法律爲仲裁判斷」之義務中解除，另學者Bouteiller則認爲衡平仲裁人或和平促成者（peacemaker），本身不下一個判斷，而僅係把當事人湊在一起而已。

　　「Amiable Compositeur」本質上係屬和解之觀念，亦於1811年10月30日經法國法院所肯認，其定義：「具有促成當事人和解任務之仲裁人即爲衡平仲裁人」。法國學者Goldman更進一步解釋謂：「……嚴格來說，依照自然正義之法則（Ex aequo et bono）爲仲裁與衡平仲裁並不全然相同，當促進紛爭和解時，衡平仲裁人得決定所有當事人可能同意之事項。」學者Amadio亦然，其謂：「只有衡平仲裁人得在法律範圍外和解該紛爭。」

　　然而，於現行情況下，「Amiable Compositeur」並不單純僅指「和解」之涵義，其亦可能包括仲裁人應依公平正義概念爲仲裁判斷。於*Parisi v. Parisi*一案中，法官即謂：「於當事人有明白之授權及意願，授權仲裁人依公平正義觀念而爲仲裁時，……衡平仲裁人並不排除爲完整之仲裁程序。」是以我國又有學者則將「Amiable Compositeur」一詞譯爲「依公平原則及公允善意原則適用之」，似較能彰顯此原則在「非法」上限與下限之基本精神[22]。

二、Ex aequo et bono

　　「Ex aequo et bono」乃源於羅馬法，羅馬法之淵源大體分爲成文與不成文兩類，具體可分爲七種，即習慣或慣例、民眾大會決議、平民會議

---

21 參閱林曉瑩，東吳大學碩士論文，1994年6月，頁96、97。
22 參閱柯澤東，從貿易契約及商務仲裁論國際貿易習慣法之發展與地位，臺大法學論叢，11卷2期，1982年6月，頁153、154。

決議、元老會議決策、長官告示、法學家解答、皇帝敕令。「Ex aequo et bono」經希臘哲學家Aristole闡述，其認為係「衡平、正義、便利妥適之原則」，義大利學者Calamanderi認為所謂之「Ex aequo et bono」，「……並非在創設新的法律，而是於特定狀況下，調節現行法律之適用，避免產生嚴格不公平之結果。」故所謂「Ex aequo et bono」，或可譯為「公平正義之法則」[23]。

三、Equity

「Equity」即英美法中之衡平法，其與「Ex aequo et bono」之觀念極為近似，惟衡平法之觀念乃源於英國諾曼王朝（Norman Kings）時，當時，君主乃係正義之泉源（fountains of justice），即使當事人於法律上並無實體之權利，但君主仍得以衡平觀念，以緩和嚴格適用法律產生之嚴苛效果，嗣後，君主之上述權限授權予衡平法院（Court of Chancery）並經數世紀之發展，逐漸發展成完整之法的體系，已如前述，限於篇幅，茲不贅述。

第二項　衡平仲裁之符色

在中古西班牙法（Spanish Law）中，仲裁法與「和好友善之調解」間所存在之差異，是具有雙重性。在拉丁文中，仲裁有兩種，一即依照法律判斷，另一則為此種「仲裁人」。西班牙之仲裁人則以其所認為適當之方式，進行辯論。法國法則從18世紀末才從王室（Koenigerecht）中脫離，仍然類推適用上述原則[24]。

19世紀初之立法者即根據上述因素而立法。1806年法國民事訴訟法（Code De Procedure Civil）之第二部分「各種程序」第二篇之「單獨標題」第1003條至第1028條所規定之仲裁程序即反映當時之仲裁制度，其特

---

23 參閱林曉瑩，前揭書，頁94、95。
24 Ralph A Newman, supra note, p. 33.

色如下[25]：

一、爲維護中央集權之思想，法院係解決私人糾紛之專屬機構，私人以約定請求仲裁時，應嚴守法律之規定，且其程序應受法院之監督與管制，以防止仲裁剝奪司法之管轄權。

二、仲裁係依調解或調停方式以解決糾紛。仲裁人之權力有限，僅能依調解方法爲之。因此，仲裁與和解之觀念不但不分，而且互相混淆，導致仲裁程序亦與司法程序互分涇渭。

基於上述因素，法國在19世紀之仲裁觀念與本世紀之觀念，並不完全相同，同時，自1920、1930年代以來，公權力機關亦承認仲裁管轄與司法管轄之競存。1925年法國政府頒布法令修改商法典第631條之適用範圍，並放寬仲裁條款之限制。1936年又頒布法令，規定「衡平仲裁人」之權限，使現行之「衡平仲裁制度」有較明確之內容。在法律上，關於「衡平仲裁人」約定之解釋相當自由，只要當事人有意思說明其糾紛之實質即可，不必依一般法律之規定解決，或是當事人在條款中表示完全信賴仲裁人之判定，或是授權仲裁人依其良心爲判斷等，皆可解釋成當事人有授權依衡平原則爲判斷之意思。然而，迄至目前，法國之仲裁制度仍以「法律仲裁」爲原則，「衡平仲裁」爲例外。

第三項　衡平仲裁之限制

在仲裁法上，衡平仲裁仍須受下列之限制[26]：

一、仲裁人應遵守基本之仲裁程序

依法國民事訴訟法第1009條規定，衡平仲裁人雖得不依一般司法之程序而爲判斷，惟此僅指衡平仲裁人得排除一般仲裁程序而言，對於仲裁程序所應遵守之基本原則，如允許當事人有主張權利之機會及有防衛權利

---

25 參閱藍瀛芳，前揭書，頁394、395。

26 參閱黃秋田，文化大學碩士論文，1996年12月，頁109。

之機會，當事人不得予以放棄，衡平仲裁人亦不得予以漠視。此外，衡平仲裁人排除司法程序之規定仍受某些基本之司法程序所支配。例如為保障當事人之利益，法律規定仲裁人之仲裁判斷應如同法院判決書一樣敘明理由，使當事人明白究理，以助於仲裁判斷體系之構成。

二、仲裁人之判斷須受公序性法律規定之限制

以內國仲裁判斷而言，須受公序性法律規定之限制，較無問題。但在國際商務仲裁上，究以何國家之公序條款規範，則發生問題。依法國民法前加編第6條規定：「凡有關公序與良俗之法律規定，不得以當事人之規定排除之。」故仲裁約自應受此原則之拘束。至於衡平仲裁究應以仲裁判斷執行地國或契約訂立地國或國際之公序良俗限制，學說不一。一般而言，就內國仲裁，可依較嚴格之內國公序，而就國際仲裁，自應以國際公序條款限制衡平仲裁人之權限為妥。

三、仲裁約定之內容如不違背公序良俗，均應受拘束

仲裁人之權限既源於仲裁約定，則仲裁人自應予以尊重，並不得違背其約定而為判斷。衡平仲裁人審理仲裁案時，自應注意仲裁契約之規定以及雙方間往來慣例，以真正公平、合理解決問題。

第四項　衡平仲裁人之權限

契約當事人於仲裁契約中，授權仲裁人得「不依法律」之規定為仲裁判斷，而可依衡平原則為仲裁判斷者，即為本章之衡平仲裁。依此授權仲裁人於衡平仲裁時，有如下之權限[27]：

---

27 參閱黃秋田，前揭書，頁106。

一、調整契約義務之權力

衡平仲裁條款授與仲裁人，有權自變動之經濟情況下，調整雙方當事人契約約定之權利義務。

二、無適用法律之義務

衡平仲裁條款使仲裁人於決定爭議之權利時，毋庸依法律而為判斷[28]，此項制度之施行，一方面，可因此而避免嚴格遵守法律所產生之不合理情形；另一方面，亦可調整雙方當事人之負擔，而達到息訟寧人之功能。依此，衡平仲裁人得自由地針對商業經濟之個案情況，或當事人間司法觀點上之利益而為仲裁判斷，於適宜時，衡平仲裁人並可參照法律一般原則、衡平原則、公允善意原則、國際貿易實務及商業習慣法等，而為判斷。基此，衡平仲裁人於判斷時亦擁有更大之彈性，使得即便是衡平仲裁人所為之判斷，自嚴格之法律觀點言，雖不正確亦無所謂。依此，學者認為要求仲裁人必須依法律規定而為仲裁判斷，此要求不僅對於非法律專家之仲裁人過苛，且可能造成適得其反之效果，故為使爭端完美之解決，有採用衡平制度之必要。再者，衡平仲裁在功能上能調整嚴格依法律適用所產生之不當結果，且可為不願依法律途徑而解決紛爭者提供另一選擇，更賦予仲裁人有更大之彈性去調整雙方之權利義務關係[29]。

實務上認為，所謂衡平仲裁乃指仲裁判斷如嚴格適用法律之規定，於當事人間將產生不公平之結果時，當事人得明示授權仲裁庭故意不適用法律之嚴格規定而為判斷者而言。若仲裁庭僅將誠實信用原則或情事變更等原則進一步探究、解釋而為判斷，並未將法律之嚴格規定加以摒棄，自仍屬法律仲裁判斷之範疇，不生須經當事人明示合意始得為衡平仲裁之問

---

[28] Guillermo Aguilar Alvarez, To What Extent Do Arbitrators in International Cases Disregard The Bag And Baggage Of National Systems? 1996, p. 1：按本論文發表於1996年漢城召開之國際商務仲裁會議，本人有幸在場聆聽，獲益良多。

[29] 參閱黃秋田，前揭書，頁142。

題[30]。

　　實務上又認為，判斷書理由記載顯然係就契約內容真意或約定不明而有爭議者，依民法第148條第2項規定之誠實信用原則而為探究、解釋，認應就爭執項目比例調整當事人得請求之金額而為判斷，並未明示摒除何種法律之嚴格規定，自仍屬法律仲裁判斷之範疇，而非衡平仲裁。至仲裁庭適用誠信原則所為判斷結果及內容之當否，尚非得據以請求撤銷仲裁判斷之事由[31]。

第四節　仲裁判斷之基準

　　我國憲法第80條規定：「法官須超出黨派以外，依據法律獨立審判，不受任何干涉。」所謂依據法律即須受法律與判例之拘束。而在仲裁程序中，仲裁人之判斷是否與法官相同，須受法律與判例之拘束，抑或可依據或參酌正義與衡平原則為判斷，此涉及仲裁判斷之準據，學說上有正反二說，均言之成理，各具特色，茲分述如下：

第一項　肯定說

　　持此說者，認為在仲裁中，仲裁人之判斷與法官不同，不須受法律與判例之拘束，仲裁人可依據或參酌正義與衡平原則為判斷，其理由如下[32]：

　　一、傳統仲裁制度乃國家司法或逃避法律而生，基於私法自治原則，以適用衡平與商事習慣來補救訴訟之失誤與司法僵化之弊，如仲裁判斷要求嚴格依據法律不得斟酌衡平原則與商事習慣，豈非抹殺仲裁制度之傳統，扼殺仲裁制度之存在理由。

---

30 參閱最高法院106年度台上字第104號民事裁判。
31 參閱最高法院108年度台上字第652號民事裁判。
32 參閱楊崇森，法官暨仲裁人仲裁實務座談會紀錄，1997年7月2日，議題2，頁26、27。

二、法律多如牛毛，職業法官已無法盡知，每有法令適用錯誤之情形，許多仲裁人並非法律專家；期其依法律裁判豈非緣木求魚，如謂書記員能提供法律意見在現行制度下不啻痴人說夢話。

三、若嚴格要求仲裁人依法律為判斷，則未依據法律判斷時，該仲裁判斷應可作為撤銷理由，如此仲裁人將動輒得咎，尤以非法律人擔任仲裁人之情形者為尤甚，仲裁制度將形同虛設，因變成四級四審，而更增加訟累，失去仲裁迅速解決爭端之原意。

四、西洋法諺謂：「法之極，害之極」，嚴格依據法律，常生嚴苛不合正義結果。

五、如謂當事人於仲裁契約約定仲裁人可依衡平原則判斷，固不妨事，不知當事人對仲裁原已生疏，欲其特別約定，究屬少數例外，故無補實際。

肯定說認為傳統之仲裁制度係高度私法自治之表現，其目的係要以衡平、正義及斟酌商事習慣來彌補訴訟制度之缺失與司法僵化之缺點。如果仲裁判斷要求嚴格依照法律，不能斟酌衡平原則或商事習慣，則將抹殺仲裁制度之傳統；何況仲裁人並不以法律專家為限，如工程爭議仲裁、證券爭議仲裁，如嚴格依照法律仲裁判斷，係強人所難，而如未依法律判斷，依（舊）商務仲裁條例第23條規定，成為被撤銷之理由，仲裁制度便形同虛設，失去迅速解決爭端之原意。再者，如嚴格要求仲裁人依法律判斷，將產生嚴苛不合正義之結果，此並非當事人所期待。

採此說者，亦有認為，仲裁程序最主要之優點，在於能夠擺脫訴訟法嚴格形式規定，以及採用實體判決之自由性。由此意義觀之，仲裁人為仲裁判斷時，本得較法官更具彈性。而於科技發展日新月異之今日，立法者立法之速度，永遠跟不上科技之腳步，某些高科技產品如半導體晶片、電腦製品於市場競爭時可能有短暫之期限性，如俟立法者立法通過後，該項產品亦可能為新產品所取代，如是，徒以「現行法律」為業者權利護衛之防線，對其無啻虛幻之夢魘而已。而於立法者尚未立法通過保護該項產品之法律前，將產生對該產品法律保護之「真空」狀態，雖然，該法律

漏洞得藉由法律條文之擴張解釋、類推適用之法理等加以塡補[33]。惟當事人所遇仲裁人法律素養如何，本不確定，而仲裁人既不限係法律專家，要求其爲仲裁判斷時，嚴格遵守實體法之規定，本屬嚴苛，如欲再苛求其藉由法律方法來塡補法律漏洞，更屬期待不能。況且，法律之擴張解釋、類推適用時，本易滋生爭議，亦有時而窮。準此，堅持仲裁人爲仲裁判斷時須依照「成文法律」，是否即能達追求「客觀眞理」、「眞實公平」之目標，實值得斟酌。再者，「衡平仲裁」之立論基礎仍在於「當事人自治原則」，商人如經事先之合意，並就仲裁所花費之時間、財力等諸因素綜合評估，運用其持有之特例方法以確定其「客觀之眞理」，與司法者由法條之標準尋求眞理之方式不同[34]，故經當事人之明示授權，衡平仲裁制度該「非法律」（non-droit）之措施，以解決當事人之糾紛，實更能符合當事人之需要[35]。

　　除此之外，亦有認爲成文法國家，法律規定以條文方式存在，是一項公眾周知之事實，非法律專業之仲裁人不太可能依據法律規定判斷，亦係當事人應該公知之事實，故當事人若是選定非法律之人爲仲裁人，則該當事人應該不是期待及要求該被選定之仲裁人依據法律爲判斷，那麼仲裁法爲什麼要強求仲裁人應依據法律爲判斷呢[36]？其餘理由與前述大同小異，茲不贅述。

第二項　否定說

　　採此說者，認爲在仲裁中，仲裁人之判斷須受法律與判例之拘束，其

---

[33] 參閱王澤鑑，民法實例研究叢書，第1冊，基礎理論，1982年，頁164至179。

[34] 參閱藍瀛芳，前揭文，頁408、409。

[35] 參閱林曉瑩，前揭書，頁101至105；林俊益，法院在商務仲裁之角色，1996年，頁103。按該文中引用最高法院81年度台上字第2196號裁定要旨，認爲於當事人無特別約定下，仲裁人依衡平法則作成判斷，尚難認係違法。

[36] 參閱黃虹霞，商務仲裁，43期，1996年10月，第106、107頁，不過，該文第1點所述：「仲裁庭是否應依據法律與仲裁庭是否可以爲衡平判斷是兩個議題，仲裁庭不可以爲衡平判斷，不等於仲裁庭應依據法律判斷。」云云，因未附理由，本文難以理解，亦難贊同。

理由如下：

　　一、所謂衡平乃極其抽象之概念，如仲裁可不須依法律判斷，則仲裁人自由裁量權限過大，易生流弊。

　　二、各國實定法中，明定仲裁可按衡平或交易習慣判斷者，尚不多見，聯合國模範法亦然。

　　三、民法第1條已規定法官可依法理判斷，仲裁亦然，無特別依據衡平或交易習慣為判斷之必要。

　　四、最高法院29年上字第1474號判例，以仲裁人是否明知法律，來判定其是否有適用實體法之義務，則對仲裁當事人而言，其顯然無法預判仲裁之結果，因就該紛爭之解決是否依照法律之規定，乃取決於嗣後其所選任之仲裁人是否為法律專家而定；而倘仲裁人數為三人時，其中有仲裁人為法律專家，亦有仲裁人非係法律專家者，此時認法律專家之仲裁人既「明知」法律之規定，有適用實體法之義務，非法律專家之仲裁人非明知法律之規定，即無適用法律之義務，則不僅仲裁判斷難以形成，亦造成極不合理之情況。

第三項　國際性仲裁規則之衡平仲裁立法

　　從世界各國立法例中，有義大利、法國、西班牙、德國、瑞士等國均承認衡平仲裁，而西歐之荷、比、盧因承受法國之法律制度，故其仲裁制度亦承受衡平仲裁之制度。美國方面，無論AAA仲裁規則或美國之聯邦仲裁法，皆未提及衡平仲裁之問題，但據法國學者Delaume之分析，在當事人未有明示應適用某法律為實體準據法時，美國仲裁人得不受嚴格法律之拘束，而得以衡平原則，就案件之事實加以判斷[37]。在英國方面，英國法院傳統認為，仲裁人無衡平仲裁之權限。至於國際性仲裁規則方面，則承認仲裁人之衡平仲裁，茲分述如下：

---

37 參閱林曉瑩，前揭書，頁98、99。

一、國際商會仲裁院與其仲裁規則

國際商會仲裁院於1932年成立於法國巴黎，其係國際商會下屬之仲裁機構。1932年國際商會仲裁院曾制定「國際商會調解及仲裁規則」，該規則於1975年修正，為國際商會仲裁院仲裁之唯一依據。其仲裁適用之實體法則應依仲裁地法衝突規則。仲裁時，可以進行調解。如調解不成，應在當事人提交申請之日起60日內，作成仲裁判斷。其中亦有條文規定衡平仲裁制度，依該法第14條第4項規定：「如經當事人合意，得對仲裁人賦予衡平仲裁之權能。」此項規定，並為1988年修正之「國際商會調解及仲裁規則」所維持[38]。

二、1976年聯合國國際貿易法委員會仲裁規則

依1976年通過聯合國國際貿易法委員會仲裁規則第33條之規定：「仲裁庭應適用當事人兩造所指定之適用於該爭議實質之法律。如未指定應適用之法律時，仲裁庭應適用其認為國際私法規則所組定之法律。」「只有在當事人兩造明白授權仲裁庭依衡平原則作成判斷，且仲裁程序所適用之法律亦准許此種仲裁時，仲裁庭才可衡平仲裁。」「在一切情形下，仲裁庭均應依契約規定作成判斷，並應考慮適用於該交易之行業習慣。」

三、1985年聯合國國際貿易法委員會國際商務仲裁模範法

依上開國際商務仲裁模範法第28條規定[39]：「仲裁庭應適用當事人約定適用於爭議實質之法律規則，對爭議作成決定。除當事人另有約定外，適用某一國之法律或法律制度，應認為係指該國實體法，而非該國之法律

---

[38] Clive M. Schmitthoff, The Law & Practice of International Trade, Ninth Edition 1989, p. 670.

[39] 參閱黃正宗譯，1985年聯合國國際貿易法委員會國際商務仲裁模範法，飛躍中的我國仲裁制度，1995年，頁236。

衝突規則。」「除當事人另有約定外，仲裁庭應適用其認為可以適用之法律衝突規則所確定之法律。」「仲裁庭僅在當事人明確授權之情況下，始得依善意公允與衡平之原則或已友好協調人之方式作成仲裁判斷。」「於所有案件中，仲裁庭作成仲裁判斷時，均應依據契約條款，並應考慮交易之商業習慣。」

四、歐洲國際商務仲裁公約

在歐洲地區之國際商務仲裁立法方面，1961年4月21日在日內瓦曾簽署「歐洲國際商務仲裁公約」（European Convention on International Commercial Arbitration）通稱「歐洲公約」（European Convention），依該公約第7條第2項規定：「如依當事人意思與規範仲裁之法律所允許時，仲裁庭可依衡平仲裁為之。」足見其亦採納「衡平仲裁」制度。不過，1966年1月20日在斯特拉斯堡完成迄今尚未生效之「歐洲仲裁統一法」[40]（European Convention Providing a Uniform Law on Arbitration），對此則未規定。

第四項　我國法之檢討：本文淺見

一、衡平原則之適用

仲裁人是否必須適用法律，此問題可從兩個層面分析。從程序法言，在大陸法系國家，仲裁之所以可排除法院之管轄，在英美法系國家，仲裁可限制法院管轄，均係因仲裁法而來；而仲裁之法律地位係源自當事人間之仲裁契約，因之，有關當事人契約能力之實體法，仲裁人亦應適用。

而仲裁人可否不依實體法，而純依衡平正義之理念作成仲裁判斷，此在國際間爭議甚大。德國及多數歐陸國家，並無明文。在英國，仲裁人之

---

40 參閱陳煥文，國際仲裁法專論，1994年，頁581至583。

判斷應受法律之拘束，然其仲裁判斷並無強制其須附理由，故如有違反法律時，並不容易證明。在德國則認為仲裁庭應受實體法拘束為出發點，認為依當事人之意見，其所意願者，係法律判斷，而非衡平判斷，依德國帝國法院之見解，必須當事人曾於仲裁契約或條款明示排除實體法適用時，始得依衡平原則而為仲裁[41]。

有關仲裁判斷是否須附理由，英美法系採自由態度，並不硬性限制，實務上則可不附具理由，以免受不利判斷之當事人藉機挑剔，何況，如非法律專家之仲裁人，欲書寫與判決書一般完整無瑕、無懈可擊之判斷書並非易事，不必附理由，可避免拖延糾紛之解決。

反之，大陸法系係由理論所演繹出一套架構完整之體系，著眼於當事人利益之保障，故法律要求仲裁人如同判決敘述理由一般，使當事人明白究理，同時仲裁判斷附理由，將有助於仲裁判斷體系之產生。例如德國民事訴訟法第1041條規定，如仲裁判斷未附理由時，當事人可提起撤銷仲裁判斷之訴。至於判決格式，法國民事訴訟法第141條規定，法律判決須簡述事實經過及作成判決之證明理由。

此外，在歐洲大陸有些法律允許仲裁人依據衡平思想之原則（Amiable Compositeur）不受實體法規範之拘束，以評斷爭端，學者認為，其仲裁判斷，仍須附理由[42]。

再從法理學之觀點言之，其藉一般衡平概念而注入法律理想之方法，如自然法或自然正義等名詞，在過去很受歡迎，但現代法官毋寧更喜歡使用「公正而合理」之名詞。在國外一些案例中，對於此種司法衡平、公正、常識或正義之創造性功能之意識，曾使這些理念實際化為許多問題之解決方案[43]。

如以英美法而言，英美法系之特色，即係經由普通法與衡平法之二元

---

41 參閱葉永芳，商務仲裁人並非個個是法律專家，商務仲裁論著彙編，第1冊，頁266。

42 參閱葉永芳，前揭文，頁271。

43 參閱W. Friemann著，蘇永欽譯，Legal Theory，其中一章「法律理想與司法造法」，法理學，司法院，1984年6月，頁532、533。

主義來發展法律。自從衡平法逐漸形成一種固定之法律規範，而對普通法加以補充後，此二種法域之區別，主要僅係一種技術及專業傳統上之區別而已。在英國過去仍然保存衡平法庭律師與普通法庭律師之區別，然而時至今日，在英美法將普通法與衡平法相分立，已不被認爲相當重要之事。美國大多數州，已完全消除此種差別存在。

在大陸法系國家則無此種二元論存在，至於「衡平」一詞，早在亞里斯多德時代，即已認爲對嚴格之法律規範，可以適用某些平等之原則，藉以匡正或減輕法律冷酷無情之程度[44]。例如，在今日大陸法系設定某些具一般適用性質之條款，藉以保證在詮釋制定法之條款時，能更爲廣義及平等，而避免作過分流於形式之詮釋。

目前，在大陸法系上所理解之「衡平」一詞，在英美法上通常都是用以表示「公平與合理」、「合理者將會如此去做」、「或依據自然正義法則」等概念。實務上，英國法官應用衡平法之原則一事，可說與大陸法系國家法官之作爲完全相同。

二、我國衡平仲裁之檢視

以我國法爲例，我國民法第1條規定：「民事，法律所未規定者，依習慣；無習慣者，依法理。」依此規定，何謂法理，學者見解雖不完全一致，但理論上言之，法理之基本功能既在乎補充法律及習慣法之不足，使執法者自立於立法者之地位，尋求就該當案件所應適用之法則，以實現公平與正義，調和社會生活上相對立之各種利益，則所謂法理，應係指自法律精神演繹而出之一般法律原則，爲謀社會生活事物不可不然之理，與所謂條理、自然法、法律通常之原理，殆爲同一事物之名稱。因此，我國法制自無須與他國完全相同之處理方式。

固然一般仲裁之特色在於根據仲裁人對商務爭議之認識與瞭解而爲仲

---

44 參閱W.Friemann著，焦興凱譯，Legal Theory，前揭書，其中一章「英國美國及歐陸國家運用法律之方法」，頁603。

裁判斷。一般仲裁程序與司法程序相近，均係依照法律之規定而為裁判。以法國式之「衡平仲裁」而言，其正考慮「非法律」之措施及各項因素後能調和仲裁與調解之特點，而創造出一項新制度。學者認為，如在仲裁程序中，仲裁人因當事人之授權，而能於獨立裁判前選用調解之方式與特徵，酌量當事人雙方之利益而為判斷，必能較仲裁人考慮法律上之規定所為之判斷更佳[45]。綜上所述，「衡平仲裁」在本質上係屬於仲裁程序，但僅於當事人之授權而使仲裁人得不依「法律之規定」，而係依「一般商業慣例」與「衡平原則」為判斷。另一方面，此種特殊之衡平仲裁制度，既不依法律規定而作仲裁判斷，更可使許多非「法律」背景之仲裁人在不受法律掣肘下，充分發揮其解決爭端之長才。

　　然而，衡平仲裁制度為法國法之創例，其在衡平仲裁制度之推行上有相當豐富之寶貴經驗。以我國社會之特殊背景以及國人欠缺守法觀念下，我國是否能直接將法國社會所形成之法制，採為自己之法制，並以該國法則解釋我國法律，值得懷疑。何況，衡平仲裁制度中，尚有許多周邊配合制度尚待規劃，例如衡平仲裁人之選任即與當事人對衡平制度之約定有密切關係，此外，衡平仲裁人之權限為何，關於程序法則方面之適用範圍，包括基本仲裁程序原則之遵守、司法程序排除之限制，還有關於實體法則方面之適用範圍如何，尤其在適用法律原則方面及在適用約定法則方面如何處理，最後，對衡平仲裁判斷之救濟問題等，我國仲裁法均未規定，故本章認為，以目前階段，我國仍不宜貿然實施「衡平仲裁」制度。

　　我國舊商務仲裁條例並未規定仲裁判斷之法律基準，1993年仲裁協會草擬之「仲裁法」修正草案中，乃明定：「仲裁庭應依據法令為判斷，但當事人亦得約定適用衡平原則及相關之交易習慣。」除此之外，亦有認為應修正為，第1項：「仲裁人應依據當事人所約定之法律為判斷。當事人未約定者，於內國仲裁依中華民國法；於國際仲裁依其認為適當之國際私法規則所確定之法律而為判斷。但當事人亦得明示授權仲裁人依公允善

---

[45] 參閱藍瀛芳，前揭文，頁409。

意原則而爲判斷。」第2項：「仲裁人於爲仲裁判斷時，應斟酌相關交易習慣而爲判斷。」[46]其所持之理由無非：

（一）爲表現當事人充分之自主權，應允許其選用合適之法律來源作爲仲裁判斷之準據。

（二）於當事人未明示約定之法律時，仲裁人應斟酌全契約之用語及情形，考慮客觀之公平及當事人主觀合理之期盼後，依適當之國際私法規則而指定之法律爲仲裁判斷。

（三）仲裁之本質其有自主性，故雙方當事人之交易行爲所建立之交易習慣，及當事人所普遍熟知且在貿易往來中爲當事人所應注意之慣例，亦應列入仲裁判斷之參考。

（四）可使仲裁人有更大之自主以決定準據法，而毋庸受傳統仲裁地國之國際私法原則之適用。

三、仲裁制度之設置

仲裁制度係基於「私法自治」、「契約自由原則」而設置之私法紛爭自主解決之制度，但仍應受國家之協助與監督。因此，仲裁制度之設計，「法律」因素仍應高於「契約」因素，法院對仲裁制度之管轄與監督即應建立在此種「不可剝奪」原則之基礎上。以英國法爲例，其仲裁人必須嚴格地作出仲裁判斷，因爲採用「超越法律標準」（extra legal criterion），將使法院無法對特殊案件行使其監督管轄權。蓋法院無法審查仲裁人在決定法律問題時，是否犯有錯誤；故如仲裁人可無視法律規定，而按照其對商業上之公平正義之概念理解，而對其審理之仲裁案件作出仲裁判斷，即會發生上述弊端。再者，肯定說中所謂根據「公平合理或衡平原則」作仲裁判斷，不但任何人無法確切地瞭解上述術語之含義，而且仲裁契約之當事人並未授權仲裁人武斷地進行仲裁判斷，或者無視法律而進行仲裁判

---

46 參閱法務部，商務仲裁條例修正草案一稿條文對照表，頁36。按該條文大致相同，文字則略有修正，其係參考聯合國國際商務仲裁模範法第38條及學說。筆者有幸參與法務部修法之作，獲益良多，在此一併致謝。

斷。基此，最高法院實務上認為，仲裁人逕依「衡平法則」為判斷，顯然有背仲裁契約，而廢棄高院之判決[47]。事實上，在外國，仲裁人作衡平仲裁以處理爭議之權力，僅意味著其在適用法律時，無須嚴格地適用字面解釋準則，善意地適用法律，對法律予以公正地、自由地解釋。衡平仲裁人必須遵守法律，不得作出與法律相牴觸或超越法律之判斷[48]。從而，法務部在「仲裁法」修正草案中，將仲裁協會版草案中之「衡平原則及交易習慣為判斷」之條文刪除，未提呈行政院，而行政院並未表示反對，即提呈立法院審議，嗣後立法院三讀通過之現行仲裁法，則於第31條明定：「仲裁庭經當事人明示合意者，得適用衡平原則為判斷。」其目的在明示仲裁庭經當事人合意者，得採用衡平仲裁或方式解決糾紛[49]。

於法務部召開修法會議時，筆者即曾主張仲裁法第31條並無必要，因為除上述問題外，會有當事人會將仲裁庭適用「誠信原則」與「衡平原則」混淆。果然，事後最高法院實務上曾有判決指出此點，認為仲裁法第31條規定，仲裁庭經當事人明示合意者，得適用衡平法則為判斷。當事人如未有明示之合意，仲裁判斷逕依衡平法則為判斷時，固逾越仲裁協議之範圍。惟現行法律因衡平理念已融入法律，經由「抽象衡平」具體化為法

---

[47] 參閱83年度台上字第1265號判決。按該判決裁判要旨係，仲裁人所以得參與仲裁程序，係基於當事人間之仲裁契約，該契約業已明定仲裁程序法為中華民國商務仲裁條例，實體法為中華民國內國法。系爭仲裁判斷排除內國法，逕依衡平法則為判斷，顯然有背仲裁契約之約定。設仲裁人得於事後為判斷時排除實體法規定，任意自為判斷，則當事人履行時將無所適從，如此使糾紛增加，顯不合仲裁制度之本旨。按本判決引自林俊益，法院在商務仲裁之角色，1996年，頁284至287。可惜，該判決無法看出，如當事人於契約中，同意衡平仲裁時，其效果如何。然而，本文認為，以現今我國商務仲裁之生態環境，包括選任仲裁人之心態，仲裁人本身稍有代理人色彩，而有代理人戰爭問題，以及雙方當事人想掌握主任仲裁人等，尚不宜認為其均有效。

[48] 參閱吳光明，法官暨仲裁人仲裁實務座談會紀錄，1997年7月2日，針對議題二之書面補充資料，頁36、37。

[49] 按本篇「衡平原則與衡平仲裁」文章曾於1987年，發表於中興法學，43期，頁321。該文經過改寫而發表於本書，當時認為本條文並無必要，因為有當事人會將適用「誠信原則」與「衡平原則」混淆。故另外於1994年發表「論衡平仲裁制度——我國仲裁法第三十一條之檢討」，參閱1994年5月，仲裁，71期，2004年5月，頁1至23。

律之一部分，形成法律之基本原則。如誠實信用原則、情事變更原則、公
益違反禁止原則、權利濫用禁止原則等，不再屬於衡平法則所謂「具體衡
平」之範疇，自不以經當事人明示合意爲必要[50]。

　　另外，最高法院實務上又認爲，仲裁制度本質爲當事人自行合意之
訴訟外紛爭解決機制，仲裁人之資格不以有相當法律訓練者爲限，適用之
程序與實體規則可由當事人或仲裁庭選擇或爲衡平仲裁（仲裁法第19條、
第31條規定參照），無如民事訴訟法程序相同嚴謹之調查證據、審理程序
及程序之拘束力，所爲仲裁判斷相對欠缺法之安定性與預測性，其救濟亦
只有嚴格限制之撤銷仲裁判斷訴訟（仲裁法第40條規定參照）之有限司法
審查，與訴訟程序本質上不同，關於當事人之程序權保障與民事訴訟制度
相差甚遠。是仲裁判斷於當事人間，除與法院之確定判決有同一之既判力
（仲裁法第37條第1項規定參照）外，仲裁判斷理由中所爲其他非聲請仲
裁標的之重要爭點法律關係判斷，對當事人不生拘束力。同一當事人間提
起另件民事訴訟，就相同爭點法律關係，法院或當事人仍得爲相反之判斷
或主張，始符仲裁制度之本質，亦無違訴訟經濟與誠信[51]。

第五節　結語

　　英美法上所謂衡平原則與衡平仲裁之意思，是否可以完全會劃上等
號，學理上可以另外討論。蓋衡平法其實在英美法上有一套自己之歷史的
傳統，其係在損害賠償理論不足時，所發展出來之衡平原則[52]，而英美法
上所謂「Equity」在大陸法上已融入大陸法系之實體法中，已如前述。

　　換言之，經過幾世紀之發展，衡平（equity）在英國法中，爲自己開
創出一個不同管道，從衡平法院之延伸使普通法之內容充實倫理道德。在

---

[50] 參閱最高法院93年度台上字第1893號民事判決。
[51] 參閱最高法院106年度台上字第305號民事裁判。
[52] John. F. O'connell, Remedies, in A Nutshell, 1985, p. 1.

自然正義感中某些倫理之成長來自於吸收衡平原則，雖其不僅適用普通法之判決，而且亦由仲裁法官判決，其均不能視爲排除司法管轄範圍。普通法亦吸收「如無法律規定時，社會生活現象所表現之直接具體化相對少數觀念」原則，同樣地其他法律制度之倫理成長過程亦會發生。當此種原則完全被普通法接收時，其變成完整地被適用，如同其他法律體系一樣，在所有情況下，均產生關聯。類似此種原則之固有道德評價在任何法律體系中均不可或缺，而其最初階段出現係因在所有情況中其均被承認有關聯。

　　另一方面，某些普通法之倫理發展可直接回歸於衡平原則，而該原則係完全被衡平法院所適用，而且在衡平法官之歷史觀中深根蒂固。

　　到了17世紀，「Equity」成爲衡平法院管轄之專門用語，其共有三種特徵：一、衡平法之作用係對人；二、衡平法之救濟係一種恩惠而非權利；三、衡平法不如普通法之有系統、有組織。

　　至於衡平仲裁在性質上，係爲解決爭議，許多國際性公約及各國常設仲裁機構規則，除規定依法仲裁外，亦有所謂「衡平仲裁」，以加強仲裁之靈活性，亦即仲裁人得依據其自己認爲符合公平合理之要求，作出對當事人雙方均有拘束力之仲裁判斷。此種仲裁判斷無需附理由，其案例亦不能起示範作用。我國舊商務仲裁條例第19條第2項第6款之規定，仲裁判斷書須附理由，否則將構成該條例第22條第1項第2款規定之撤銷仲裁判斷之事由之一，足見該條例原有之立法意旨，與前揭「衡平仲裁」之運作，實質上頗有不同之處，新修訂仲裁法第31條，改以明定「仲裁庭經當事人明示合意者，得適用衡平法則爲判斷」，似有畫蛇添足之嫌，蓋以我國之法制而言，法律本身原則具有衡平之精神，毋庸置疑，且依民法第1條規定：「民事，法律所未規定者，依習慣；無習慣者，依法理。」故當事人於聲請仲裁時，應無棄法律於不顧，而須另行以合意方式，俾便適用「衡平法則」爲判斷之必要。至外國立法例或國際商務仲裁之規模及其歷史發展均非我國目前短期內所推行之仲裁制度所能相比。

　　例如華盛頓公約第43條對於仲裁應適用之法律亦於該條第3款規定：「第一款、第二款之規定不得損害法庭在雙方同意時，對爭議作出公平與善意之決定之權。」此即仲裁庭在雙方特別授權時，可以根據公平與善意

之原則,而非根據法律作出仲裁判斷。

又如「聯合國國際貿易法委員會仲裁規則」、「歐洲國際商務仲裁公約」、「解決投資爭議公約」、「美洲國家商務仲裁委員會仲裁規則」以及「國際商會調解及仲裁規則」、「瑞士聯邦蘇黎世商會調解與仲裁規則」[53]以及「法國仲裁法令」均設有「衡平仲裁」之規定,並均以當事人明確授權為其先決條件。

「衡平仲裁」之判斷與依法仲裁之判斷,均具有同樣效力。至於仲裁庭能否進行「衡平仲裁」完全取決於雙方當事人之意願,但雙方一經授權仲裁庭進行「衡平仲裁」,任何一方除經他方同意外,不得任意改變主張。

迄至目前為止,尚有些西方企業界特別強調法律與契約之作用。其等寧願以法律條文與契約條款作為確定雙方權利義務之標準,而非排除或限制「衡平仲裁」之適用。

以中國大陸言之,大陸之仲裁規則並無關於「衡平仲裁」之規定。依據大陸仲裁規則,其仲裁人之判斷必須附具理由,如僅根據當事人雙方之和解協議內容作出仲裁判斷書,且該和解係出於自願時,才無須附具理由;然此與具有拘束力之「衡平仲裁」尚有所不同。

總而言之,在英美法系國家,其商法之歷史發展與大陸系國家均有不同特色,例如在英美法之歷史上僅有普通法與衡平法之分[54],18世紀中葉,英國將商人習慣法吸收到普通法。二次世界大戰後,各國間經貿關係日益密切,經濟生活走向國際化。目前許多國際組織如聯合國國際貿易法委員會、國際商會等機構均積極制定統一國際仲裁法之工作。然而,由於歷史文化背景之不同,除了國際條約、國際慣例等之外,吾人仍須考慮整個周邊制度之規劃,而非一味抄襲,甚至「照單全收」外國衡平仲裁制

---

[53] Gary B. Born, International Commercial Arbitration in the United States, Kluwer, 1994, pp. 917-1021. Schwab, Walter, Schiedsgerichtsbarkeit, 1995, s. 553-660.

[54] Ann R. Everton, What is Equity About? 1970, p. 9.

度，畢竟有些問題所涉及者並非「仲裁法律」問題，而係「仲裁文化」[55]問題。

---

[55] 參閱吳光明，從法律文化談發展中之國際仲裁文化，國立中正大學法學集刊，第7期，2002年4月，頁233至264。

CHAPTER

8

國際商務仲裁契約之準據法

第一節　概說

　　國際商務仲裁係適合於解決國際商務交易中所產生之爭議之程序，然而由於歷史上之原因，有些地區之貿易協會有其本身之仲裁規則；亦有些經濟上之原因，例如美國在世界貿易中之統治地位，導致美國仲裁規則之影響，日益擴大；亦有一些經濟及政治雙重原因，例如有自由市場經濟國家與實行國家計畫經濟之國家，造成國際商務仲裁各異之關鍵因素。爲解決此一現象，遂有1976年4月28日通過之「聯合國國際貿易法委員會仲裁規則」[1]（UNCITRAL Arbitration Rules）。而後，1985年之模範法（UNCITRAL Model Law）除整合紐約公約與上述仲裁規則外，同時亦參酌各國之內國仲裁立法、契約關係、雙邊條約與多邊條約等規定，成爲公正並有效解決國際商務紛爭之法律架構。

　　從仲裁判斷之國籍而言，由於各個國家間就仲裁判斷之國籍所採之認定基準不一，有時反而會導致一個仲裁判斷同時具有多重國籍（Multiple Nationality）或無國籍（No Nationality）之情形，此種狀態均將造成仲裁判斷國籍問題之浮動，無助於爭議之解決。

　　按聯合國國際貿易法委員會商務仲裁模範法[2]第1條第1項即以「國際商務仲裁」界定其適用之範圍，其第2項則採取嚴格標準，而以仲裁地作爲適用模範法之前提要件，故除有同法第8條、第9條、第35條及第36條之情形外，應於仲裁地在該特定國之領域內時，始得適用有關規定。因此，上開模範法之適用對象，係以適用作爲仲裁地之國際商務仲裁事項爲限。至於何謂「國際商務仲裁」，依上開模範法第1條第3項規定，有四項標準

---

[1] 參閱黃正宗，我國仲裁會及企業依聯合國國際貿易法委員會仲裁規則（UNCITRAL-Arbitration Rules 1976）進行仲裁之可行性研究，仲裁，59期，2000年11月，頁1至62。

[2] Schwab, Walter, Internationale Rechtsvereinheitlichung, UNCITRAL-Model-Gesetz über die internationale Handelschiedsgerichtsbarkeit, Schiedsgerichtsbarkeit, 1995, s. 553, 554.另參閱黃正宗譯，聯合國國際貿易法委員會國際商務仲裁貿易法，飛躍中的我國仲裁制度，頁224至242。

可資認定：

　　一、仲裁契約之當事人訂約時，其營業所分別在不同之國家者。

　　二、仲裁契約所約定或依仲裁契約所確定之仲裁地，在當事人營業處所地國之外者。

　　三、履行商務關係之主要義務之地點與爭議標的關係最密切之地點，在當事人營業處所地國之外者。

　　四、仲裁契約當事人明示同意，其仲裁契約之標的與一個以外之國家有關者。

　　再從「國際商務仲裁」適用法律之協議言之，如仲裁條款未指明仲裁應適用之法律，則該仲裁條款在適用時即發生困難。一般而言，「仲裁適用之法律」一詞，包括三個方面：仲裁地、仲裁庭適用之程序，以及負責對仲裁實施監督，尤其是對仲裁庭是否超越其所管轄權限，或者仲裁人之行為是否不當，國家法院予以監督問題。因此，未指明仲裁地之仲裁條款是有缺陷之條款。

　　反之，如仲裁條款已確定仲裁地，則自應由仲裁地之法律確定仲裁程序，而仲裁地之法院則對仲裁庭有管轄權限，以及對仲裁人之行為實施監督。

　　綜上所述，論及國際商務仲裁契約準據法問題，首先須確定仲裁契約之性質，因為準據法之確定會受仲裁契約性質之影響；其次，必須瞭解國際公約對國際商務仲裁之相關規定，以及決定準據法之外國立法例等事項，此外，仲裁契約當事人意思自由及爭議適用實體法問題，均值得探討。本章即係針對上述諸問題，逐一說明，並針對仲裁條款之特性，世界各國有關仲裁之法律文化，予以闡述；最後，就仲裁條文及規則，反映在仲裁程序者，提出個人淺見做一結語，提供仲裁法學界理論與實務之參考。

第二節 國際商務仲裁契約準據法之確定

第一項 準據法之確定受仲裁契約性質之影響

按國際商務仲裁契約準據法應如何決定，世界各國均無明文規定，而其學說判例又受仲裁契約性質影響，各有不同觀點；因此，國際商務仲裁契約準據法之認定，亦有所差異。

一、學說上

一般而言，仲裁契約之法律性質，可分為訴訟法上之契約說、私法上之契約說、混合契約說及特殊契約說等四種[3]之不同，茲分述如下：

（一）訴訟法上之契約說

此說從仲裁契約之內容觀察，認為仲裁契約乃排除國家法院對於特定紛爭之裁判，將紛爭之解決委諸私人性質之仲裁人，並對其所為之仲裁判斷，給予終局服從之訴訟法上之契約。從理論上言之，先有當事人訂立之仲裁契約，才能有仲裁人之仲裁判斷。而仲裁判斷所適用之仲裁程序，如同國際私法之「訴訟程序依法庭地法」一樣，國際仲裁契約之要件與效力，應依仲裁程序舉行地法之規範。

（二）私法上之契約說

此說認為仲裁契約係就其提付仲裁，解決紛爭，並選任仲裁人，其仲裁判斷之合意而言，與和解契約相類似，亦即認為仲裁契約應具有類似債權契約性質之契約。因之，國際商務仲裁契約亦應如同一般涉外契約，依國際私法「當事人意思自主」原則決定其準據法。

---

3 參閱林俊益，論涉外仲裁契約，司法官訓練所第23期學員論文集，頁238；蘇瑞華，外國仲裁判斷在內國之承認與執行，司法官訓練所第21期學員論文集，頁329至365；鄭純惠，國際商務仲裁契約，臺大碩士論文，1990年1月，頁10至13。

（三）混合契約說

　　此說認為仲裁契約本身，與一般契約相同，均為實體法之一種；惟仲裁契約之法律效果，例如違反仲裁契約之妨訴抗辯問題，則視該繫屬之管轄法院之觀點。依此，國際商務仲裁契約有無妨訴抗辯效力存在，固然須依法庭地法而為決定，然而，就「妨訴抗辯」效力存在之點言之，亦即國際商務仲裁契約之要件及其有效性問題，則乃應適用「當事人意思自主」，加以決定。

（四）特殊契約說

　　此說由仲裁制度本身之特殊性與其實際需要加以探討，認為仲裁契約係將特定爭議事項，委由仲裁人作成仲裁判斷，此類似於設置法院之特殊契約，此種特殊契約並不使雙方當事人發生財產權關係，亦無直接產生訴訟法效力之效果意思存在。再者，仲裁契約之本質係基於私法自治，故應肯定當事人可依自由意思決定國際商務仲裁契約之準據法。

二、本文淺見

　　如認仲裁契約性質係訴訟法上之契約，將會使有關國際商務仲裁契約之問題，全部以「法庭地法」為準據法，如此結果，將會否定外國法之適用，妨礙商務仲裁之國際化，並牴觸相關國際公約之規定。此外，如果採訴訟法上之契約說，而以「仲裁地法」決定國際仲裁契約之成立與效力，則如國際仲裁程序須在二個以上國家舉行時，其「仲裁程序地」決定之連繫因素，便會發生困難。又如仲裁人於仲裁進行期間，在不同時間內，分別於不同國家多次開仲裁庭，始作成仲裁判斷，則應以何地為仲裁程序地，將發生問題。

　　再者，仲裁係指雙方當事人自願將其間所發生之爭議，交由仲裁人進行裁決，以求爭議之解決；仲裁之最主要原則係當事人意思自主原則，即雙方當事人簽訂契約中之仲裁條款，或於事後達成之仲裁協議，可以自行約定或選擇仲裁事項、仲裁地點、仲裁機構、仲裁程序、適用法律、裁決

效力以及使用語言等已如前述[4]。因此，仲裁契約具特殊實體契約性質。採取「當事人意思自主原則」決定國際商務仲裁契約之準據法，符合仲裁自治之本質。

其次，有關仲裁適用法律之協議問題，如仲裁條款未指明仲裁適用之法律，則仲裁人適用之契約實體法與仲裁程序適用之法律問題之區別[5]，以及契約準據法是否必須為某一特定國家之國內法，抑係適用跨國標準，例如契約當事人兩造所屬國之法律中某些共通原則。因之，所謂「仲裁適用之法律」應明確地定義，至少其包括三方面，即（一）仲裁地點；（二）仲裁人適用之仲裁程序；（三）對仲裁庭是否超越其管轄權限，或仲裁人行為是否不當。理論上，如仲裁條款未指明仲裁地點，該仲裁條款即有缺陷。如仲裁條款已指明仲裁地點，則由仲裁地法確定仲裁程序，而仲裁地法院有權對仲裁庭之管轄或仲裁人之行為實施監督。又如仲裁條款之當事人已同意採納某一種仲裁規則，例如採納國際商會之仲裁規則，則該規則即為有關確定仲裁地法之規定。

另外，從國際商務仲裁條款之可分性言之，國際商務仲裁條款有兩種形式：一即仲裁協議作為主契約之一條款，一即在主契約訂立後簽訂一個單獨之仲裁協議。如仲裁協議係獨立於主契約之外之協議，則仲裁庭有權決定主契約是否存在，或由於受詐欺、錯誤意思表示被撤銷而自始無效。但如仲裁協議係主契約之一部分，既然主契約自始無效，則作為該契約條款之一個仲裁條款，亦隨之無效。因此，仲裁庭即無權管轄此爭議問題，蓋仲裁人之權限源自於主契約之仲裁條款所致[6]。

然而，仲裁條款是否構成一個單獨之仲裁協議，以及仲裁條款是否能從主契約之其他條款分離問題，涉及契約之解釋。如仲裁契約當事人明

---

4 參閱吳光明、俞鴻玲，準據法選擇的傳統方式與最新趨勢，國際商務仲裁理論與發展，翰蘆圖書，2013年1月，頁170、171。

5 參閱劉興善譯，國際商務仲裁之國際私法問題，商務仲裁論著彙編，第1冊，1988年，頁299。

6 Michael J. Mustill, Stewart C. Boyd, The Law and Practice of Commercial Arbitration in England, Second Edition, 1989, p. 114.

示或默示同意仲裁條款從主契約之其他條款分離，則當事人之明示或默示同意應予尊重，例如聯合國國際貿易法委員會、國際商會或倫敦仲裁院等之仲裁規則，均採此見解。如未能如此，在現今社會情況下，至少存在著贊同推定仲裁協議可以從主契約之其他條款分離之強烈趨向，此種解釋方法，無論契約是否自始無效，均可使仲裁人作出仲裁判斷。又如仲裁條款本身係受詐欺、錯誤意思表示而訂定，或者契約當事人之間對從未將仲裁條款列入主契約之問題上有爭議，此時爭議問題係仲裁協議本身，而非主契約。如由仲裁庭判斷此一爭議問題，意味著仲裁人有權確定其自身之管轄權限。

再從國際貿易活動有關契約中之仲裁條款言之，其仲裁契約當事人所關心之兩個問題：一即約定在某一國家進行仲裁之協議，是否能得到其他國家法院之承認，換言之，即其他國家之法院是否承認在外國仲裁之協議，而拒絕受理當事人提起之訴訟。另一即在某國作出之仲裁判斷，如一方當事人不自動履行，其他國家之法院能否根據另一造當事人之請求予以強制執行，而無需對案件之實質問題，重新起訴，請求進行審理判決。此二問題對當事人權利義務關係之確定，非常重要，故亦有賴於國際公約明文規定予以統一之必要，茲說明如次，以資佐證。

第二項 國際公約相關規定之沿革

一、1923年日內瓦仲裁條款議定書（The Protoco on Arbitration Clauses）[7]

依該議定書第1條第1項規定：「隸屬不同締約國管轄之契約當事人，就商務契約或其他得以仲裁方式解決之事項，關於現在或將來所生之爭議，合意提付仲裁者，各締約國應承認該合意之效力。至於仲裁舉行地是否位於當事人所屬國，則非所問。」惟關於國際商務仲裁契約之準據法

---

7 Gary B. Born, International Commercial Arbitration in the United States, 1994, p. 163.

如何決定問題，該議定書並無明文規定，故如何適用，易生疑義。

二、1923年日內瓦「外國仲裁判斷之執行公約」（Convention on the Execution of Foreign Arbitral Awards）

按日內瓦公約第1條第2項第1款規定：「仲裁判斷係依仲裁契約作成者；且仲裁契約依其準據法係屬有效者，仲裁判斷應予以承認。」如此可知日內瓦公約將國際商務仲裁契約有效性準據法之判斷仍未規定，而委諸各法庭地國之國際私法決定。此係因當時各國均想保留其內國國際私法對於國際商務仲裁契約有效性之審查權，故如欲以日內瓦公約規範統一之準據法，甚為困難。

三、1958年紐約公約「聯合國關於外國仲裁判斷之承認與執行公約」（The Convention on the Recognition and Enforcement of Foreign Arbitral Awards）[8]

紐約公約旨在取代日內瓦議定書及日內瓦公約，並大幅簡化相互承認與執行外國仲裁判斷之程序。英國1975年頒布之仲裁法，為實施紐約公約而提供了法律依據[9]。依紐約公約第5條第1項a款之規定：「受不利仲裁判斷之一造能證明下列事由時，得聲請拒絕對該仲裁判斷之承認及執行：(1)本公約第2條所稱該項協定依當事人作為協定準據之法律係屬無效，或未指明以何法律為準時，依仲裁判斷地國法律係屬無效者。」

依此規定，有關國際商務仲裁契約準據法之決定原則，即係以當事人意思自主原則而定，由於紐約公約之明文規定，使此原則有漸統一之趨勢。至於在仲裁地之選擇方面，或以為1958年紐約公約之締約國之仲裁判

8　參閱朱家惠，從紐約公約之發展與實踐論外國仲裁判斷之承認與執行，私立東吳大學法律學系碩士論文，2006年。

9　參閱葉俊麟譯，英國1975年仲裁法案。本法案之目的乃賦予外國仲裁判斷之承認與執行之「紐約公約」實施效力，商務仲裁論著彙編，第1冊，頁122至126；另請參閱李貴英，1996年英國新仲裁法評析，法學叢刊，43卷1期，1998年1月，頁54至70。

斷，可得到其他締約國之承認，則仲裁地點之選擇已無關重要云云，殊不知仲裁地點關係到仲裁程序法、仲裁程序規則之適用，以及對於爭議問題之實體法選擇原則等問題，故任何仲裁協議均仍應在當事人意思自主原則下，審慎地選擇仲裁地點。

四、1961年歐洲國際商務仲裁公約（European Convention on International Arbitration）

　　歐洲國際商務仲裁公約之特點係設立一專門委員會，由國際商會之各國委員會之商會代表，以及東方商會之代表組成，在主席之主持下工作，主席任期2年，輪流由東西方商會選舉產生。依該公約第6條第2項規定，締約國在決定有關仲裁契約之成立及效力時，應依：（一）當事人所約定仲裁契約準據法；（二）如當事人未約定時，依將來作成仲裁判斷地法；（三）如當事人未約定，且仲裁判斷地在該時尚無法確定時，則依法庭地之國際私法決定[10]。依此，歐洲仲裁公約就國際商務仲裁契約之準據法，亦與紐約公約相同，採當事人意思自主原則。

五、1965年華盛頓解決國家與他國國民之間投資爭議公約

　　按此投資爭議公約係由世界銀行主持制定。英國為解決國際投資爭議，根據1966年仲裁法，實施該公約。

六、1976年聯合國國際貿易法委員會仲裁規則

　　1976年4月28日，聯合國國際貿易法委員會通過該會仲裁規則之最後草案。該規則係採用統一法之方式，而非公約之形式，目的在提供國際貿易臨時仲裁庭選擇適用其仲裁規則。如雙方當事人已就「指定機構」達成協議時，亦可適用本規則，如未能達成協議，則聯合國國際貿易法委員會

---

[10] Gary B. Born, supra note, p. 156.

仲裁規則亦規定處理此項事宜之程序[11]。依此仲裁規則規定,仲裁人必須依法作成仲裁判斷,但如經當事人同意,且仲裁地國之仲裁法允許之情況下,仲裁人亦可作成衡平仲裁(Amicable Compositeurs)[12]。

第三項　我國仲裁法之理論與實務

我國舊商務仲裁條例並未如英國之仲裁法設有「外國仲裁契約」之規定,亦未如法國1981年5月12日修正公布之民事訴訟法第五章設有「國際仲裁」之規定,僅於第33條第1項第4款「有第23條第1項第2款亦即仲裁契約無效,或於仲裁人為判斷前失效者」規定,現行仲裁法第50條規定有六項,構成駁回外國仲裁判斷承認聲請之事由。依此規定,並看不出國際商務仲裁契約之準據法為何,則在法律適用上,自會產生疑義。

嚴格言之,仲裁有三種,即國內仲裁、外國仲裁與國際仲裁。所謂國內仲裁係指國內仲裁機構受理國內公司、企業或個人因商務發生之爭議,所進行之仲裁;所謂外國仲裁係指外國仲裁機構所進行之仲裁;所謂國際仲裁係各國仲裁機構所受理不同國籍當事人之間,或同一國籍當事人之間,在國際商務活動中,所發生之爭議;國際仲裁又稱之為具有涉外因素之爭議所進行之仲裁。

外國仲裁判斷之基礎係涉外仲裁契約,故如何判斷涉外仲裁契約之成立要件與效力,端視該涉外仲裁契約之準據法而定,進一步言,外國仲裁判斷是否有效,亦須視仲裁判斷之準據法而定,於各國仲裁法規互異之情況下,均有賴仲裁判斷所依據之準據法而定。依我國舊商務仲裁條例第30條第1項規定:「凡在中華民國領域外作成之仲裁判斷,為外國仲裁判斷」,其反面解釋,在中華民國領域「內」作成之仲裁判斷,即「非外國

---

11 參閱黃正宗譯,聯合國國際貿易法委員會國際商務仲裁貿易法,飛躍中的我國仲裁制度,頁224至242。

12 參閱藍瀛芳,衡平仲裁制度之實務探討,商務仲裁論著彙編,第1冊,1988年,頁411至432;黃鈺華,國際商務仲裁之法律適用問題,臺大碩士論文,1986年,頁109至115;吳光明、俞鴻玲,準據法〈三〉,國際商務仲裁理論與發展,前揭書,頁232至241。

仲裁判斷」，至於是否爲中華民國之仲裁判斷，尙須視其是否依我國商務仲裁條例而訂立仲裁契約及作成仲裁判斷而定，否則即無從承認，此即舊商務仲裁條例之最大缺失，現行仲裁法第47條第1項規定：「在中華民國領域外作成之仲裁判斷或在中華民國領域內依外國法律作成之仲裁判斷，爲外國仲裁判斷。」蓋爲使目前實務上對於在中華民國領域內非依我國仲裁法作成之仲裁判斷，認爲非內國仲裁判斷，亦非外國仲裁判斷，因而無法獲得承認及執行，爲使此類仲裁判斷有所定位，並爲使我國仲裁制度邁向國際化，爰兼採「領域說」及「準據法說」，俾資明確。至於不同國籍之人，在中華民國領域內，依當事人自行約定之程序，所爲之仲裁判斷，屬於內國仲裁判斷之範圍[13]。

　　再按舊商務仲裁條例第1條第1項規定：「凡有關商務上現在或將來之爭議，當事人得依本條例訂立仲裁契約，約定仲裁人一人或單數之數人仲裁之。」是則同條例第3條所謂之仲裁契約，係指依該條例訂立之仲裁契約而言，當無疑義[14]，同條例第27條所謂之仲裁契約，亦係指依該條例訂立之仲裁契約而言[15]，如依最高法院之見解，則第21條之仲裁判斷，應係指依該條例訂立之仲裁契約，依該條例所定之仲裁程序作成之仲裁判斷而言，因此，學者認爲，如非依該條例訂立之仲裁契約所進行之仲裁程序，而作成之仲裁判斷，即非商務仲裁條例第21條之「仲裁人之判斷」，自無從依該商務仲裁條例之聲請執行裁定之程序聲請之。此觀最高法院76年度裁定要旨謂：「……此自商務仲裁條例就依該條例所訂立之仲裁契約以及作成之仲裁判斷，其效力及救濟程序，設有特別規定（商務仲裁條例第31條至第27條參照），與就外國之仲裁判斷所規定者不同（同條例第30條至第34條參照）觀之自明。」[16]亦可得同一結論。

---

13 參閱法務部，仲裁法條文修正對照表，仲裁法彙編，1999年3月，頁78、79。
14 參閱最高法院76年度台抗字第174號裁定、76年度台上字第1264號判決。
15 參閱最高法院72年度台字第410號裁定。引自林俊益於法務部召開之商務仲裁條例修正
　草案中，就原條文第30條之發言稿。
16 參閱最高法院72年度台抗字第410號裁定。引自林俊益前揭發言稿。

為解決此一問題，嗣後仲裁法第47條經修改為：「在中華民國領域外作成之仲裁判斷或在中華民國領域內依外國法律作成之仲裁判斷，為外國仲裁判斷。」其修正理由已如前述。爰兼採「領域說」及「準據法說」。惟現行法此種修正是否妥適，尚待觀察。本文認為，為避免仲裁判斷認定「國籍」之困難，於討論仲裁之法律適用問題時，以「國際商務仲裁」與「國內商務仲裁」為劃分標準，代替「國內商務仲裁」與「外國商務仲裁」之劃分，如此不但較周延，亦較有益於決定仲裁法律之適用[17]。

第三節　決定仲裁準據法之立法例

第一項　美國

美國並無統一之仲裁立法，1955年，統一州法委員全國會議（National Conference of the Commissioners on Uniform States Laws）起草並通過「統一仲裁法」，（Uniform Arbitration Law），1956年曾作修正，由於該會並非國家之正式立法機關，尚須經該會議向聯邦及各州議會推薦，由各州議會通過採用。現聯邦政府及22個州已依此項統一仲裁法制定有關仲裁之法律。

關於仲裁判斷之執行問題，屬於程序問題，只須仲裁人按正當程序進行，並不問適用實體法律是否正確，其仲裁判斷均可有效成立，且可被執行。大體上言，外國仲裁判斷在美國之強制執行並無困難，不論聯邦或各州，對此問題，均採從寬之態度。至於有關仲裁判斷撤銷之事由，統一仲裁法規定如下[18]：

---

17 學者陳煥文，亦採此見解，參閱氏著，國際仲裁法專論，頁302。
18 參閱陳煥文，由美國仲裁制度之沿革看兩岸民間團體所應扮演之角色，商務仲裁，31期，1992年7月，頁49至57；楊崇森，美國仲裁制度之新發展與全美仲裁協會之運作，仲裁，94期，2011年12月，頁2至38。

一、仲裁判斷係因貪污、詐欺或其他不正方法取得者。

二、被選任為仲裁人顯然偏袒，或仲裁人之貪污或不正行為，影響當事人之權利者。

三、仲裁人越權者。

四、仲裁人無釋明充分理由拒絕延展期日，或拒絕聽取爭議之重要證據，或以其他違反審理之公正方法，致對一造當事人之權利有重大之不利者。

五、無仲裁契約之存在，而當事人之一方於仲裁審理中曾經異議者。

有以上所列情形之一者，不論為內國或外國仲裁判斷，法院因當事人一造之聲請，應撤銷其仲裁判斷，而不許執行。

學說上，其立論不一，有以紐約公約第5條第1項第1款為據，首先依當事人所指定之仲裁契約為準據法，而決定之，如無指定準據法時，則以仲裁地所屬國法決定之，如未指定仲裁地，則以法庭地法決定之。另一派學者則以紐約公約第5條第2項第1款為據，主張仲裁契約之準據法依法庭地法決定之。聯邦法院之判例則傾向於依法庭地法，決定仲裁契約之準據法。

第二項　英國

英國於1975年通過仲裁法（Arbitration Law 1975）該法制定之主要目的係配合國際仲裁立法之**趨勢**，乃賦予「紐約公約外國仲裁判斷之承認與執行實施之效力」。依英國法案第3條、第5條，凡非內國之仲裁判斷，且為紐約公約簽約國之判斷，即應予承認與執行。外國仲裁判斷自動發生效力，當事人無須依1950年仲裁法第38條之規定負舉證責任，惟受不利判斷當事人之一造，有下列情形之一時，得依仲裁法第5條第2項之規定訴諸法院拒絕其承認及執行[19]。

---

[19] 英國1950年、1975年仲裁法之譯文，參閱葉俊麟譯「英國1950年仲裁條例」、「英國

一、他造當事人依其準據法，係無行爲能力者。

二、如當事人所屬國不承認該仲裁約定之效力者。

三、仲裁人之選任、仲裁程序之進行或其他事項未曾適當通知該當事人致未出席陳述者。

四、仲裁判斷之內容非當事人所約定或與實際約定不符者。

五、仲裁庭之組成或仲裁程序之進行，未依當事人所約定或於當事人無約定時，未依仲裁地法者。

六、仲裁判斷尚未發生拘束，或依該判斷應適用之法律或依該判斷作成地之主管機關，已將該仲裁判斷撤銷或停止其效力者。

七、如所爲之判斷係不得依仲裁程序解決之事件或判斷之執行有違公序者。

以上除第7款，或爲仲裁法理所必然，或爲外國判斷執行之一般原則；其餘各款，除與仲裁程序法則有關外，均涉及當事人意思自由原則之問題，英國法有關國際商務仲裁之準據法尊重當事人意思自治之精神，甚爲明顯。

惟1975年之仲裁法僅適用於1958年紐約公約簽約國之判斷，已如前述，凡非簽約國之仲裁判斷欲在英國執行者，仍須依1950年仲裁法有關之規定。在英國國際私法上，仲裁契約之有效性、效力及解釋，因係實質上之問題，故由仲裁契約準據法決定之，如係程序上之問題，則依法庭地法決定之。是故上開1975年仲裁法第1條第1項所規定承認仲裁契約之要件，均應依仲裁契約準據法決定之。

至於仲裁契約準據法之決定方式，依其係單純仲裁契約，或係仲裁條款主契約之一部分而有不同。如係單純仲裁契約，仲裁契約準據法依當事人之明示意思表示而定，如無明示意思表示則依其整體狀況，以探討當事人默示之意思表示，而決定準據法。例如以倫敦爲仲裁地時，則可認當事人係以英國法爲仲裁契約準據法。如仲裁條款係主契約之一部，而當事

1975年仲裁法案」，載於商務仲裁論著彙編，第1冊，頁106至126。後者條文精神，係承襲1958年聯合國有關外國仲裁判斷之承認與執行公約之精神而來。

人明示意思表示情況下，該主契約定有契約準據法時，則縱以倫敦爲仲裁地，仍應以契約準據法爲仲裁契約準據法，若主契約亦無契約準據法時，則因指定倫敦爲仲裁地，故英國法既係仲裁契約準據法，亦係主契約之準據法。

　　從以上論述可知，英國法關於仲裁契約準據法之決定，採用當事人意思自治原則決定之。

第三項　法國

　　法國認爲非本國仲裁判斷所具之契約性比法律性還高，而將其視爲與本國仲裁判斷具有同等之效力。如外國仲裁判斷欲在法國請求強制執行者，得依法國民事訴訟法第1020條以下規定之程序，提出請求。由於外國判斷之仲裁人並未曾將其判斷書繕本直接呈送第一審法院，故對於非本國判斷提起執行之請求者，當事人首須向敗訴之被告住所地或請求執行地之第一審法院院長提起，請執行法院簽發執行令（Ordonnance d' exequatur）。法院於審核執行請求時依據之核駁標準或所依據之法源，因仲裁判斷之種類而有不同：

一、一般國家之外國仲裁判斷

　　因判斷之國家與法國無簽訂仲裁判斷之承認與執行條約，此仲裁判斷如欲在法國法院請求強制執行時，依上揭程序請求後，法院即對該仲裁判斷形式上重新審核，判斷是否依仲裁約定，仲裁人是否受合法授權而爲仲裁判斷，仲裁判斷之執行是否與法國之公序良俗相違背。如無上述情事時，法院即行宣示執行令。由此可見外國判斷在法國聲請執行者，法國法並未設嚴格之條件[20]。

---

[20] 關於法國之商務仲裁制度，請參閱藍瀛芳「法國商務仲裁制度之概述」其中論及法國民事訴訟法第1020條以下，原爲本國仲裁判斷之執行而設，惟自1937年最高法院在Rosse's案所作判決後，實務上認爲外國判斷之執行，亦同於本國判斷（Cass Reg. 27.7 1937 D:H 193日1.25），參閱商務仲裁，第7期，頁1至10；另參閱李貴英，論法國國際

二、與法國有條約關係國家之外國仲裁判斷

法國法院於受理由與法國有仲裁判斷之承認與執行條約國所作之外國判斷時，首須依條約所規定之條件為審核，於此類仲裁判斷中，又因仲裁判斷國與法國所簽署者係為多邊條約抑或雙邊條約而有不同。例如法國曾簽署1927年日內瓦公約、1958年紐約公約及1961年日內瓦之歐洲仲裁公約，則簽約國仲裁庭之判斷欲在法國執行者，較一般法國國內法之標準略嚴。如請求在法國執行之外國判斷係由此雙邊簽約國之仲裁法庭所作者，即應優先適用該雙邊條約之規定。

不過應注意，法國仲裁法中之公共政策區分國內公共政策（ordre public interne）與國際公共政策（ordre public international），但其實區分之重要性不高，因法國民事訴訟法以及法院都已認定只有國際公共政策之違反方可為撤銷仲裁判斷（或宣告無效）之理由。對於仲裁判斷是否違反國際公共政策，法國法院審查標準向有二說，一說是極小主義（minimalist），認為必須仲裁判斷違反國際公共政策之程度需表面上明顯、事實上且真確（flagrante, effective et concrète），方得撤銷。

第四項　德國

德國對外國之仲裁判斷，係採附條件及執行之態度。依德國民事訴訟法第1044條之規定，認為外國仲裁判斷依其準據法有拘束力者，得依內國仲裁判斷規定之程序，為執行之宣告，但於條約中另有規定者，不在此限。德國法院認為外國仲裁判斷具有下列情形之一者，應駁回當事人執行宣告之聲請：

一、仲裁判斷依仲裁程序之準據法係屬無效者，但條約另有規定者，不在此限。
二、判斷之承認有背於公序良俗者，尤其仲裁判斷內所諭知者係令當事人之一造為德國法所不容許之行為者。

仲裁制度，商務仲裁，42期，1996年6月，頁72至94。

三、當事人未經合法代理者，但當事人於訴訟程序中明示或默示予以
　　追認者，不在此限。

四、當事人於仲裁程序未經適當詢問者。

實務上德國聯邦帝國法院早期判例認為，依國際法原則，內國法院關
於撤銷外國仲裁判斷並無裁判權，且具有形式效力之裁判行為僅限於內國
領域。依此判例，已否定提起外國仲裁判斷之可能性。1956年10月3日聯
邦最高法院亦採相同見解。德國民事訴訟法第1044條第3項乃將上述判例
予以明文法典化。

又依德國民事訴訟法第1041條之規定，德國法授權仲裁契約當事人
自由地選擇其認為適當之程序法，無須適用德國民事訴訟法之規定。但須
遵守平等對待兩造及給予雙方當事人充分陳述權之基本原則[21]。實務上，
除非當事人明示或默示選擇其他法律，否則均適用仲裁地所在地國家之法
律。

近期實務上，我國上櫃公司藥華醫藥股份有限公司（即「藥華
藥」），與對造AOP Orphan Pharmaceuticals GmbH（AOP，設於奧地
利），雙方於2009年締結授權合約及製造合約，共同研發藥品Besremi。
2017年間，雙方因資料問題產生爭執，藥華藥遂於同年11月15日起陸續通
知AOP終止合約；嗣雙方就上開合約是否業經有效終止發生爭議，AOP
於2018年3月將爭議提付ICC仲裁。仲裁判斷作成後，雙方繼續攻防。
最後，藥華藥向德國聯邦最高法院（BGH，下稱「最高法院」）提起抗
告。2021年12月，最高法院裁定撤銷仲裁庭關於損害賠償及仲裁費用兩部
分之判斷。最高法院採納藥華藥抗辯之理由，足供參考[22]。

---

[21] 參閱沈宜生，瑞士、德國、瑞典商務仲裁制度觀察（下），商務仲裁，34期，1993年11
月，頁68至70。

[22] 最高法院認為，高等法院侵害藥華的聽審權，蓋其漏未審酌藥華藥關於仲裁判斷未附具
理由之抗辯，且足以影響裁定之結果。且依合約，對違約賠償責任設有限制，故意或重
大過失造成之責任不得預先免除，仲裁庭採AOP之請求提高賠償金額，必須明確交代
藥華藥有何故意。又藥華藥第一次與第二次違約行為所違反的契約並不相同，應分別建
立故意要件。至於仲裁判斷之用詞及論理僅須符合幾項最低標準：1.不得明顯悖離判斷

第五項　日本

　　日本民事訴訟法第八編仲裁法[23]，並無規定外國仲裁判斷，故外國仲裁判斷之承認及執行，均依法院判例之解釋以為決定。以目前言，仲裁判斷之國籍對其效力並無實質上之影響，被承認後之外國判斷與內國判斷有同等之效力。即依日本民事訴訟法第800條規定，仲裁判斷與確定判決，有同一之效力。

　　依日本民事訴訟法相關規定，承認外國仲裁判斷之要件如下：

一、實際上有外國仲裁判斷之存在，此屬法院應依職權調查之事項。

二、仲裁判斷與日本法不相牴觸。外國仲裁判斷依據外國法縱屬有效，如與日本法相牴觸者[24]，日本亦不得加以承認。

　　外國仲裁判斷於具備上述要件，而為日本法院承認後，與日本之仲裁判斷有同一之效力，即與確定判決有同一之效力。至於外國仲裁判斷被日本法院承認之後，能否在日本執行，日本法並無明文規定。惟既認為外國仲裁判斷於一定條件下，與日本之仲裁判斷有同等效力，則外國仲裁判斷，自應認得與日本內國之仲裁判斷具有同樣效力；易言之，外國仲裁判斷，於條約無特別規定時，得依日本法院之執行判決所賦予之執行力，在日本為強制執行。

主文；2.不得使用空泛語言；3.仲裁庭得僅就判斷主文提出扼要理由，但應就「左右仲裁結果」之爭點進行論述；4.仲裁庭雖毋庸回應當事人爭執之所有事項，但應回應雙方之「主要攻擊防禦方法」。另外，原仲裁庭誤將藥華藥爭執之事項解釋為不爭執事項，而高等法院由於錯誤適用司法審查之標準，致未能修正仲裁庭所犯錯誤等等。參閱黃鈺茹，簡析德國法院就「藥華案」裁定內容，202203仲裁報。

[23] 參閱吳艾黎，論瑕疵仲裁判斷之救濟，輔大碩士論文，1994年，頁50至51；藍獻林，論商務仲裁判斷之撤銷，仲裁法論叢（一），頁90、91。

[24] 所謂與日本法相牴觸者，諸如：1.外國仲裁判斷之承認有背於日本之公序良俗者；2.判斷之作成違反日本民事訴訟法第786條、第787條程序之規定者；3.仲裁程序中，當事人未經合法代理，且嗣後亦未明示或默示加以追認者；4.當事人於仲裁程序中，未受合法之詢問者。上述第三種情況，屬於「抗辯事項」。

　　由於日本對於仲裁判斷在國際間之效力有予以承認之必要，乃簽訂1923年日內瓦議定書、1927年日內瓦公約，又批准1958年之紐約公約及1965年之解決爭議公約，且與英、美等國間簽訂有關仲裁之雙邊公約，以解決外國仲裁判斷之承認與執行問題。

第六項　韓國

　　韓國於1966年始制定仲裁法[25]，並設置商務仲裁協會受理仲裁事件之聲請，且制定商務仲裁規則，俾利於仲裁程序之進行。

　　臺灣臺北地方法院對外國仲裁判斷之承認聲請事件，曾於1986年以裁定承認一韓國仲裁判斷[26]。系爭事件係香港京城有限公司與臺北正信實業股份有限公司在臺北市簽訂馬來西亞原木買賣契約，其中約定如有爭執，而無法和解時，應依國際商會仲裁規則提付仲裁解決之。嗣臺北之買受人違約，於和解無望時，香港京城有限公司聲請國際商會仲裁法院仲裁，經該仲裁法院指定韓國首爾為仲裁地並選任Mr. Soung-Soo Kim為獨任仲裁人。由於系爭契約並未指定主契約準據法，亦未指定仲裁契約準據法。關於買賣契約準據法，仲裁人認為應適用中華民國法，因中華民國法相對於因系爭契約所生之一切糾紛而言，乃最具相關性之法律。在本案，相關因素如下：一、當事人所在地，相對人即買受人住所地及主營業場所均在中華民國臺北市，聲請人係在香港之公司，但在中華民國臺北市長期性指派有常駐業務代表，設有辦公處所及職員，並全權處理在臺灣之業務；二、契約訂定地在臺北市；三、契約履行地在中華民國，以上述三種相關因素而推出當事人默示意思表示係以中華民國法為買賣契約準據法。至於本件仲裁契約之準據法為何，仲裁人並未指出，若從國際私法當事人自治原則而觀，似應係以中華民國法為仲裁契約之準據法。

---

25 參閱郝家駿譯，大韓民國仲裁法，商務仲裁論著彙編，第2冊，1989年，頁205至211。
26 參閱臺灣臺北地方法院75年度仲字第5號裁定，轉引自林俊益，論涉外仲裁契約，司法官訓練所第23期學員論文選集，頁249。

第四節　仲裁形式之準據法

第一項　當事人意思自主原則之理論

一、原則

由於契約自主原則及承認商務仲裁判斷，使當事人儘可能地制定出自我調整之契約以及將契約爭議提交其自己選擇之仲裁人解決。無論當事人意思自主原則須受何種限制，仲裁之概念仍堅實地建立在當事人經由仲裁協議自願接受仲裁之基礎上[27]。仲裁人之責任在解釋當事人之契約，而非經由修訂當事人協議之方式，爲其簽訂契約。

仲裁庭雖比法院更能考慮國際貿易慣例或商場習慣，但仲裁庭在實體問題上適用之法律，即屬於國際私法問題，例如仲裁庭所審理者爲違約爭議問題，則首先即應查明契約之準據法。原則上，世界各國之法律均允許仲裁當事人可自由地就仲裁契約準據法，作出明確約定，此時仲裁庭當然必須承認其法律選擇之效力。

如當事人契約發生爭議而未明示選擇契約準據法時，則將產生兩個問題，第一，仲裁庭究應適用何種「法律衝突」制度；以及第二，根據該選擇之「法律衝突」制度，何者爲契約準據法，此二問題值得探討。

第一個問題，即契約發生爭議時，應由仲裁庭所在地之法庭地法解決。蓋仲裁庭所在國之現行法律所選擇之規則，應作爲解決爭議實體問題之適用法律。

第二個問題，根據該選擇之「法律衝突」制度，傳統觀點認爲應推定爭議契約之準據法爲仲裁庭所在地之法律；然於現在國際商務仲裁制度發展迅速之情況下，本文認爲，如當事人契約發生爭議而未明示選擇契約準據法時，仲裁人應如同法院法官一樣，按照其認爲應予適用之「衝突法規則」適用準據法。因此，仲裁人應確定與契約有最密切連繫因素之法律，

---

[27] Sunju Jeong-Ha, Eintweilige Massnahmen in der Schiedsgerichtsbarkeit, 1991, s. 14151.

該法可能係仲裁地法、契約締結地法、契約履行地法，或爲另外之法律制度。

二、原則之限制

在國際私法中，當事人意思自主原則有兩種不同之適用方法，傳統形式當事人意思自主學說，係指當事人有權選擇支配其契約之準據法。該學說更激進之形式，係指當事人經由試圖獨立於任何國內法之方式，自由地規範其間之契約關係。本文認爲，當事人意思自主學說在上述兩種不同適用方法中，均應加以考慮。

雖然，當事人自由地選擇支配其契約之準據法，已得到多數國家之國內法所認可，但是在國際私法中，適用當事人意思自主學說之實際價值並不取決於對此一原則之採納，而係取決於世界各國國內法上之條文限制。然而，本章認爲，不能將此限制與意思自主原則混爲一談，蓋例外畢竟僅係在特殊情況下才適用，如在各國衝突法制度中，均以如此形式規定必要時援引「公共政策保留」，則意思自主原則勢必很難適用。因此，以下情況值得討論：

（一）對意思自主原則最重要之限制，爲某些法律制度要求當事人選擇之法律，必須與契約有密切之連繫因素[28]。拒絕當事人選擇法律之限制，以及接受此項限制之法律，兩者間之區別已逐漸縮小，蓋前者亦承認其他限制及例外，尤其是拒絕當事人非善意之選擇。

當英國法適用「當事人意思自主原則」作爲標準，而當事人在選擇契約適用之法律時，明確地表達其意思，此時很難確定何種限制可以允許。當然，在此情況下之前提是，當事人所明確表示之意思係善意、合法，且其所選擇之法律之目的亦不在於規避公共政策才行。

（二）對意思自主原則之另一限制爲，按照某些國家之衝突法，如當

---

[28] 實施此一限制之國家，如波蘭、捷克、匈牙利；不承認此限制之國家，如英國、法國、德國；美國在此一問題上則立場不明。

事人規避適用依法庭地法與契約有密切連繫因素之國家法律中之強制性規則時，當事人不得經由選擇另一國家法律作為契約準據法之方式。此項限制係強制性規則（jus cogens），構成對當事人意思自主學說之限制[29]。

三、原則之例外

在此所述之例外，係指所有接受意思自主原則之衝突法制度中共同之例外，包括法庭地公共政策規定之例外，以及旨在防止當事人選擇契約準據法時，濫用權利之例外。茲分述如下：

（一）一般而言，當事人依法庭地法有權選擇之法律如違背法庭地公共政策時，則仲裁庭不承認此項選擇。然而在不同國家對「公共政策保留」之範圍，卻差異甚大，幸虧國際私法中，需要援用「公共政策」概念之情況並不多見。

（二）如仲裁庭查明，當事人選擇法律並非出於善意，而係濫用「法律所授予之選擇法律」之自由時，則任何一種法律制度均不會容忍此項選擇。

綜上所述，世界上並無不對當事人自由選擇法律之原則實行限制之法律制度，還好在國際私法中，當事人意思自主原則，很少受到各國國內法之干預。

至於當事人可否經由自我調整之方式，使契約獨立於任何國內法，而由當事人自由安排，此涉及三方面問題；（一）從傳統意義上言之，任何一個承認當事人可以自由選擇契約準據法原則之法律制度，均不會反對當事人制定自我調整之契約之嘗試；（二）契約當事人可制定自己之法律，而此法律並不一定為某國之國內法律制度，這些契約僅在適用各種國際商業慣例之情況下，才能適用於一般國際私法；（三）在實施自我調整之國際性契約中，如果該契約之規定有漏洞時，應由國內法及國際私法加以補充。

---

[29] 參閱吳光明、俞鴻玲，準據法選擇的傳統方式與最新趨勢，前揭書，頁170至185。

第二項　仲裁應適用範圍

　　規範仲裁程序之法律，即爲仲裁程序法。對於仲裁程序應適用之法律，與仲裁人爲解決當事人爭議應適用之實體法問題，應加以區分，此種區分與當事人所訂定之仲裁契約本身，在國際私法問題中，究爲實體法抑爲程序法，並無關聯。

　　仲裁程序所應適用範圍，除仲裁契約之成立要件、效力、當事人能力，以及其爭議是否適合仲裁等問題外，應包括作成仲裁判斷後，該仲裁判斷之國籍問題、解決仲裁爭議實質之國際私法問題，以及司法機關對仲裁之監督等。

　　一般而言，仲裁程序法在國際私法問題之探討上，有其獨立存在之價值。故如，當事人選擇契約準據法，則依其仲裁舉行地國仲裁法進行仲裁，如選擇契約準據法以外之法律作爲仲裁地程序法者，法院將承認當事人此種法律選擇。

第三項　仲裁契約之締約能力

　　國際仲裁契約締約能力問題，應依一般國際私法之衝突法則決定之。以自然人之締約能力而言，係屬於屬人法（Personal Law）事項，且屬人法兩大主義，即住所地法主義（lex domicili）與本國法主義（lex patria）之衝突，適用時仍有差異，應依法庭地之衝突法解決。以私法人之締約能力而言，亦得依上述同一規則處理之。在國際立法方面，紐約公約第5條第1項第1款規定：「契約當事人，依其應適用之法律，係無行爲能力者，其仲裁判斷拒予承認及執行。」[30]亦係准許受理該案法院援用法院地之國際私法，以決定關於「當事人締約能力」所應適用之法律，究屬當事人之本國法，抑或其住所地法。

　　有關仲裁契約締約能力問題，我國舊商務仲裁條例並無特別規定，故一般均認爲應依該條例第35條規定辦理，其實該條係專門規範「法院關於

---

30 參閱越威，國際仲裁法理論與實務，中國政法大學，1995年6月，頁290。

仲裁事件之程序」，而不及於仲裁庭或仲裁人。現行仲裁法第19條規定：「當事人就仲裁程序未約定者，適用本法之規定；本法未規定者，仲裁庭得準用民事訴訟法或依其認為適當之程序進行。」此規定除闡述「當事人意思自由原則」外，並可解決仲裁庭適用仲裁程序問題[31]，故該條規定可適用涉外民事法律適用法第1條第1項之規定，依當事人之本國法決定其有無締約能力。

第四項　合意仲裁之形式要件

依舊商務仲裁條例第1條規定，仲裁契約應以書面為之。仲裁法將「仲裁契約」改為「仲裁協議」，並於第1條第4項增訂：「當事人間之文書、證券、信函、電傳、電報或其他類似方式之通訊，足認有仲裁合意者，視為仲裁協議成立。」此係為因應電子通訊快速發展之現況，爰增訂第4項[32]，以符實際上之需要。

在英美法國家，因有制定法之仲裁（Statutory Arbitration）與普通法之仲裁（Common Law Arbitration）之不同而有差異，前者，須以書面為之；後者，雖無仲裁契約，但自雙方當事人開始言詞辯論時，契約視為成立，至於仲裁判斷確定前，當事人得自由撤回仲裁。在德國，仲裁契約限於書面，且須以明示為之；在日本，固無規定須以書面為之，故口頭約定之仲裁契約，在判例上亦受承認。

於此可見，合意仲裁之方式，固應依仲裁契約準據法決定之，惟依國際私法「場所支配行為」（locus regit actum）原則，依契約締結地法（lex loci contractus）合法有效成立者，均應認其為有效。質言之，如依仲裁契約之準據法，契約之形式要件欠缺，致契約不能成立或無效時，可改依仲

---

31 參閱吳光明，仲裁庭適用仲裁程序之探討，商事法暨財經法論文集，王仁宏教授六十歲生日祝賀論文集，1999年8月，頁155至175。

32 但此第4項所稱之「其他類似方式之通訊」係指如電子文件等通訊而有書面紀錄者而言，並不包括單純電子傳輸、錄音帶、錄影帶。

裁契約締約地法，以決定其形式要件是否具備[33]。

第五項　仲裁契約之對象

　　仲裁契約對象之爭議，是否限於仲裁契約成立時，所已存在之特定爭議，抑或包括將來所發生之一切爭議，各國法制規定並不一致，因而發生法律衝突。以我國仲裁法第1條第1項之規定而言，有關現在或將來之爭議，當事人得訂立仲裁協議，約定由仲裁人一人或單數之數人成立仲裁庭仲裁之。同條第2項則規定，得以仲裁解決之爭議，以依法得和解者為限。所謂「依法得和解者」係指系爭之財產法上權利或法律關係，得由私人以自由意思加以處分者，其他親子關係或刑事案件，因涉及公益，自非依法得和解[34]。然而，其他各國均有不同規定，此時應依仲裁契約準據法決定之。

　　惟自1923年日內瓦議定書第1條與1958年紐約公約第2條相繼承認，現在或將來之爭議均得提付仲裁。自此之後，各國法制乃漸趨一致。1976年「聯合國國際貿易法委員會仲裁規則」（UNCITRAL Rules）通過，由委員會提請聯合國大會推薦各國，在國際貿易契約中採用「標準仲裁條款」，並援用該仲裁規則，此有助於仲裁條款之典型化，以解決仲裁契約之對象問題。

第六項　仲裁容許性

　　各國仲裁法制均規定，何種爭議得由當事人提付仲裁，以解決其爭議，亦即所謂仲裁事件之適格問題，亦稱仲裁容許性（arbitrability）問題，例如日本民事訴訟法規定，以當事人就系爭標的物得行和解之權利者為限，皆得提起仲裁。由於決定仲裁容許性問題之準據法與國際公序良俗

---

[33] 參閱張庭禎，前揭文，頁183、184。
[34] 參閱法務部，仲裁法條文修正對照表，仲裁法彙編，1999年3月，頁23、24。

密切相關，1927年日內瓦公約[35]係採執行地國獨立之抗辯事由，與國際公序良俗併立之，均以法庭地法為判斷之基礎。其後，1953年國際商會草案[36]、1955年聯合國國際貿易法委員會草案[37]、1958年紐約公約，均相繼援用，以解決仲裁容許性問題。

換言之，當事人約定提付仲裁之爭議，是否其有仲裁容許性，原則上，雖與是否與財產權有關，或是否依法得和解之事項等，為決定之基礎，惟實務上，世界各國認定之標準及範圍，仍有所不同，例如有些國家僅限定商務爭議事項，故關於發生爭議之仲裁容許性問題，因其所適用之法律不同，亦形成法律衝突問題；然而，通說均認為「標的可仲裁性」並非國際商務仲裁契約法律衝突本身之範圍，故有必要另予討論[38]。然各國立法例對仲裁容許性之準據法，均未直接明文規定，僅能自學說與實務，對外國仲裁判斷之承認與執行方面之論述，分析比較，綜合言之，其主要有下列兩種：

一、爭議準據法說

此說認為，探討仲裁容許性所適用之準據法，不應僅自禁止提付仲裁之相關法規之立法意旨加以觀察，而更應本於該爭議之法律關係本質，就公益加以考量。詳言之，禁止就將來之爭議，或非出於一定法律關係所生之爭議，約定提付仲裁等法律規定，其立法目的乃在保護當事人之利益，涉及仲裁制度本身，固應受仲裁契約準據法所支配；惟仲裁容許性之理論基礎，實係在於維護公益。因此，禁止就欠缺仲裁容許性之爭議提付仲裁，非僅基於仲裁制度本身之理由，而係由於該項法律關係之本質，職是

---

[35] Gary B. Born, supra note, p. 163.

[36] Gary B. Bom, supra note, pp. 284-295.

[37] 參閱葉俊麟譯，英國1975年仲裁法案─本法案之目的乃賦與外國仲裁判斷之承認與執行之「紐約公約」實施效力，商務仲裁論著彙編，第1冊，頁122至126。

[38] 參閱鄭純惠，國際商務仲裁契約之研究，臺大碩士論文，1990年5月，頁175；張庭禎，前揭文，頁186。

之故，有關該法律關係之爭議是否提付仲裁，應以支配該法律關係之法律爲其準據法[39]。

二、法院地法說

此說認爲，探討爭議是否具備仲裁容許性，應依受理仲裁判斷承認與執行之法院所在國家之法律決定之。蓋理論上，仲裁判斷內容之實現，會直接影響該被請求承認與執行之法院地之法律政策與公序良俗，故爲維護該國之法律尊嚴，自無必要求諸他國法律規定，而應以法院地法爲仲裁容許性之判斷準據。因此，如被請求承認與執行地法否認爭議事項之仲裁容許性，則縱經由仲裁判斷地法允許，該仲裁判斷仍無從在被請求承認與執行之國家獲得實現[40]。

以上兩說，各有其特色，本文認爲，爭議事項之仲裁容許性乃反映一個國家公共政策，對仲裁範圍所受之限制，亦即就特定種類之事件，限制其提付仲裁，以保留國家司法審判對該等法域之專屬權，而維護該國之特定利益。因此，不論於任何階段，發生仲裁容許性之疑義，法院均有權加以審查，例如當事人一方未約定提付仲裁時，法院是否承認他方之妨訴抗辯，首先，須審查此爭議事項有無仲裁容許性；又仲裁判斷作成後，當事人一方持該仲裁判斷，向法院請求承認與執行時，法院亦得審查標的有無仲裁容許性。爲確保法院所在地之法律政策與公序良俗，訴訟地及執行地法院，自應依其本國法加以判斷，而無求諸他國法律以決定訴訟應否續行，或仲裁判斷應否執行之理由，故揆諸以上二說，應以法院地法說較爲可採。

綜合言之，仲裁容許性之範圍，與各該國家對推廣仲裁之政策有關，如欲使仲裁制度能廣爲推行，立法者往往不宜設立更多之法律限制，法院亦應採較寬鬆之解釋，例如破產、工業所有權、僱傭契約等之糾紛，

---

[39] 按爭議準據法說爲日本學者之通說，轉引自川上太郎，涉外仲裁契約，有斐閣，昭和49年4月，頁258。

[40] 參閱鄭惠純，前揭文，頁176、177；張庭禎，前揭文，頁187。

在美國均得約定仲裁，然在歐陸各國法律上均予禁止。此外，公序良俗觀念認定之寬鬆，亦爲仲裁容許性之重要關鍵。

我國舊商務仲裁條例第32條第1項第3款規定，外國仲裁判斷依判斷地法規定，其爭議事項不能以仲裁解決者，法院應以裁定駁回其承認之聲請，並非以爭議事項之準據法或法院地法爲其仲裁容許性之準據法，而獨樹一幟地以仲裁判斷地法爲審查標準，其立法理由何在，殊難理解。惟依現行仲裁法第49條第1項第2款規定，在我國聲請承認之外國仲裁判斷，應依中華民國法律審查其標的有無仲裁容許性，此種規定亦爲另一種限縮仲裁容許性之方式，並改以法院地法爲審查標準，已符仲裁法理與國際立法潮流，頗值肯定。

第五節　結語

世界各國有關仲裁法條文規定及仲裁規則之不同，反映在其仲裁程序，則各具特點，這種差異，事實上與各國之「法律文化」與「心理環境」之不同，具有相當之關聯性。

所幸，全世界關於起草聯合國國際貿易委員會模範法，以及許多國家採用模範法，使上述之差異越來越少，雖然在具體方面之分歧，表面上有很多觀點及某些信念，不可能立即調和，但是在普通法實踐相關之概念與大陸法實踐相關之概念，二者間之差距，正在縮小當中，因此，本章鑑於以上之分析，提出下列淺見：

一、以國際商務仲裁之仲裁地而言，美國商務仲裁協會仲裁規則允許仲裁當事人完全自由地決定仲裁地，如無約定時，則由仲裁機構或仲裁庭決定之。有關管轄權之抗辯，即所謂管轄權衝突問題，適用仲裁條款所約定之法律，此即國際商務仲裁最基本原則之一，例如關於主契約中之仲裁條款可分性之自治原則，不僅聯合國國際貿易委員會仲裁規則、倫敦國際仲裁院（LCIA）規則、國際商會（ICC）仲裁規則均予適用，1961年日內瓦公約第5條第3款亦闡明「管轄權之選擇」以及「可分性原則」。

　　復次，關於對仲裁條款之法律適用問題，依仲裁條款可分性原則，成為一項與主契約不同之協議，使仲裁條款經常適用其他法律。為確定對仲裁條款適用之法律，最傳統方法即適用仲裁地法。最靈活方法，則考慮國際私法與國際慣例，再加上當事人合理與正當之意願，而適用跨國法觀念，而不只是單獨求助於國內法。

　　二、在國際上大致均承認仲裁條款係當事人間所訂立之單獨協議，可從包括該條款之主契約中獨立；同時，國際上亦承認仲裁人有權確定其本身之管轄範圍，但仍不能超越當事人之授權。至於「附理由之仲裁判斷」、「衡平仲裁」以及「仲裁判斷之終局性」三個問題，在國際上則仍然懸而未決。從而亦可明瞭國際商務仲裁之生命力，在於其形式上之多樣性，在國際私法領域中，無論係常設仲裁，亦係臨時仲裁，亦不論係簡單抑或複雜之仲裁程序，均有發展之餘地。儘管聯合國國際貿易法委員會1985年出版之「國際商務仲裁」第三版，包括100多個公約、統一法令、協議以及仲裁規則，對國際私法之發展，貢獻良多，然而，在實務上，將整個世界上之仲裁程序予以統一，仍然遙不可及。

　　三、1958年聯合國紐約公約「承認及執行外國仲裁判斷公約」第1條中規定：「……本公約對於仲裁判斷經申請承認及執行所在地國認為非內國仲裁判斷者，亦適用之。」此所謂「非內國仲裁判斷者」係指國際仲裁判斷。因此，即使是本國仲裁機構所作之仲裁判斷，只要認為該仲裁判斷為「非內國仲裁判斷」，即屬於「國際仲裁判斷」，故如該國加入聯合國紐約公約，該國法院對此種仲裁判斷之承認及執行，僅能依該公約之規定，進行程序上之審查，而不能進行實體上之審查。在此情況下，自無須根據司法協助之條約，以資解決。

CHAPTER

9

撤銷仲裁判斷之訴

第一節　概說

　　按仲裁之本質屬性為契約性，但同時在立法規範與司法實務上具有司法性。仲裁庭可在不公開進行中完成具有拘束力之仲裁判斷。又按仲裁法第37條第1項規定：「仲裁人之判斷，於當事人間，與法院之確定判決，有同一效力。」故仲裁庭作出之仲裁判斷，具有終局性，非經法定程序，不得更改。而為保證仲裁機構所作仲裁判斷之正確性與合法性，並保護當事人之合法權益，有必要糾正錯誤又具法律效力之仲裁判斷。仲裁法賦予法院對終局之仲裁判斷，具有司法監督權，允許法院在某些條件下，可判決撤銷仲裁判斷[1]。足見司法審查是對仲裁判斷司法監督之一種手段。

　　因此，欲提起撤銷仲裁判斷之訴時，必須限於符合仲裁法第38條各款以及第40條第1項各款所規定之事自始可。蓋因撤銷仲裁判斷之訴為形成之訴，即要求法院確定私法上之形成權存在，同時因形成權之行使，依判決宣告法律關係之發生、變更或消滅之訴。形成之訴，因其形成之效果不同，得分別為實體法上形成之訴與訴訟法上形成之訴，撤銷仲裁判斷之訴即為訴訟法上形成之訴，會發生訴訟法上法律效果[2]，故形成之訴非法律有明文規定時，不得任意提起。

　　法院受理當事人提出撤銷仲裁判斷之聲請後，即應開始審查該仲裁判斷，是否有法律所規定應撤銷之情形。一般言之，法院對仲裁判斷之司法審查監督之範圍，僅限於程序事項是否違法，以及仲裁人或當事人間是否有不當行為，而並不對仲裁判斷之實體性內容行使司法審查權。

　　基此，本章擬針對撤銷仲裁判斷之提起，包括管轄法院、撤銷仲裁判斷之事由、聲請停止執行、撤銷仲裁判斷後之法律效果等，予以探討。

1　參閱吳光明、俞鴻玲，仲裁判斷的撤銷與執行，國際商務仲裁理論與發展，翰蘆圖書，2013年1月，頁270。
2　參閱王甲乙、楊建華、鄭健才合著，民事訴訟法新論，三民書局，1997年9月，頁218。

第二節　撤銷仲裁判斷之管轄法院

第一項　特別審判權

　　從法院之角度言之，法院管轄者，即依法律之規定，將一定之訴訟要件，分配於法院之標準。從當事人之角度言之，則為審判籍。依仲裁法第41條第1項規定：「撤銷仲裁判斷之訴，得由仲裁地之地方法院管轄。」此即為特別審判籍。本項立法理由係為解決被告為外國人，致我國法院並無管轄權之困擾，以及方便法院對於提起撤銷仲裁判斷之訴證據之蒐集，以杜爭議，儘速解決紛爭[3]。由於條文規定係「得」由仲裁地之地方法院管轄，故並無強制由仲裁地之地方法院管轄問題。從反面解釋，例如撤銷仲裁判斷之訴之被告為本國人，我國法院即有審判籍，從而可依民事訴訟法有關規定決定其管轄權。

第二項　合意管轄

　　合意管轄者，即依當事人雙方之意思，定其管轄法院也。以仲裁制度言之，當事人間之仲裁協議，除仲裁條款外，有時尚會約定「合意管轄條款」，例如雙方同意以「臺灣嘉義地方法院」為第一審管轄法院，此種「合意管轄條款」，並無問題。惟在提起撤銷仲裁判斷之訴中，當事人可否以原約定「合意管轄條款」，向其所合意之管轄法院提起訴訟問題，亦即當事人可否以「臺灣嘉義地方法院」為第一審管轄法院，提起撤銷仲裁判斷之訴。實務上，法院認為「撤銷仲裁判斷之訴訟」，並非當事人原約定之「執行當事人之合約所生之訴訟」，故不能合意管轄[4]。然而，學者舉出四大理由，認為當事人得向合意管轄法院，提起撤銷仲裁判斷之

3　參閱法務部，仲裁法條文修正對照表，仲裁法規彙編，1999年3月，頁74。

4　參閱臺灣新竹地方法院85年度重訴字第213號裁定，臺灣高等法院85年度抗字第3525號裁定維持原裁定。轉引自林俊益，論撤銷仲裁判斷之訴，商務仲裁，52期，1999年2月，頁6。

訴[5]，本章亦表贊同。蓋依仲裁法第52條規定：「法院關於仲裁事件之程序，除本法另有規定外，適用非訟事件法，非訟事件法未規定者，準用民事訴訟法。」而管轄法院「準用」民事訴訟法第24條第1項：「當事人得以合意定第一審管轄法院。但以關於由一定法律關係而生之訴訟為限。」規定之結果，便得向其所合意之管轄法院提起撤銷仲裁判斷之訴。

第三節　撤銷仲裁判斷之訴之審理原則與事由

一、撤銷仲裁判斷之審理原則

　　按我國關於撤銷仲裁判斷之審理原則，最高法院實務上認為，按仲裁人之仲裁判斷，於當事人間，與法院確定判決具同一效力，對當事人間有拘束力，僅存在於重大瑕疵之情形，法院始得介入全面審理[6]。換言之，此種司法審查權之範圍，僅限於撤銷仲裁判斷之「程序事項」是否違法，而不及於「實體性內容」。蓋實體問題既經仲裁判斷，依一事不再理原則，當事人於撤銷仲裁判斷之訴訟中，自不能再為爭執。

　　最高法院又認為：「撤銷仲裁判斷之訴，並非就原仲裁再為審判，法院應僅就原仲裁判斷是否具有仲裁法第40條第1項所列各款情事，加以審查，至於原仲裁判斷所持之法律見解及對於實體內容之判斷是否妥適，則為仲裁人之權限，自非法院所得過問[7]。」

　　近期最高法院又重申，提起撤銷仲裁判斷之訴，依仲裁法第40條第1項規定，係就仲裁判斷程序瑕疵所設之救濟方法，至仲裁判斷認定之實體內容是否合法、妥適，實體法上有無請求權，所命給付是否有誤等，則非所問。縱仲裁人認定事實或適用法規有誤，而命無給付義務之一方為給

5　參閱林俊益，論撤銷仲裁判斷之訴，前揭文，頁7。
6　參閱最高法院93年度台上字第868號判決。
7　參閱最高法院90年度台上字第1362號判決。

付，亦不得依該法條規定請求撤銷仲裁判斷[8]。此外，實務上認為，撤銷仲裁判斷之訴，本質上並非原仲裁程序之上級審或再審，法院應僅就仲裁判斷是否有仲裁法第40條第1項所列各款事由加以審查。至於仲裁判斷所持之法律見解是否妥適，仲裁判斷之實體內容是否合法、妥適，係仲裁人之仲裁權限，法院自應予以尊重，毋庸再為審查[9]。

二、撤銷仲裁判斷之訴之事由

　　仲裁法第40條第1項規定：「有下列各款情形之一者，當事人得對於他方提起撤銷仲裁判斷之訴：

一、有第三十八條各款情形之一者。

二、仲裁協議不成立、無效，或於仲裁庭詢問終結時尚未生效或已失效者。

三、仲裁庭於詢問終結前未使當事人陳述，或當事人於仲裁程序未經合法代理者。

四、仲裁庭之組成或仲裁程序，違反仲裁協議或法律規定者。

五、仲裁人違反第十五條第二項所定之告知義務而顯有偏頗或被聲請迴避而仍參與仲裁者。但迴避之聲請，經依本法駁回者，不在此限。

六、參與仲裁之仲裁人，關於仲裁違背職務，犯刑事上之罪者。

七、當事人或其代理人，關於仲裁犯刑事上之罪者。

八、為判斷基礎之證據、通譯內容係偽造、變造或有其他虛偽情事者。

九、為判斷基礎之民事、刑事及其他裁判或行政處分，依其後之確定裁判或行政處分已變更者。」

茲將得提起撤銷仲裁判斷之訴之事由，分述如下：

8　參閱最高法院101年度台上字第2121號判決。

9　參閱最高法院101年度台上字第1534號判決。

第一項　有第38條各款情形之一者

按仲裁法第38條規定：「有下列各款情形之一者，法院應駁回其執行裁定之聲請：一、仲裁判斷與仲裁協議標的之爭議無關，或逾越仲裁協議之範圍者。但除去該部分亦可成立者，其餘部分，不在此限。二、仲裁判斷書應附理由而未附者。但經仲裁庭補正後，不在此限。三、仲裁判斷，係命當事人為法律上所不許之行為者。」

茲將仲裁法第38條規定，分為「有效」要件、「形式」要件、「合法」要件，敘述如下：

一、「有效」要件

仲裁法第38條第1款規定之「仲裁判斷與仲裁協議標的之爭議無關，或逾越仲裁協議之範圍者。但除去該部分亦可成立者，其餘部分，不在此限」係仲裁判斷之有效基礎條件。所謂「仲裁判斷與仲裁協議標的之爭議無關」，係指仲裁庭就請求仲裁事項「聲明以外」之事項為仲裁判斷，易言之，仲裁判斷係就約定仲裁事項以外之爭議作成仲裁判斷，或就未請求仲裁事項作成仲裁判斷，即構成得請求法院撤銷仲裁判斷之訴之事由[10]。

最高法院實務上認為，按仲裁法第38條第1款所謂仲裁判斷與仲裁協議標的之爭議無關，包括就未請求仲裁事項作成判斷之情形在內。查被上訴人就返還逾期罰款部分，於仲裁程序僅請求上訴人返還其所扣之192萬8,500元，並未加計百分之五加值型營業稅，惟系爭仲裁判斷卻命上訴人就酌減後應返還之逾期罰款124萬9,451元部分應給付百分之五加值型營業稅62,473元，顯係就未請求仲裁事項作成判斷，揆之前開說明，上訴人自得請求撤銷此部分之系爭仲裁判斷[11]。於上開案例，該原審判決顯已就仲裁判斷之實體決定進行審查，從而亦構成得請求撤銷之事由。

至於當事人間之爭議，是否屬於仲裁協議爭議之標的，法院仍應本於

---

[10] 參閱最高法院87年度台上字第110號判決要旨。
[11] 參閱最高法院94年度台上字第248號判決。

當事人協議內容之真意,加以認定,並不因仲裁庭已於仲裁程序認定,即認仲裁庭所為之仲裁判斷與仲裁協議標的之爭議有關[12]。現行仲裁法第38條第1款規定:「……或逾越仲裁協議之範圍者。但除去該部分亦可成立者,其餘部分,不在此限。」其修正理由說明:「逾越仲裁協議之範圍所為之仲裁,因欠缺仲裁合意之要件,自應駁回其裁定之聲請,爰於第1款增訂『逾越仲裁協議之範圍』。仲裁協議除去與仲裁協議標的之爭議無關部分仍可成立者,該可成立部分之聲請執行裁定,仍應准許,始為妥適,爰增訂第1款但書如上[13]。」

　　至於有關第38條第1款但書之「但除去該部分亦可成立者,其餘部分,不在此限」規定,實務上認為,按民法第1條規定所謂「法理」,係指為維持法秩序之和平,事物所本然或應然之原理;法理之補充功能,在適用上包括制定法內之法律續造及制定法外之法律續造。又仲裁法第40條第1項第4款,縱無如同法第38條第1款但書之規定,惟該規定是否不得認為法理,予以類推適用,自有待研求,尚不得遽為不利當事人之判斷[14]。

　　另外,實務上又認為,如仲裁程序有仲裁法第40條規定重大瑕疵情形,仲裁已喪失公正解決當事人之根本機能,仲裁庭已不能作成判斷,雖仲裁庭仍為判斷,當事人得依仲裁法第41條規定,提起撤銷仲裁判斷之訴,一經法院判決撤銷確定,該仲裁判斷即失其效力,與仲裁不能達成判斷之法律規定障礙相似,應依同一法理,類推適用上開第133條規定,時效視為不中斷。又仲裁判斷債權人縱得依仲裁法第37條第2項規定,聲請法院為執行裁定,但依同法第38條第1款規定,如仲裁判斷逾越仲裁協議之範圍者,就該超逾部分,法院應駁回其執行裁定之聲請,債權人無由就該超逾部分,聲請強制執行以中斷時效;仲裁法第37條第1項復規定,仲裁判斷與法院確定判決同一效力,在法院判決撤銷該仲裁判斷確定前,依民事訴訟法第249條第1項第7款規定,當事人不得就同一事件再行起訴;

---

12 參閱臺灣高等法院82年度重上字第315號判決。
13 參閱法務部,仲裁法條文修正對照表,前揭書,頁68。
14 參閱最高法院108年度台上字第106號民事裁判。

均屬仲裁判斷作成後，撤銷該仲裁判斷判決確定前，債權人行使仲裁判斷債權之法律上障礙。倘此法律上障礙延續至時效期間終止時尚未排除，因民法未設有時效之停止制度，及就法律上障礙無法繼續行使請求權爲規範，基於民法第139條規定之同一法理，應類推適用該規定，自該法律障礙消滅時起1個月內，其時效不完成[15]。

二、「形式」要件

仲裁法第38條，明定法院應駁回執行裁定之聲請之情形，其中第2款規定之「仲裁判斷書應附理由而未附者。但經仲裁庭補正後，不在此限」即已申明重要之形式要件，蓋仲裁庭作成仲裁判斷書，有一定之形式要件，依仲裁法第33條第2項規定：「判斷書應記載下列各款事項：一、當事人姓名、住所或居所。當事人爲法人或其他團體或機關者，其名稱及公務所、事務所或營業所。二、有法定代理人、仲裁代理人者，其姓名、住所或居所。三、有通譯者，其姓名、國籍及住所或居所。四、主文。五、事實及理由。但當事人約定無庸記載者，不在此限。六、年月日及仲裁判斷作成地。」如仲裁判斷欠缺法定記載事項者，則生仲裁判斷是否有效之問題。仲裁法將「仲裁判斷書應附理由而未附」之情形，認爲較嚴重，仲裁法不承認該仲裁判斷之效力，當然亦無法賦予該「未附理由之仲裁判斷」執行力，有此情形時，應裁定駁回其執行之聲請。至於欠缺其他「法定應記載事項」之情況，法院仍承認仲裁判斷之效力，而應裁定准許仲裁判斷之強制執行。

現行仲裁法爲貫徹「當事人意思自主原則」，乃於第33條第2項第5款規定，判斷書應記載之事項，係包括「事實及理由。但當事人約定無庸記載者，不在此限」。換言之，如經當事人同意時，可不必記載仲裁判斷之事實及理由，而仲裁法第38條第2款則配合規定爲「仲裁判斷書應附理由而未附者」，始能駁回其執行之聲請。故如雙方當事人約定，不必記載

---

15 參閱最高法院106年度台上字第1193號民事裁判。

仲裁判斷之事實及理由，致仲裁庭未於仲裁判斷書附理由，此時法院不得以「仲裁判斷書未附應附理由」而駁回執行裁定之聲請。

實務上，最高法院曾對「不附理由」之意義認定，所謂「不附理由」係指仲裁判斷書完全不附理由者而言，如仲裁判斷書已有敘述理由，無論該理由是否完備、正常或是否相互矛盾，皆不得認為係「不附理由」[16]。近期實務上，最高法院亦認為，按仲裁法第38條第2款所稱之仲裁判斷書應附理由而未附者，係指仲裁判斷書於當事人未依同法第33條第2項第5款但書約定毋庸記載理由時，就聲請仲裁標的之判斷應附理由而完全未附理由之情形而言，此與民事訴訟法第469條第6款所定判決不備理由或理由矛盾為當然違背法令者，不盡相同。倘仲裁判斷書已附具理由，縱不完備，亦僅屬其判斷之理由未盡，尚與該條款所謂仲裁判斷應附理由而未附者有間，自不得據以提起撤銷仲裁判斷之訴[17]。

至於「外國仲裁判斷書」是否均應附理由，實務上，仍認為應以該外國之法律規定為準[18]。

三、「合法」要件

仲裁法第38條第3款規定之「仲裁判斷，係命當事人為法律上所不許之行為者」，法院應駁回其執行裁定之聲請，此即為合法行為要件。按仲裁判斷之內容，係命當事人違反民法第71條之「強制禁止規定」，或違反民法第72條之「公序良俗」，法院當然無法承認該仲裁判斷之效力，而應駁回其執行裁定之聲請。而所謂「仲裁判斷，係命當事人為法律上所不許之行為者」，依最高法院實務，係指仲裁判斷主文所命當事人應給付之行為，有違法律強制或禁止之規定，或有背於公共秩序或善良風俗而言[19]。

---

16 參閱最高法院73年度台上字第61號判決。
17 參閱最高法院101年度台上字第1995號判決。
18 參閱最高法院73年度台抗字第234號裁定。另請參閱最高法院92年度台上字第234號判決。
19 參閱臺灣臺北地方法院82年度重訴字第1號裁定。

至於當事人於實體法上有無請求權，仲裁人所命給付是否有誤，並非所問。仲裁人縱因認定事實或適用法規有誤，而命無給付義務之一方爲給付，亦非該款所稱之命當事人爲法律上所不許之行爲，亦不得依同法第40條第1項第1款提起撤銷仲裁判斷之訴[20]。

另外，最高法院於1997年間所裁定之「證券交易仲裁」案，值得參考；其裁定內容謂：「惟查前開仲裁判斷書主文命相對人於再抗告人給付價金及利息時，應交付本件所羅門公司股票予再抗告人並辦理移轉登記，係關於再抗告人買回系爭股票之履行行爲，此項買回自己原有股份行爲，與證券交易法第150條所規定之上市有價證券之買賣，其性質似有所不同。然原法院竟認上開仲裁判斷書主文所載，係命雙方私自爲上市有價證券之買賣，違反證券交易法第150條之規定，及命當事人爲法律上所不許之行爲，並謂其買賣行爲無效，法院不得爲執行之裁定，自屬可議[21]。」可供參酌。

第二項　仲裁協議不成立、無效，或於仲裁庭詢問終結時尚未生效或已失效者

按無論「仲裁協議不成立」或「無仲裁協議」，均使仲裁判斷無所附麗，此時應可撤銷仲裁判斷，爲此，現行仲裁法第40條第1項第2款乃訂有「仲裁協議不成立」、「仲裁協議尚未生效」之規定，以符仲裁基礎法理。所謂「仲裁協議失效」，係指仲裁協議因撤銷解除、終止、解除條件成就，或終期之屆至等情形而喪失其效力而言。

實務上，最高法院認爲，如當事人已依約履行完畢，僅係當事人之履行義務已完畢，不必再爲給付，並非契約失效[22]。

又，最高法院亦認爲，按仲裁程序，違反仲裁協議或法律規定者，當事人得對於他方提起撤銷仲裁判斷之訴，仲裁法第40條第1項第4款定有明

---

20 參閱最高法院106年度台上字第2640號民事裁判。
21 參閱最高法院86年度台抗字第414號裁定。
22 參閱最高法院84年度台上字第273號判決。

文。其所謂仲裁程序違反仲裁協議，固以當事人間存在有效之仲裁協議為前提，惟當事人間是否存在有效之仲裁協議，及仲裁庭之仲裁程序是否有違反該有效之仲裁協議之情事，則為撤銷仲裁判斷之訴審理法院所應調查審酌之事項[23]。

第三項　仲裁庭於詢問終結前未使當事人陳述，或當事人於仲裁程序未經合法代理者

所謂「仲裁庭於詢問終結前未使當事人陳述」，係指當事人應有充分之應詢機會而言，當事人於仲裁程序進行中是否獲有充分之陳述機會，涉及當事人之權益甚鉅，如當事人於仲裁程序進行中未獲有充分之陳述機會，有違仲裁程序之基本要求，以英美法之觀點而言，違反「正常程序原則」，當然構成撤銷仲裁判斷之事由。另關於「當事人於仲裁程序未經合法代理者」問題，按當事人在仲裁程序進行中，本可提出書面委託代理人進行一切程序，此在仲裁程序進行同時，仲裁庭可要求提出委託書，否則禁止代理。

實務上，最高法院認為，民事訴訟法第48條、第75條規定，法定代理權或訴訟代理權之欠缺經追認者，溯及於行為時發生效力。依舊商務仲裁條例第23條第1項第3款後段之規定（現行仲裁法條次變更為第40條第1項第3款文字未變），顯係為保護被代理之當事人本人而設。因之，僅代理權有欠缺之一造，得據以提起撤銷仲裁判斷之訴，他造不得據以提起之[24]。

又，最高法院亦認為，仲裁法第24條係慮及當事人有不能充分陳述之情事，而規定當事人得以書面委任代理人出席陳述，藉以維持程序之正義與公平。同法第40條第1項第3款後段所定，當事人於仲裁程序未經合法代理者，係指法定代理人之代理權有欠缺者，或當事人於仲裁程序已委任

---

[23] 參閱最高法院100年度台上字第1875號判決。
[24] 參閱最高法院84年度台上字第1986號判決。

之代理人其代理權有欠缺，致該造當事人受不利益者而言。仲裁程序並無強制代理規定，同法第24條亦非仲裁庭得命當事人補正代理權之規定，縱令仲裁庭不當裁示命當事人補正原未受委任且非必要之人爲代理人，不論該當事人補正與否，均難謂該當事人有未經合法代理之情形[25]。

第四項　仲裁庭之組成或仲裁程序，違反仲裁協議或法律規定者

有關「仲裁庭之組成或仲裁程序，違反仲裁協議或法律規定者」之規定，從文字上分析，可分爲下列四種情形：一、仲裁庭之組成，違反仲裁協議；二、仲裁庭之組成，違反法律規定；三、仲裁程序，違反仲裁協議；四、仲裁程序，違反法律規定[26]。

按仲裁法第40條第1項第4款之規定，依現行仲裁法增訂第40條第3項規定，係「以足以影響判決之結果爲限」。蓋必須違反之情形，其原因之嚴重性，以足以影響判決之結果，始得據以提起撤銷仲裁判斷之訴，以符國際商務仲裁之潮流[27]。

實務上，最高法院亦認爲，仲裁法第40條第1項第4款規定，仲裁庭之組成或仲裁程序，違反仲裁協議或法律規定者，當事人得對於他方提起撤銷仲裁判斷之訴，則當事人間是否存在有效之仲裁協議及其範圍爲何，自爲撤銷仲裁判斷之訴審理法院所應調查審酌之事。是以，法院就仲裁庭以當事人對他方於仲裁程序所爲之瑕疵及抵銷抗辯，非屬仲裁協議之範圍，而不予審酌，是否不能重爲調查審酌，非無再推研之餘地[28]。

---

[25] 參閱最高法院101年度台上字第1578號判決。

[26] 有關本款修正規定之前因後果，理論與實務之討論，以及加上第3項之「以足以影響判決之結果爲限」，學者敘述甚詳，請參閱林俊益，論撤銷仲裁判斷之訴，商務仲裁，52期，1999年2月，頁16至20。

[27] 參閱法務部，仲裁法修正條文對照表，前揭書，頁74。

[28] 參閱最高法院101年度台上字第248號判決。

第五項　仲裁人違反第15條第2項所定之告知義務而顯有偏頗或被聲請迴避而仍參與仲裁者。但迴避之聲請，經依本法駁回者，不在此限

按仲裁法第15條第1項規定：「仲裁人應獨立、公正處理仲裁事件，並保守秘密。」蓋仲裁人處理仲裁事件應本於獨立、公正之態度，並負有保守秘密之義務，爰將仲裁人應遵守之重要原則明定之。此外，並參考聯合國國際商務仲裁模範法第12條第1項之規定（揭露義務之規定），明定仲裁人於選定前及仲裁程序中負有「揭露義務」（duty of disclosure），以維護仲裁人之獨立公正性，確保仲裁制度之公信力，故仲裁法第15條第2項規定：「仲裁人有下列各款情形之一者，應即告知當事人：一、有民事訴訟法第三十二條所定法官應自行迴避之同一原因者。二、仲裁人與當事人間現有或曾有僱傭或代理關係者。三、仲裁人與當事人之代理人或重要證人間現有或曾有僱傭或代理關係者。四、有其他情形足使當事人認其有不能獨立、公正執行職務之虞者。」仲裁人違反仲裁法第15條第2項所定之告知義務而顯有偏頗者，即構成撤銷仲裁判斷之事由，以強化仲裁人之告知義務及提高仲裁之公正性。所謂「有其他情形足使當事人認其有不能獨立、公正執行職務之虞者」，係指第2項第1款至第3款以外情形，例如，仲裁人與當事人一方曾是同事或有合夥關係，而其關係足使當事人對其獨立性、公正性產生懷疑者而言[29]。

在此應注意，仲裁法第17條除於第6項規定當事人請求獨任仲裁人迴避者，應向法院為之外，並未規定當事人請求仲裁人迴避時，應另選定仲裁人遞補或另組成新仲裁庭，以作成應否迴避之決定。故另選定仲裁人，或另就是否迴避之決定組成仲裁庭，並無法源依據。而仲裁法第32條第2項規定，合議仲裁庭之判斷，以過半數意見定之；同條第4項規定，合議仲裁庭之意見不能過半數者，除當事人另有約定外，仲裁程序視為終結。如此時仲裁庭之組成不包括被請求迴避之仲裁人，將難以達成多數決，而

---

[29] 參閱法務部，仲裁法修正條文對照表，前揭書，頁40。

無法作成決定。再依仲裁法第30條第5款、第6款規定，當事人主張仲裁人
欠缺仲裁權限[30]，或其他得提起撤銷仲裁判斷之訴之事由[31]，經仲裁庭認
其無理由時，仍得進行仲裁程序，並爲仲裁判斷。已明文規定該欠缺仲裁
權限者，或被聲請迴避者，於經認定無仲裁權限或應迴避前，仍得參與判
斷。故而，依仲裁法第19條規定意旨，就關於聲請仲裁人迴避之程序，即
無再準用民事訴訟法之餘地。況仲裁法就聲請仲裁人迴避之程序，採二階
段審查之立法例，第一階段由仲裁庭審查，第二階段由法院審查，如當事
人就仲裁庭所作成應否迴避之決定不服者，仍得依仲裁法第17條第3項規
定，聲請法院裁定之；或仲裁庭已進而作成仲裁判斷者，得依同法第40條
第1項第5款規定，提起撤銷仲裁判斷之訴，已足以保障當事人之權益。又
參酌德國仲裁法之修法過程，及奧地利2006年修正通過之仲裁法，明文規
定迴避之聲請，由包括被聲請迴避之仲裁人在內之仲裁庭評決等，應認仲
裁法第17條所稱之仲裁庭，即指原仲裁庭。如被聲請迴避之仲裁人不參與
迴避聲請之評決，而由其餘二仲裁人組成之仲裁庭爲之，將僅餘聲請迴避
之當事人所選任之仲裁人及主任仲裁人，仲裁庭之組成將失去平衡，而使
得聲請迴避之當事人一造可能受到過度之保護，反失其公平性；或因難以
作成決定而拖延仲裁程序，反不利仲裁程序之迅速進行[32]。

　　又現行仲裁法參考聯合國國際商務仲裁模範法第13條[33]，於仲裁法第
17條規定：「當事人請求仲裁人迴避者，應於知悉迴避原因後十四日內，
以書面敘明理由，向仲裁庭提出，仲裁庭應於十日內作成決定。但當事人
另有約定者，不在此限。前項請求，仲裁庭尚未成立者，其請求期間自仲
裁庭成立後起算。當事人對於仲裁庭之決定不服者，得於十四日內聲請法

---

30 參閱仲裁法第16條第1項第1款之迴避事由。

31 此事由包括仲裁法第40條第1項第5款被聲請迴避而仍參與仲裁者。

32 參閱臺灣高等法院暨所屬法院100年法律座談會民事類提案，第65號，2011年11月16
　日，初步研討結果：擬採丙說；另參閱沈冠伶著，仲裁人迴避爭議之處理程序與仲裁判
　斷之撤銷—最高法院九十六年台上字第一八四五號判決之評釋，仲裁，86期，2008年8
　月，頁56至74。

33 參閱法務部，仲裁法修正條文對照表，前揭書，頁45至47。

院裁定之。當事人對於法院依前項規定所為之裁定，不得聲明不服。雙方當事人請求仲裁人迴避者，仲裁人應即迴避。當事人請求獨任仲裁人迴避者，應向法院為之。」仲裁人被聲請迴避而仍參與仲裁者，即構成撤銷仲裁判斷之事由。但迴避之聲請，經法院或「仲裁庭」依本法駁回迴避之聲請者，不適用之。

第六項　參與仲裁之仲裁人，關於仲裁違背職務，犯刑事上之罪者

現行仲裁法第40條第1項第6款規定：「參與仲裁之仲裁人，關於仲裁違背職務，犯刑事上之罪者。」為撤銷仲裁判斷之訴之事由。但依同條文第2項規定，上開情形「以宣告有罪之判決已確定，或其刑事訴訟不能開始或續行非因證據不足者為限」。

第七項　當事人或其代理人，關於仲裁犯刑事上之罪者

仲裁法第40條第1項第7款規定：「當事人或其代理人，關於仲裁犯刑事上之罪者。」本款係將舊商務仲裁條例中之「有刑事上應罰之行為，影響仲裁者」修正為「犯刑事上之罪者」。又依同法第40條第2項規定，上開情形，仍「以宣告有罪之判決已確定，或其刑事訴訟不能開始或續行非因證據不足者為限」。亦即以「宣告有罪之判決已確定」為要件，否則不得提起撤銷仲裁判斷之訴。

第八項　為判斷基礎之證據、通譯內容係偽造、變造或有其他虛偽情事者

仲裁法第40條第1項第8款規定，係將舊商務仲裁條例第23條第1項第8款「為仲裁基礎之文書，係偽造、變造或登載不實者」及第9款「為仲裁基礎之證物，係偽造或變造者」二款規定加以合併而成，並增列「通譯不實」得為提起撤銷仲裁判斷之原因。所謂「為判斷基礎之證據」，包括人證、書證及物證在內，所謂「有其他虛偽情事者」，係指通譯不實、證人

僞證之情形而言。此款事由，依現行仲裁法第40條第2項以「宣告有罪之判決已確定」爲要件，否則不得提起撤銷仲裁判斷之訴。

舊商務仲裁條例第23條第2項，係規定：「前項第六款、第七款情形，以宣告有罪之判決已確定，或其刑事訴訟不能開始或續行非因證據不足者爲限。」

現行仲裁法，已將前揭條次變更爲第40條第2項，並有「前項第六款至第八款情形，以宣告有罪之判決已確定，或其刑事訴訟不能開始或續行非因證據不足者爲限」之規定，亦即已將第8款所定「爲判斷基礎之證據、通譯係僞造、變造或有其他虛僞情事者」之情形，明文規範在內，其目的在防止受不利仲裁判斷之當事人，濫行提起撤銷仲裁判斷之訴[34]。

第九項　為判斷基礎之民事、刑事及其他裁判或行政處分，依其後之確定裁判或行政處分已變更者

現行仲裁法第40條第1項第9款規定：「爲判斷基礎之民事、刑事及其他裁判或行政處分，依其後之確定裁判或行政處分已變更者。」亦構成撤銷仲裁判斷之事由。惟同條文第3項規定：「第一項第四款違反仲裁協議及第五款至第九款情形，以足以影響判斷之結果爲限。」本項規定以「足以影響判斷之結果爲限」，始得提起撤銷仲裁判斷之訴，以符國際商務仲裁潮流。此種修正比商務仲裁條例之規定更爲嚴格。爾後當事人如提起撤銷仲裁判斷之訴，勢必不容易獲勝訴判決，如此將有助於仲裁制度之發展。

第四節　撤銷仲裁判斷後之法律效果

撤銷仲裁判斷之提出時期，依現行仲裁法第41條第2項規定：「提起撤銷仲裁判斷之訴，應於判斷書交付或送達之日起，三十日之不變期間內

---

[34] 參閱法務部，仲裁法修正條文對照表，前揭書，頁74。

為之；如有前條第一項第六款至第九款所列之原因，並經釋明，非因當事人之過失，不能於規定期間內主張撤銷之理由者，自當事人知悉撤銷之原因時起算。但自仲裁判斷書作成日起，已逾五年者，不得提起。」

至於仲裁判斷之訴訟被法院撤銷後，其法律效果，可分兩方面敘述之：一、仲裁判斷之訴訟被法院撤銷後，如有執行裁定時，應依職權併撤銷之；二、仲裁判斷之訴訟被法院撤銷後，當事人得另行提起訴訟。茲分述如下：

第一項　如有執行裁定應依職權併撤銷之

依現行仲裁法第42條第2項規定：「仲裁判斷，經法院撤銷者，如有執行裁定時，應依職權併撤銷其執行裁定。」換言之，仲裁判斷，經法院撤銷者，如有執行裁定時，應依職權併於判決主文內，撤銷其執行裁定之表示。按該法第42條第2項係將舊商務仲裁條例所訂「仲裁人之判斷」修正為「仲裁判斷」。至於法院撤銷仲裁判斷之時，應依職權一併撤銷仲裁之執行裁定，爰將舊條例之「應併撤銷」，修正為「應依職權併撤銷」[35]。實務上，最高法院認為：「從上訴人本於該規定，請求撤銷仲裁判斷，洵屬有據，應予准許。依同條例第2項規定，應依職權撤銷台灣台北地方法院士林分院83年度仲裁執字第1號強制執行之裁定。」可供參考。

第二項　當事人權益之再主張

依現行仲裁法第43條規定：「仲裁判斷經法院判決撤銷確定者，除另有仲裁合意外，當事人得就該爭議事項提起訴訟。」按本條明定法院判決撤銷仲裁判斷確定者，當事人除可就該爭議事項提起訴訟外，亦得因其間「另有仲裁合意」，而再以仲裁解決。此規定解決舊商務仲裁條例第26

---

[35] 參閱法務部，仲裁法修正條文對照表，前揭書，頁75、76。

條之語意不明規定，而加入「另有仲裁合意」文字。學說上之爭議[36]，亦因而解決。

第五節　結語

按仲裁係一種解決民事爭議之重要方式，即當事人在訂定契約時，或訂約後，達成協議，自願將其爭議，交由其所同意之第三者進行仲裁，以解決爭議之方法。至仲裁庭作成仲裁判斷後，因該仲裁判斷與確定判決有同一之效力，故為確定該仲裁判斷之正確性與合法性，以保護當事人之權益。法院有必要對仲裁作司法監督。換言之，當事人不服仲裁庭所作成之仲裁判斷，原則上，可依仲裁法第40條規定得提起撤銷仲裁判斷之訴之事由，於法定期間內，向仲裁地之地方法院提起訴訟，此時法院具有之司法審查權，當然限於「在該撤銷仲裁判斷訴訟之事由內」，審查當事人「訴之聲明」與其所主張之「法律關係」。故此種司法審查權範圍僅限於上開事由內之「程序事項」是否違法，而不能對「實體性內容」[37]行使司法審查權。於此可知，撤銷仲裁判斷之訴訟，應由當事人提起形成之訴，法院不能依職權主動行使司法審查權。

又由於仲裁法有關「撤銷仲裁判斷訴訟之事由」之修正，使其「事由」更趨嚴格，且更周延，當事人提起撤銷仲裁判斷訴訟，想要獲得勝

---

[36] 參閱藍瀛芳，關於判斷經撤銷後的再行仲裁—兼評商務仲裁條例第26條的立法，司法週刊，第826期，1997年5月，頁46至61。

[37] 參閱最高法院81年度台上字第2196號判決，其要旨謂：查情事變更原則為私法上之原則，此項原則之適用，皆在對於當事人不可預見之情事變更予以救濟，乃有關法律效力之問題，自不能因我國以明文規定在民事訴訟法中，即謂此項原則之適用，專屬法院之職權。因此仲裁人於仲裁判斷時，依情事變更原則解決當事人之爭議，應非法所不許。仲裁判斷之內容不以有法律依據為必要，故其判斷縱有適用法規不當之情形，亦不在得為提起撤銷仲裁判斷之訴之列，此觀商務仲裁條例第23條之規定自明。因此，應注意者，情事變更業已於1999年明文規定在民法第227條之2第1項中，其法理觀念是否有變，有待觀察。

訴判決，恐較以前適用舊商務仲裁條例時代更難，從而仲裁判斷之法律效力，更因此強化，仲裁制度所衍生之「當事人意思自由原則」，則更確立。

於此可見，法院對仲裁之監督，已從傳統上「過多」監督之做法，改變為目前「較少」監督之情況，此種發展趨勢，賦予仲裁判斷效力更為肯定之權威與地位，值得讚揚。

CHAPTER

10

外國仲裁判斷之承認及執行

第一節　概說

　　仲裁庭作成仲裁判斷後，即須面臨仲裁判斷之執行問題。雖仲裁係建立在雙方當事人自願之基礎上，當事人均能於仲裁判斷自動履行，但如受敗訴之一造當事人拒不履行仲裁判斷之內容時，則必須靠國家權力之介入，即勝訴之一造當事人可向法院聲請強制執行該仲裁判斷。縱係如此，然而，國家公權力僅達其領域之內，對於國家領域外並無效力。近世紀來，國際貿易蓬勃發展，各國企業人士接觸日漸密切，為解除此一疑慮，須使仲裁判斷具一般效力，不因地域不同而改變。故須正視外國仲裁判斷在領域內之承認與執行問題。

　　一般而言，法院對於本國仲裁判斷之承認與執行，僅作形式上之審查，程序簡單，限制較少[1]。然而，對於外國仲裁判斷之承認與執行，許多國家在法律上均有一些限制規定，例如要求以互惠為條件，或以外國仲裁判斷之承認與執行不違反本國之「公共秩序或善良風俗」為前提要件等。換言之，當事人在本國聲請承認與執行本國之仲裁判斷，比較簡單且容易。反之，當事人在本國聲請承認與執行外國之仲裁判斷，比較困難且複雜。

　　基此，本章擬從立法與實務之觀點，探討有關外國仲裁判斷之承認與執行，包括外國仲裁判斷之概念及其認定標準、承認與執行之含義。此外本章亦探討，承認與執行外國之仲裁判斷之程序、條件、拒絕承認與執行外國之仲裁判斷之理由等問題。

1　參閱現行仲裁法第37條、第38條之規定。

第二節　外國仲裁判斷承認與執行之理論

第一項　內外國仲裁判斷之區別及其實益

在一般概念上，內國仲裁判斷與外國仲裁判斷有無區別之必要，各國立法態度頗分歧，學者間見解亦不一，有肯定說與否定說，茲就學說上意見，分述如下：

一、否定說[2]

主張此說者，認為在概念上並無區別內國仲裁判斷與外國仲裁判斷之必要，其主要論據大略有三點：

（一）仲裁契約係當事人私法上契約自由原則適用下，所為之合意，而仲裁判斷乃仲裁契約當事人所選定之仲裁人組成仲裁庭之具體表現。仲裁判斷具有私法契約之性質，故與法院判決為國家主權之表現不同。法院判決應承認其具有國籍觀念，可區分為內國法院判決與外國法院判決。具有私法契約性質之仲裁判斷，無須區分為內國仲裁判斷與外國仲裁判斷。

（二）仲裁判斷係私法上契約，其效力並不限於作成仲裁判斷地國之領域內。其他國家如具備該國法律所定要件者，當然享有該國法律上之效力。故仲裁判斷在內國之效力，僅須視其是否具備該國法律所定要件，自無須特別承認外國仲裁判斷之概念。

（三）仲裁制度之主要價值，在於其具有超越國家之國際性，故為從事國際貿易之業者，樂於採為解決爭議之途徑，故仲裁判斷不應再賦予國籍概念，而將之區分為內國仲裁判斷與外國仲裁判斷，否則仲裁判斷在國際貿易中，所能發揮之功能，將會受到減損[3]。

2　參閱林俊益，國際商務仲裁（一）論文集，1990年，頁129。

3　參閱藍獻林，論外國仲裁判斷在我國之承認與執行，政大博士論文，1989年1月，頁13。

二、肯定說

對於上述之否定說，經其他學者嚴厲批評，逐漸修正，成為目前肯定說之趨向。其主要論據為：

（一）對於否定說之批評

雖承認仲裁判斷為私法上之契約，但並不當然導出「仲裁判斷之成立與效力應依內國法」之結論，其間並無邏輯必然性。又縱然內國法之適用範圍並無明文限制，但亦不能導出「內國法對一切仲裁判斷均有適用」之解釋[4]。

（二）就準據法而言

仲裁判斷係依仲裁契約，由仲裁庭所作成，其之成立與效力，應依一國國際私法上所決定之某國法制定之；又內國仲裁法之適用範圍，亦應依內國國際私法上而限定之。故在概念上，即應區分依內國法定其成立與效力之仲裁判斷，與依外國法定其成立與效力之仲裁判斷[5]。

（三）就仲裁地而言

仲裁之作成，或於國內，或於國外，而各國於審核仲裁判斷時，均有本國事件與涉外事件之分。在斟酌之際，就本國事件，為國內性之考量；就涉外事件，為國際性之考量。故就實務上運作而言，有區分內國仲裁判斷與外國仲裁判斷之必要。

（四）就國際商務仲裁之發展而言

上述否定說著眼於各國法律均無限定適用範圍，且為使仲裁判斷廣泛獲得承認，從而否定外國仲裁判斷之概念，在實務上之運作，卻適得其

4　參閱林俊益，前揭書，頁130。
5　參閱藍獻林，前揭書，頁14。

反，窒礙難行。又由於各國仲裁法規互異，如仲裁判斷地國法與仲裁判斷執行地國法，規定不一致時，極可能被仲裁判斷執行地國以「內國法要件不備」為由而駁回，致無法獲得承認與執行。在此情況下，可能更會助長各國拒絕他國之仲裁判斷。

三、本文淺見

本文認為，在各國仲裁法統一前，為使外國仲裁判斷順利在國內獲得承認與執行，應有必要區分內國仲裁判斷與外國仲裁判斷，使外國仲裁判斷得以準據其應適用之法律，而發生效力。

觀諸1927年日內瓦公約定名為「執行外國仲裁判斷公約」，1958年紐約公約定名為「外國仲裁判斷之承認與執行公約」，均以承認「外國仲裁判斷」之概念為前提而締結。我國現行仲裁法第七章亦定有「外國仲裁判斷」之章名。

仲裁判斷區分為「內國仲裁判斷」與「外國仲裁判斷」，其實際利益並非藉以排斥或拒絕外國仲裁判斷之效力，而係據以決定仲裁判斷是否有效成立之準據法；而使內國仲裁判斷之成立及生效，依內國法決定之；至於外國仲裁判斷之成立及生效，則依其所準據之法律定之。例如我國之仲裁判斷未附理由者，法院不得為執行之裁定，並應駁回當事人之聲請[6]。外國仲裁判斷未附理由，而依其準據法毋庸附理由者，法院亦不要求其附理由而予以承認[7]。至於「外國」法院判決，係指外國主權下，所為解決糾紛之手段；而「外國」仲裁判斷，則指依外國準據法或在外國所作之仲裁判斷，二者仍有些差異，不可不辨。

6　參閱現行仲裁法第38條第1項第2款，以及該法第33條第2項第5款。依該規定原則上，仲裁判斷應附理由，例外如經當事人約定毋庸記載者，可不附理由。

7　參閱臺灣高等法院76年度抗字第1322號裁定。

第二項　外國仲裁判斷之概念

　　鑑於我國仲裁判斷與外國仲裁判斷在承認與執行上之差異，如何區分與認定「外國仲裁判斷」，具有非常深遠之意義。「外國仲裁判斷」是指在被聲請承認與執行所在地國以外之國家作成之仲裁判斷，或在被聲請承認與執行所在地國內作成，但適用外國仲裁法而作成之仲裁判斷。

　　依上述「外國仲裁判斷」之定義，認定「外國仲裁判斷」之標準有二，茲分述如下：

一、仲裁判斷係在外國作成

　　1958年紐約公約[8]第1條第1項第1款前段明確規定：「仲裁判斷因自然人或法人間之爭議而產生，且在被聲請承認與執行所在地國以外之國家領土內作成者，其承認與執行適用本公約。」由於紐約公約之普遍效力，故以仲裁判斷作成地作為認定「外國仲裁判斷」之標準，已得到絕大多數國家之承認[9]。

二、「非內國」仲裁判斷

　　在認定「非內國仲裁判斷」之標準中，依法國及德國法，認為只要其仲裁判斷係適用外國法律作成者，即為外國仲裁判斷。如係如此解釋，則將違反當事人意思自治原則。1958年紐約公約採取上述意見，而在其第1條第1項第1款後段還規定：「在一個國家聲請承認與執行一項仲裁判斷，而該國家不認為係其國內仲裁判斷時，亦適用本公約。」

　　值得注意者，紐約公約雖採納兩種標準，但此兩種標準之間，並非係一種平行關係，而係一種主從關係。「非內國」仲裁判斷係為擴大紐約公約之適用範圍，「非內國」仲裁判斷或稱為仲裁程序法標準，是一種作出

---

[8]　Gary B. Born, International Commercial Arbitration in the United States, Commentary & Materials, Kluwer 1994, p. 875.

[9]　例如美國法、瑞士法均將適用紐約公約之規定，併入其內國法律之中。

仲裁判斷地標準之補充或擴張。

第三項　外國仲裁判斷之國籍

關於外國仲裁判斷國籍之決定基準，意見不一，其中以「領域說」與「準據法說」，相爭不下。「領域說」係根據判決而來，即以仲裁程序舉行地所屬國，或作成仲裁判斷地國，爲決定外國仲裁判斷國籍之基準；「準據法說」爲契約說之當然結論，即以仲裁契約準據法，或仲裁程序準據法，或仲裁判斷準據法所屬國爲決定基準。茲將「領域說」與「準據法說」之利弊得失，分述如下：

一、領域說

此說又可分爲仲裁判斷作成地說與仲裁程序舉行地說，茲分述如下：

（一）仲裁判斷作成地說

本說認爲，仲裁庭所爲者係裁判之行爲，爲國家主權之具體表現。按各國法律均規定得在本國領域內，以仲裁方式而判斷之要件，藉此限制法院之管轄，此亦即仲裁契約之消極效力，故仲裁庭係本於「屬地」主權代表者之地位而裁判之，因此，自應以仲裁判斷作成地，作爲決定外國仲裁判斷國籍之基準。惟稱「外國判決」，並非因其於外國所作成，乃因其爲享有外國裁判權之法官所作成之緣故。反觀仲裁庭僅爲私人選定仲裁人後所組成者，仲裁庭並不享有裁判權。退一萬步言之，縱然仲裁庭享有審理權與判斷權，該項權力亦爲當事人所授權，故誠難將一國內作成之仲裁判斷與在該國作成之判決同視，而以仲裁判斷作成地，作爲決定外國仲裁判斷國籍之基準。實際上，仲裁判斷之作成，係一種智慧活動；如將其與一定土地相結合，學者認爲其純爲形式主義之論斷而已[10]。再者，仲裁判斷

---

10 參閱林俊益，前揭書，頁136。

地之記載，於不同仲裁判斷書之副本，可能有不同之記載，以便用於不同
國家之執行，則「判斷地」變成毫無意義。如因科技發達，於仲裁庭以通
信或其他方式達成仲裁判斷者，更難令人理解。

（二）仲裁程序舉行地說

本說認爲，仲裁判斷須依仲裁程序舉行地作成之，故以仲裁程序舉行
地爲決定外國仲裁判斷國籍之基準。惟仲裁程序與一般訴訟程序不同，仲
裁程序舉行地法未必當然適用。蓋仲裁庭乃係基於司法上契約而爲法律行
爲，仲裁程序之進行未必依國際私法之「場所支配行爲」原則，而得依當
事人之合意選擇其他地之法律進行。

二、準據法說

本說認爲，仲裁之對象係源於契約之法律關係，故有國際私法上
「當事人意思自由原則」之適用，除締結能力準據法外，其他準據法之決
定，均可統一適用之。蓋仲裁程序爲仲裁契約所指定，自得依當事人意思
自由決定其準據法，如其所決定之準據法爲內國法者，則爲內國仲裁判
斷；如其所決定之準據法爲外國法者，則爲外國仲裁判斷。仲裁程序之準
據法，依當事人明示或默示之意思決定之，而如當事人意思不明時，則須
由該契約之其他要素推論之。

三、本文淺見

本文認爲，雖仲裁判斷作成地說之優點比較明確、容易認定，但其缺
點則爲該仲裁判斷作成地可能僅爲當事人或仲裁庭之方便，並無受當地有
關法規之拘束之意[11]。準據法說之優點，在於其與仲裁判斷之成立、生效
有關聯。理論上，似應採取準據法說較妥，而學者亦認爲採紐約公約之標

---

[11] 參閱藍獻林，前揭書，頁26。

準，以「領域說」為主，而以「準據法說」為輔[12]。但實務上，當事人很少約定在某一國家內，依另一個國家仲裁法進行仲裁，此種約定，缺點甚多，蓋當事人將來無論在何國家聲請承認與執行仲裁判斷，均將受到不同於本國仲裁判斷之待遇。

以我國而言，依現行仲裁法第47條第1項規定：「在中華民國領域外作成之仲裁判斷或在中華民國領域內依外國法律作成之仲裁判斷，為外國仲裁判斷。」本條項之立法理由，係鑑於目前實務上，對於在中華民國領域內非依我國仲裁法作成之仲裁判斷，認為「非內國」仲裁判斷，亦非為外國仲裁判斷，因而無法獲得承認與執行，為使類此仲裁判斷有所定位，並使我國仲裁制度邁向國際化，爰兼採「領域說」與「準據法說」，於第1項規定，在中華民國領域內，依外國法律作成之仲裁判斷，為外國仲裁判斷，俾資明確。至於不同國籍之人在中華民國領域內，依當事人自行約定之程序，所為之仲裁判斷，屬內國仲裁判斷之範圍[13]。

第三節　外國仲裁判斷在我國之承認與執行

第一項　承認外國仲裁判斷之理論

「承認」之概念，在國際私法、國際公法、民法、民事訴訟法等法律中均占重要地位。在仲裁法中，有外國仲裁契約之承認，外國仲裁判斷之承認等問題。所謂外國仲裁判斷之承認，應指內國法院承認在外國仲裁法制下所作成外國仲裁判斷之效力，同意該外國仲裁判斷在內國亦如同內國仲裁判斷，得為一切訴訟上之抗辯，並得為聲請強制執行之基礎。依我國現行仲裁法第47條第2項規定：「外國仲裁判斷，經聲請法院裁定承認後，……得為執行名義。」故當事人於取得執行名義後，即可據此執行名

---

[12] 參閱陳煥文，論國際仲裁之國籍，國際仲裁法論，1994年，頁55。
[13] 參閱法務部，仲裁法修正條文對照表，仲裁法規彙編，1999年3月，頁78。

義，聲請強制執行。因此，實務上認為，對外國仲裁判斷，不直接賦予相當於內國仲裁判斷之效力，外國仲裁判斷必須經過我國法院審查，認為符合要件而裁定承認後，始能向管轄法院聲請強制執行。且於第49條、第50條設有拒絕承認外國仲裁判斷之規定，顯有異於同法第四章「仲裁判斷之執行」之規定。是故第五章「撤銷仲裁判斷之訴」於第40條所規定者，應以「本國仲裁判斷」為對象，而不包括外國仲裁判斷至明[14]。

　　一般言之，承認與執行雖常連在一起使用，但其含義並不相同。某件仲裁判斷可能僅須被承認，而不須要執行，例如判斷契約無效是。而亦有某些仲裁判斷，須被承認，又須要被執行，例如判斷金錢損害賠償若干、違約賠償若干等是。於此可見，承認仲裁判斷是執行仲裁判斷之基礎，但執行仲裁判斷並非承認仲裁判斷之必然結果。

　　以承認外國仲裁判斷而言，承認係一種防禦程序。在仲裁判斷已經作出，當事人又就仲裁判斷中之爭議標的，向法院提起訴訟時，原仲裁判斷勝訴之一方，可以仲裁判斷為依據，要求法院駁回其訴訟，並請求法院承認該仲裁判斷。

　　反之，如要求法院執行一項外國仲裁判斷，則不僅要求法院承認該仲裁判斷之強制性與效力，而且還要求法院採用可行之法律手段，使仲裁判斷得以實行。足見「執行」比「承認」更進一步，法院執行仲裁判斷，係因其承認該仲裁判斷之強制性與其對當事人之拘束力。故就執行仲裁判斷而言，「執行」與「承認」，係緊密相連。

　　實務上認為，具執行力之外國仲裁判斷，當事人如於外國仲裁機構就實體爭執為陳述，仲裁人並已為實體判斷者，原與強制執行法第14條第2項所指未給予體辯論機會之執行名義有所差異。此外，當事人選擇簽訂仲裁協議，恆基於迅速、經濟、專家判斷等考量，其授權之仲裁人，常為具備某專門知識、經驗或信望素孚之人，非盡嫻熟法律，原不要求仲裁人必依訴訟法上之證據法則調查事實，此項仲裁制度與訴訟制度之差異，為訂

---

[14] 參閱最高法院110年度台上字第1563號民事裁判。

立仲裁協議之當事人所明知[15]。

第二項　承認與執行外國仲裁判斷之程序

一、世界各國承認與執行之程序

　　世界各國關於承認與執行一項外國仲裁判斷，需要經過何種程序，規定各不相同。但無論如何，其程序均較之本國仲裁判斷承認與執行之程序，複雜且繁瑣。

　　綜觀各國立法，可將其承認與執行外國仲裁判斷之程序規則，分為四類：

　　（一）將外國仲裁判斷作為司法判決，如歐洲之義大利、西班牙、土耳其等，以及拉丁美洲大多數國家。

　　（二）將外國仲裁判斷作為契約之債，此從19世紀開始，在英美法系國家比較普遍。

　　（三）將外國仲裁判斷視同本國仲裁判斷，如法國、德國[16]等。

　　（四）將外國仲裁判斷視為內國判決予以執行，如香港[17]。

二、我國承認與執行之程序

（一）裁定程序之採擇

　　我國對承認與執行外國仲裁判斷之程序，與內國仲裁判斷相同，均採用「裁定程序」，俾准予強制執行，較之對外國法院判決之承認，所採用「判決程序」為簡便，以求速結。

---

[15] 參閱最高法院106年度台上字第2448號民事裁判。

[16] 法國基本上將適用於執行內國仲裁判斷之規則，擴大適用於對外國仲裁判斷之承認與執行；德國民事訴訟法則規定，除德國簽訂且已生效之條約另有規定外，執行外國仲裁判斷應受適用於本國仲裁判斷同樣規則之支配。

[17] 香港法律規定，外國仲裁判斷經香港最高法院審查後，將如同香港法院判決一樣得到執行。

（二）聲請文件之提出

依現行仲裁法第48條規定：「外國仲裁判斷之聲請承認，應向法院提出聲請狀，並附具下列文件：一、仲裁判斷書之正本或經認證之繕本。二、仲裁協議之原本或經認證之繕本。三、仲裁判斷適用外國仲裁法規、外國仲裁機構仲裁規則或國際組織仲裁規則者，其全文。前項文件以外文作成者，應提出中文譯本。第一項第一款、第二款所稱之認證，指中華民國駐外使領館、代表處、辦事處或其他經政府授權之機構所爲之認證。第一項之聲請狀，應按應受送達之他方人數，提出繕本，由法院送達之。」

舊商務仲裁條例第31條第1項第3款原僅規定「仲裁地如有仲裁法規，其節本」，但其中因外國仲裁判斷未必當然適用仲裁地之仲裁法規，故將其變更條次並修正爲「仲裁判斷適用外國仲裁法規、外國仲裁機構仲裁規則或國際組織仲裁規則者，其全文」，俾資周延。

第三項　承認與執行外國仲裁判斷之條件

1927年日內瓦「執行外國仲裁判斷公約」對聲請執行外國仲裁判斷之當事人，較爲嚴格。1958年紐約公約[18]大爲放寬當事人聲請執行外國仲裁判斷所須依循之條件。當事人在聲請時，所應提供之資料，包括經主管機關認證與證明之文件，以及該文件之譯本等。

關於此部分，我國現行仲裁法第48條已詳細規定，其內容如前所述。

第四項　拒絕承認與執行外國仲裁判斷之理由

各國法院對聲請承認與執行外國仲裁判斷後，可能認爲該外國仲裁判斷具有法律效力，予以承認與執行，或認該外國仲裁判斷不具備有關條件，而不予承認與執行。在各國立法與實務中，一般均規定有拒絕承認與

---

18 參閱吳光明、俞鴻玲，仲裁判斷的撤銷與執行，國際商務仲裁理論與發展，翰蘆圖書，2013年1月，頁264。

執行外國仲裁判斷之理由，這些理由在各國均不同，以致成爲承認與執行外國仲裁判斷之障礙之一。因此，1958年紐約公約，具體規定各締約國之法院，可拒絕承認與執行外國仲裁判斷之理由，以統一各國之立場。

按紐約公約第5條第1項第5款規定[19]，反對執行外國仲裁判斷之當事人，如能證明如下之理由存在，法院可拒絕承認與執行外國仲裁判斷：

一、仲裁協議無效。

二、被要求執行外國仲裁判斷之當事人，未得到適當之通知或未給予申辯之機會。

三、仲裁超越仲裁權限。

四、仲裁庭之組成不當或仲裁程序不當。

五、仲裁判斷不具約束力或仲裁判斷在仲裁判斷地國被撤銷。

同時，法院如認爲有下列理由存在，可依職權拒絕承認與執行外國仲裁判斷：

一、依法庭地法，爭議事項係不能仲裁者。

二、承認與執行外國仲裁判斷，違反法庭地國之公共政策。

第四節　我國承認與執行外國仲裁判斷之立法

按我國承認與執行外國仲裁判斷之立法，分別規定於仲裁法第七章，條文自第47條至第51條。仲裁法第47條係規定有關外國仲裁判斷之含義。仲裁法第48條係規定有關外國仲裁判斷之聲請法院承認，及其應附資料。

至於我國拒絕承認與執行外國仲裁判斷之理由，依仲裁法第49條規定：「當事人聲請法院承認之外國仲裁判斷，有下列各款情形之一者，法

---

[19] 有關紐約公約第5條第1項第5款詳細規定載於Gary B. Born, International Commercial Arbitration in the United States, 1994, pp. 876-877；另請參閱吳光明、俞鴻玲，仲裁判斷的撤銷與執行，前揭書，頁274至275。

院應以裁定駁回其聲請：一、仲裁判斷之承認或執行，有背於中華民國公共秩序或善良風俗者。二、仲裁判斷依中華民國法律，其爭議事項不能以仲裁解決者。外國仲裁判斷，其判斷地國或判斷所適用之仲裁法規所屬國對於中華民國之仲裁判斷不予承認，法院得以裁定駁回其聲請。」

　　按參考我國民事訴訟法第402條，外國法院判決之承認，並無判決違反中華民國法律強制或禁止規定者，不得承認其效力之規定，且聯合國國際商務仲裁模範法第36條、1958年聯合國外國仲裁判斷承認及執行公約（紐約公約）第5條第2項第2款及英國1975年仲裁法，皆無仲裁判斷違反法院地法律強制或禁止規定者，應即駁回其承認之聲請之立法例，故刪除舊商務仲裁條例第32條第1項第1款原訂「仲裁判斷違反中華民國法律之強制或禁止規定者」之規定，使我國仲裁法符合國際規範。

　　此外，當事人聲請法院承認之外國仲裁判斷，他方當事人亦得於一定期限內聲請法院駁回其聲請，此係規定於仲裁法第50條，其原文：「當事人聲請法院承認之外國仲裁判斷，有下列各款情形之一者，他方當事人得於收受通知後二十日內聲請法院駁回其聲請：一、仲裁協議，因當事人依所應適用之法律係欠缺行為能力而不生效力者。二、仲裁協議，依當事人所約定之法律為無效；未約定時，依判斷地法為無效者。三、當事人之一方，就仲裁人之選定或仲裁程序應通知之事項未受適當通知，或有其他情事足認仲裁欠缺正當程序者。四、仲裁判斷與仲裁協議標的之爭議無關，或逾越仲裁協議之範圍者。但除去該部分亦可成立者，其餘部分，不在此限。五、仲裁庭之組織或仲裁程序違反當事人之約定；當事人無約定時，違反仲裁地法者。六、仲裁判斷，對於當事人尚無拘束力或經管轄機關撤銷或停止其效力者。」

　　按現行仲裁法第50條之規定係從舊商務仲裁條例第33條修正而來，修正之理由係為使我國對於外國仲裁判斷之承認，符合國際社會規範，參考聯合國國際商務仲裁模範法第36條第1項第(a)目第1款至第6款，修正原條文第1款至第6款。原條文第1項第2款改列為第6款，並略作修正。原條文中之「停止執行」修正為「停止其效力」，因「停止執行」僅指停止執行力，然外國仲裁判斷，除執行力以外之效力，如確定力及對於人之效

力，如經該外國判斷管轄機關予以停止，亦應駁回其承認之聲請。再參考紐約公約第3條規定及國際間對於承認或執行外國仲裁判斷不得較國內仲裁判斷附加更苛之條件，且外國仲裁判斷之承認係非訟事件，無須開庭辯論，法院職務上依當事人所提出之資料「能達已知」者，可謂微乎其微，故將舊商務仲裁條例第33條第2項刪除[20]。

至於有關命供相當並確實之擔保，裁定停止其承認或執行之程序問題。仲裁法第51條規定：「外國仲裁判斷，於法院裁定承認或強制執行終結前，當事人已請求撤銷仲裁判斷或停止其效力者，法院得依聲請，命供相當並確實之擔保，裁定停止其承認或執行之程序。前項外國仲裁判斷經依法撤銷確定者，法院應駁回其承認之聲請或依聲請撤銷其承認。」

按請求撤銷仲裁判斷，未必於仲裁判斷地為之，例如以準據法說而觀之，則外國仲裁之準據法所屬國亦可將之撤銷，故將舊商務仲裁條例第1項第3句「當事人已於仲裁判斷地」之「仲裁判斷地」等字，予以刪除。第1項「停止仲裁判斷之執行」修正為「停止其效力」，理由同前。又第1項「原裁定法院」之「原裁定」係屬贅詞，予以刪除。此外，聲請承認程序中，如當事人已依法請求撤銷仲裁判斷或停止其效力，則該仲裁判斷即有被撤銷之可能。為避免我國法院於承認裁定後復又撤銷裁定，爰於第1項增訂於此情形，法院得命供擔保，裁定停止其承認或執行之程序，俾資周延[21]。

不過應注意，實務上，最高法院認為，民事訴訟法第507條規定，裁定已經確定，而有同法第496條第1項或第497條之情形者，得準用再審程序之規定，聲請再審。故執行債務人對於債權人據為執行名義之裁定聲請再審時，法院非不得準用強制執行法第18條第2項規定，依其聲請定相當並確實之擔保，裁定停止強制執行。而依仲裁法第47條第2項規定外國仲裁判斷，經聲請法院裁定承認後，得為執行名義。基此立法意旨，若當事人以法院承認外國仲裁判斷之確定裁定，有法定再審之事由主張該裁定不

---

20 參閱法務部，仲裁法修正條文對照表，前揭書，頁84、85。

21 參閱法務部，仲裁法修正條文對照表，前揭書，頁86、87。

得爲執行名義而聲請再審時，自得適用強制執行法第18條第2項規定，命其提供擔保，而爲停止執行之裁定[22]。

第五節　結語

按仲裁係一種就經濟層面解決紛爭之方式，具有快速、省錢、專家判斷等之好處。故如採取保守態度去承認外國仲裁判斷，或對外國仲裁判斷予以敵視，或使法院可介入實體審理案情，致妨礙外國仲裁判斷迅速執行之機會，則爭議之解決反而緩慢，且使當事人多所花費。另一方面，當事人另受制於仲裁契約，而不能直接進行訴訟，將使債權人陷於非常不利之地位，此對商務仲裁之發展會有相當負面之影響。因此，外國仲裁判斷之承認與執行，從寬認定，應爲現代法治國家之趨勢。

實務上，我國最高法院曾認定：「商務仲裁屬商務上之事，與邦交無關」[23]，「外國之仲裁判斷書，是否均應附具理由，則應以該外國之法律規定爲準」[24]，「互惠原則，並非謂外國仲裁判斷，須其判斷地國對於我國之仲裁判斷先予承認，我國法院始得承認該外國之仲裁判斷，否則非但有失禮讓之精神，且對於促進國際間之司法合作關係，亦屬有礙」[25]，學者對於上述裁判，讚賞有加[26]。在我國國際處境困難，又未加入紐約公約情況下，除有賴法院高明之裁判外，同時在立法上，必須使我國對於外國仲裁判斷之承認，符合國際社會規範，如此才能加速我國對外貿易之國際化與自由化，提升我國國際地位。

---

[22] 參閱最高法院91年度台抗字第494號裁定。

[23] 參閱最高法院75年度台上字第1531號判決。

[24] 參閱最高法院73年度台抗字第234號裁定。

[25] 參閱最高法院75年度台抗字第335號裁定。

[26] 參閱林俊益，法院在商務仲裁之角色，1996年，頁187、188。

CHAPTER

11

工程契約爭議之仲裁

第一節　概說

　　工程與一般行業差異甚大，尤其承辦業務關係人員與承包商之間，往往因觀念與立場迥異，致雙方在工程上之接觸產生兩極之看法，因而發生爭議在所難免。故如何有效解決工程爭議，促使工程順利進行，實爲一重要課題。

　　按「工程」，係指在地面上下新建、增建、改建、修建、拆除構造物與其所屬設備及改變自然環境之行爲，包括建築、土木、水利、環境、交通、機械、電氣、化工及其他經主管機關認定之工程[1]。至於「公共工程」，則指以政府或其他公法人爲主體而興建公共營造物或公有建築物，在法律上係以私法當事人地位與承包廠商間成立私法契約，與一般民間工程契約無異。

　　由於工程之爭議大都發生於契約條款本身，如當事人間特別於訂約時，訂定「仲裁條款」，約定以仲裁作爲雙方某種事件解決之方式，此即爲「仲裁契約」，而該等「仲裁條款」即具有以仲裁解決爭議而達成合意之性質。

　　基此，本章主要在探討工程契約爭議之態樣，而由於工程契約並無特別仲裁之規定，故適用仲裁法之規定。又因一般工程契約條款中，常抄襲外國「先經工程師裁決」之前置程序約定，故本章亦探討外國有關工程契約條款，包括國際顧問工程師聯合會（FIDIC）制定之工程營建契約條款（FIDIC Condition）、國際商會（ICC）之工程仲裁，以及聯合國國際貿易委員會（UNCITRAL）之工程仲裁，經由對各該立法例之瞭解，以檢討我國工程契約爭議之仲裁，此外，由於我國實務與理論，對所謂工程爭議糾紛解決替代方案（ADR）以及工程爭議審查委員會（DRB）運作方式之認識，差異甚大，自有予以澄清之必要。再者，如仲裁人與法官之見

---

[1] 參閱政府採購法第7條之規定。按「政府採購法」訂於1998年5月27日，歷經多次修正，最近一次修正於2019年5月22日。

解不同，導致仲裁人之仲裁判斷被法院判決撤銷仲裁判斷，必損害當事人權益。故本文亦針對仲裁與訴訟兩種不同制度之運作，加以研析；最後並提出個人淺見，以作為本章之結論。

第二節　工程爭議之仲裁適用仲裁法

工程爭議如採訴訟方式解決，不但費時費力，而且如因訴訟期間導致工程停工，將影響工程之順利進行，因此一般均避免訴訟方式解決工程爭議。至於工程爭議仲裁方式在我國並無特別規定，故無論依舊商務仲裁條例或現行之仲裁法，均係由雙方當事人依契約約定，一有爭議則經由仲裁解決，具有迅速性及效力性，且所需費用亦較訴訟低，同時仲裁期間工程不致停工，雖非毫無缺點，但仍不失為工程糾紛最佳解決方式。

按內政部曾於1988年間，頒訂仲裁條款[2]供各機關參考，其內容如下：

一、甲乙雙方如對契約條款發生爭議，且不同意工程師（建築師）之裁決時，得依商務仲裁條例之程序提請仲裁。

二、仲裁由當事人雙方各選一適任之仲裁人，再由雙方選出之仲裁人共推另一仲裁人，如不能共推時，得聲請管轄法院為之選定。當事人選定仲裁人後，應以書面通知他方及仲裁人。選定經通知後不得撤回，已選定仲裁人之一方，得催告他方於受催告之日起7日內選定仲裁人，受催告之人逾期不選定仲裁人者，催告人得聲請法院為之選定仲裁人。

三、仲裁人應於被選定之10日內決定仲裁處所及詢問日期，通知雙方出席陳述，並就事件關係作必要之調查後，試行和解，和解不成，於3個月內以過半數之意見決定其判斷，必要時得延長3個月。

四、仲裁之判斷除送達雙方當事人外，並送請法院備案，其對雙方當

2　參閱77年4月6日內政部以台（77）內營字第583613號函。最高法院64年台上字第490號判例。

事人具約束效力，雙方均應共同遵守，否則可聲請法院裁定而強制執行。仲裁人逾前項期間未作成判斷者，當事人得逕行起訴，仲裁人意見不能過半數者，應將其事由通知當事人，仲裁程序視爲終結。

　　五、仲裁費用之負擔，應記明於仲裁判斷書或和解筆錄。

　　六、仲裁期中非經甲方之同意，乙方不得停工，並須繼續履行本契約義務。

　　按上開內政部訂頒之仲裁條款，於當時固以舊商務仲裁條例爲準則，於今觀之，亦未脫離現行仲裁法之規定，茲分述如下[3]：

第一項　仲裁程序之開始、進行與終結

一、仲裁程序之開始：選定仲裁人

　　舊商務仲裁條例就仲裁人之選定，係規定於第4條、第5條、第6條、第7條、第8條、第9條、第10條、第11條。現行仲裁法則規定於第6條、第9條、第10條、第11條、第12條、第13條、第16條中。

二、仲裁程序之進行

（一）仲裁之詢問陳述

　　依舊商務仲裁條例第13條規定：「仲裁人於仲裁判斷前，應行詢問，使兩造陳述，並就事件關係爲必要之調查。」現行仲裁法則於第23條第1項規定：「仲裁人應予當事人充分陳述機會，並就當事人所提主張爲必要之調查。」

（二）仲裁程序之異議

　　依舊商務仲裁條例第17條規定，全然否定當事人之異議權，此與民

---

[3] 限於篇幅，本文僅簡要說明商務仲裁之程序，詳細內容請參閱吳光明，證券交易法論，證券糾紛之仲裁，1996年9月，頁288至292。

事訴訟法第197條，允許當事人就訴訟程序之違背，得提出異議之規定不同，顯非完善。惟當事人如已知悉或可得而知仲裁程序違反仲裁法規或仲裁契約，而仍進行仲裁程序者，足認其信任仲裁庭，於此情況，自不得再行異議。反之，當事人如於知悉或可得而知仲裁程序違反仲裁法規或仲裁契約時，即拒絕仲裁程序，並提出異議，其異議自應由仲裁庭決定。故現行仲裁法第29條，爰訂定「當事人知悉或可得而知仲裁程序違反本法或仲裁協議，而仍進行仲裁程序者，不得異議」。

（三）仲裁程序之終結

依仲裁法第33條、第34條之規定辦理（舊商務仲裁條例為第19條、第20條）。

第二項　仲裁判斷之效力

一、確定力

（一）形式確定力

仲裁判斷一經送達即確定，因仲裁無上訴制度，當事人不得不服，亦不得另行起訴；仲裁判斷一經作成，亦有拘束力，則不可撤回、變更、再作判斷或推翻前判斷。

（二）實質確定力

實質確定力即在仲裁爭議之範圍內，有拘束當事人、法院、仲裁人之效力。

二、執行力

依仲裁法第37條第2項前段規定，仲裁判斷須聲請法院為執行裁定後，方得為強制執行。蓋仲裁判斷既係合法有效作成，則法院對就仲裁判斷聲請強制執行之審查，應僅就仲裁判斷之形式與外觀審查，其是否係合

法有效作成，如爲合法，即以裁定准予強制執行，至仲裁判斷作成之內容是否妥當，則非所問。

至於形成力問題，仲裁判斷與法院就形成之訴所爲之判決不同，仲裁判斷是否具有形成力，值得探討。蓋理論上法律雖未否定賦予仲裁判斷決定形成權之權力。惟實務上則尚未有當事人聲請主張形成權之仲裁，因爲此等仲裁結果亦無法執行，對當事人並無實益可言。

第三項　商務仲裁判斷之撤銷問題

立法例中，仲裁判斷有瑕疵之救濟方法有三：一、得提起上訴救濟，亦即仲裁程序有二審級；二、提起再審之訴救濟；三、得提起撤銷仲裁判斷之訴，我國即採第三種救濟方式。茲謹就仲裁判斷之撤銷，析述如後：

一、撤銷仲裁判斷之事由

提起撤銷仲裁判斷之訴，除應符合民事訴訟法一般訴訟要件之規定外，尚須符合仲裁法第40條第1項各款情形之一之規定。依該條規定共列舉九款原因，如仲裁人之仲裁判斷符合該條各款情形之一之時，當事人即可據以起訴，請求法院撤銷該仲裁判斷。實務上，在工程契約爭議之仲裁判斷中，由於其間之仲裁條款約定「不同意建築師之裁決時，得請求仲裁」等項，導致仲裁判斷經法院撤銷，此部分問題涉及上開法條之規定，故有必要詳加說明，茲將構成撤銷仲裁判斷原因分成三種類型：

（一）仲裁契約無效

所謂仲裁契約無效之情形，如仲裁契約未以書面爲之、仲裁契約欠缺「仲裁容許性」、仲裁契約當事人係無行爲能力人，或仲裁契約所約定之仲裁人爲偶數等屬之。又仲裁契約失效，如仲裁契約因當事人合意解除，或因當事人之撤銷而失效屬之。但如當事人間之契約附有仲裁條款，而本契約雖因解除、終止或撤銷而生無效或失效之結果，但基於仲裁條款獨立

性原則，該仲裁條款並不隨之而無效或失效。按仲裁契約之有效成立爲仲裁判斷之基礎，仲裁條款如發生無效或消滅之事由時，仲裁人應駁回其聲請；如仲裁人仍爲判斷者，該仲裁判斷即非合法，當事人自得依法訴請法院撤銷。

（二）仲裁判斷違法

仲裁判斷違法之情形，如爲判斷基礎之證據、通譯內容係僞造、變造或有其他虛僞情事者（仲裁法第40條第1項第8款）、爲判斷基礎之民事或刑事上判決，及其他裁判或行政處分，依其後之確定裁判或行政處分已變更者（同上第9款）。此外，仲裁法第38條各款規定之情形者，當事人亦得對於他造提起撤銷仲裁判斷之訴：

1. 仲裁判斷與協議標的之爭議無關，或逾越仲裁協議之範圍者：如仲裁人所作成之仲裁判斷內容，與當事人提付仲裁之爭議事項無關，則該仲裁判斷已逾越當事人之授權範圍，法院自不能承認該仲裁判斷之效力。但「除去該部分亦可成立者，其餘部分，不在此限」。
2. 仲裁判斷書應附理由而未附，且未經補正者；或未經簽名而未經仲裁人補正者。
3. 仲裁判斷，係命當事人爲法律上所不許之行爲者[4]。

（三）仲裁程序違法

有關仲裁程序違法，例如仲裁人於仲裁判斷前未使當事人爲陳述，或當事人於仲裁程序未經合法代理者；被聲請迴避之仲裁人仍參與仲裁程序，但迴避之聲請，經依本法駁回者，不在此限；參與仲裁之仲裁人，關

4　實務上認爲，仲裁法第38條第3款規定仲裁判斷係命當事人爲法律上所不許之行爲者，係指仲裁判斷主文所命之給付行爲或其他行爲，有違法律強制或禁止之規定，或有背於公共秩序或善良風俗者而言。參閱最高法院92年度台上字第234號民事判決。可惜，該判決僅強調「有違法律強制或禁止之規定」，並未針對公共工程如特別法有特別規定時，是否爲「仲裁判斷命當事人爲法律上所不許之行爲」，有點遺憾！

於違背職務,犯刑法上之罪,經判決確定者;當事人之代理人,或他造當事人,或其代理人,關於仲裁有刑事上應罰之行為影響仲裁,經判決確定者。因此部分與本文較無關聯,茲不贅述。

二、撤銷仲裁判斷之時期

撤銷仲裁判斷之時期,依仲裁法第41條第2項之規定。

三、撤銷仲裁判斷之效果

仲裁判斷一旦被法院撤銷時,依現行仲裁法第43條規定:「除另有仲裁合議外,當事人得就該爭議事項提起訴訟。」

第三節　爭議發生之原因與態樣

第一項　工程爭議發生之原因

工程爭議發生,除招標過程外,從工程契約履行;工作物瑕疵責任;故意或過失侵害業主、承包廠商或他人權利;及債務不履行所負擔債務行為,甚至違背工程技術成規所引發公共危險行為事實,均可能造成業主、承包廠商或第三人間糾紛。

從糾紛當事人間關係,可分機關與承包廠商;或機關、承包廠商與第三者及承包廠商與承包廠商間三種;另外,亦可從糾紛發生階段,或問題性質等作不同分類,但根據過去資料顯示,以施工階段糾紛最為嚴重,如工期計算、價款給付、品質認定、工程變更處理等。

工程合約固然是當事人因合意所訂一種已明定權利、義務關係之承攬契約,惟因工程本身較具複雜性,其間權利、義務及範圍分野,常因各人見解及對合約條款之解讀及認知不同而有差異。更何況,由於當前公共工程合約常由業主單方面以定型化方式制定,當中不乏有過度保護業主甲方

及明顯不公平情形，其他像契約品質不佳、業主及監工單位人員之保守心態亦為糾紛發生之主因。

從工程爭議解決途徑言之，其爭議處理可分為：招標、審標、決標申訴；履約爭議調解；停權申訴等三種類別。屬於決標階段前之招標、審標、決標作業程序，廠商對於機關辦理採購，認為違反法令或我國所締結之條約、協定，致損害其權利或利益者，得以書面向招標機關提出異議，廠商對於公告金額以上採購異議之處理結果不服，或招標機關逾期不為處理者，得以書面分別向主管機關、直轄市或縣（市）政府所設之採購申訴審議委員會申訴[5]；屬於決標後機關與廠商因履約爭議未能達成協議者，可向採購申訴審議委員會申請調解或向仲裁機構提付仲裁[6]。

第二項　工程契約爭議之態樣

一般而言，工程契約爭議之態樣大致如下：

一、因意外災害損失之危險負擔

工程施工中，如遭遇意外事故，例如因颱風所產生之風災損失，或於工地遭遇不利或隱藏狀況所增加之費用，以及發生地層下陷之損害賠償等，是否係工程綜合保險之範圍問題，承包商可否因此事故所產生之費用向業主求償，及其請求之範圍等事項，均易產生爭議。

二、工程遲延及付款遲延

工程施工進行中，可能發生遲延之情形，如係可歸責於承包商之事由，業主可依契約之規定請求遲延之損害賠償，而如該遲延係不可抗力所導致，則承包商不必負責任，惟何謂「不可抗力」之判斷，容易發生爭議，另外如業主遲延辦理驗收計價，承包商究應如何請求給付，亦會引起

5　參閱政府採購法第74條至85條之規定。

6　參閱政府採購法第85條之1至第86條之規定。

爭議。

三、遲延驗收

　　按工程完工後，如因部分契約條款規定責任歸屬未明，或未完成議價手續即變更設計，或因承包商申請初驗時，即發現有瑕疵，此均可能導致工程無法辦理正式驗收，而承包商亦因此無法請求給付工程尾款，並返還履約保證金。對於此種爭議，如任由業主遲延辦理驗收，則因期間之經過，將來欲再辦理正式驗收時，恐更不容易合格，承包商可能亦因此遲延導致損失，雙方因而發生爭議。

四、砂石風波

　　1992年，政府強力取締砂石車超載，曾導致所謂之「砂石風波」，承包商如遭遇此風波，除依契約有關調整物價指數條款之規定，請求調整工程款外，能否再依照民法第227條之2規定之情事變更原則，或民法第148條第2項規定之誠實信用原則，請求追加給付工程款[7]，仍待商榷，雙方因而發生爭議。

五、法院判決與仲裁判斷就程序上爭議見解不同問題

　　上述四種爭議均涉及事實以及證據之認定問題，如當事人於仲裁詢問庭中，依舉證責任分配原則提出證據時，仲裁人之適用法律較無問題。而此部分與本文主題較無關聯，茲不贅述。實務上引起最多爭議，而且在仲裁人與最高法院見解不同之問題，還是在於所謂仲裁「前置程序」問題，故本章有必要就此問題專章討論之。

7　是否可請求追加給付工程款，尚未有定論，惟83年度商仲麟聲字第11號仲裁判斷則採否定見解，頗值注意。

第四節　仲裁之「前置程序」問題

一般公共工程契約書中，常於仲裁條款中附條件，例如約定「不同意建築師之裁決時，得請求仲裁」等項，此即一般所謂「仲裁前置程序」條款[8]，此問題在實務上及理論上，見解相當不一致。

第一項　實務上

實務上認為未履行「仲裁前置程序」而仲裁時，訴請撤銷仲裁判斷，自屬有據，是為否定說，最高法院採此見解。其理由分成二種：

一、如未履行「仲裁前置程序」，該仲裁契約標的之爭議並不存在

採此說者，認為當事人之一方聲請仲裁前，依仲裁契約條款所定，須先經建築師就其爭議為裁決，如不服其裁決，始得聲請仲裁，如當事人違反該程序而提請仲裁時，最高法院認為該仲裁契約標的之爭議並不存在，系爭仲裁判斷即與之無關。他方當事人依舊商務仲裁條例第23條第1項第1款、第22條第1款（查該等款項現已修訂為仲裁法第40條第1項第1款及第38條第1款），訴請撤銷仲裁判斷，自屬有據[9]。

二、如未履行「仲裁前置程序」，仲裁人參與仲裁程序為違背法律

採此說者，認為依舊商務仲裁條例第23條第1項第4款（現修訂為仲裁法第40條第1項第4款）規定：「仲裁人之參與仲裁程序，有背於仲裁契約或法律規定者，當事人得對於他造提起撤銷仲裁判斷之訴。」此之所謂「參與仲裁程序」，除仲裁人之選任外，舉凡仲裁時應遵守之契約及各

8　按目前工程契約中，並未出現「仲裁前置程序」字眼，亦未在任何學術論文中，使用此一名詞，本章為便於討論，茲引用商務仲裁季刊，43期，法官與仲裁人座談會紀錄之用語。

9　參閱最高法院84年度台上字第2570號判決。

項程序，乃至仲裁判斷之作成等，均應包括在內[10]。如當事人之一方提請仲裁前，並未依兩造仲裁條款所定，先經建築師就其爭議為裁決之程序，當事人之一方既未履行此一程序，自不得進行仲裁。仲裁人仲裁時自應遵守當事人於仲裁契約之約定，詎仲裁人竟置他方當事人之抗辯而不理，並作成仲裁判斷，該仲裁人之參與仲裁程序，自有違當事人間仲裁契約之約定，他方當事人依舊商務仲裁條例第23條第1項第4款之規定，訴請撤銷系爭仲裁判斷，自屬有據。

三、晚近仲裁實務上見解

實務上，最高法院認為，仲裁前置程序係屬雙方「試行和解」或「第三人調解」之性質，任何一方不能接受，和解即無法成立，由其設置之目的而言，無非在仲裁程序以外，另設一更迅速解決糾紛之方法，期能更加快速排解爭議，而非為仲裁契約設定停止條件或額外之程序障礙，以增加契約雙方進入仲裁程序解決爭議之困難，如當事人之一方或雙方認為已無經由此前置程序達成協議之可能，即得將爭議逕付仲裁，而由仲裁人作成判斷，不得以未踐行此項程序作為撤銷仲裁判斷之事由[11]。

最高法院又認為，按仲裁制度乃當事人基於私權自治及處分自由之原則，本於程序選擇權以解決私權紛爭之重要機制。是當事人既得協議以仲裁解決爭議，為賦予他方充分考量之機會，以權衡「接受求償」與「提付仲裁」間之利弊，自亦得約定於提付仲裁前先踐行特定之前置程序，該本於雙方合意之前置程序，固屬有效之仲裁約款，並有確定當事人間具體爭議，進而過濾如透過訴訟外和解或第三人調解等簡便程序為磋商、斡旋，以避免進入仲裁程序，減省勞費支出之功能。惟當事人之一方若認已無和解或調解可能，無從以簡便程序解決爭議，或當事人約定最終僅得以仲裁解決爭議者，為避免因進入前置程序之拖延浪費，逕行提付仲裁，自未違

---

10 參閱最高法院84年度台上字第692號判決。
11 參閱最高法院93年度台上字第2008號民事判決。

反當初協議以仲裁解決爭議之初衷，自與仲裁前置程序之本質無悖[12]。

第二項　理論上

一、肯定說

理論上，有認為仲裁前置程序未履行之瑕疵，可因仲裁判斷之作成而補正，法院不應撤銷仲裁判斷者，此為肯定說，其所持理由如下[13]：

（一）按「起訴前應經調解之事件，未經調解程序逕入判決程序而經裁判時，應認其調解程序已因判決而補正，當事人不得以此為上訴理由」，最高法院32年度上字第5021號著有判例、83年度台上字第2549號著有判決。基於同一程序法理，依當事人間仲裁契約之約定，一方當事人提請仲裁前，應先經建築師就其爭議為裁決之程序，如當事人之一方未履行此一程序，他方當事人並「無異議」，表示雙方當事人對於仲裁前置程序之約定，並無異議，仲裁人依法進行仲裁，並作成仲裁判斷時，應認為他方當事人對未經前置程序之瑕疵已喪失責問權，且該仲裁前置之程序，亦因仲裁人之作成仲裁判斷而加以補正，他方當事人不得以此為撤銷仲裁判斷之訴之理由。

（二）基於同一程序法理，依當事人間仲裁契約之約定，一方當事人提請仲裁前，應先經建築師就其爭議為裁決之程序，如當事人之一方未履行此一程序，他方當事人雖「有異議」並於仲裁程序進行中提出抗辯，但經仲裁人認為不重要，仍決定進行仲裁，並作成仲裁判斷時，應認為此乃仲裁人之「仲裁權限」，法院不得干預，且該仲裁前置之程序，已因仲裁人之作成仲裁判斷而加以補正，他方當事人不得以此為撤銷仲裁判斷之訴之理由。

（三）仲裁前置程序僅係當事人進入仲裁程序前之另一「簡便處理」當事人爭議之「程序」，當事人間「發生爭議」後，未先依仲裁前置

---

[12] 參閱最高法院93年度台上字第992號民事判決。
[13] 詳細理由參閱林俊益，85年度法官與仲裁人座談會法律問題提案，頁16至19。

程序處理「程序」，而逕付仲裁程序，仲裁人亦就當事人間之「爭議」作成仲裁判斷，尚難因當事人未履行仲裁前置程序，即謂「當事人間之爭議並不存在」；至於「未履行仲裁前置程序」，僅可謂仲裁人之參與仲裁程序未依當事人仲裁契約有關「先進行前置程序始可進行仲裁程序」而已。但無論如何，當事人間「確有爭議發生」，是無可否認之事實，此從最高法院84年度台上字第2570號判決亦謂「先經建築師就『其爭議』為裁決」一語，亦可知確有「其爭議存在」，詎最高法院84年度台上字第2570號判決竟謂：「上訴人提請仲裁前，並未依兩造仲裁條款所定，應先經建築師就其爭議為裁決之程序，仲裁契約標的之『爭議並不存在』，系爭仲裁判斷即與之無關」，當事人間明明「有爭議發生且已存在多時」，最高法院竟謂「未履行仲裁前置程序，當事人間爭議『並不存在』」，學者認為殊難贊同。

（四）否定「仲裁前置程序未履行之瑕疵，因仲裁判斷之作成而補正」說者又謂：當事人之一方提請仲裁前，並未依兩造仲裁條款所定，應先經建築師就其爭議為裁決之程序。當事人之一方既未履行此一程序，自不得進行仲裁程序，仲裁人仲裁時，自應遵守當事人於仲裁契約之約定，詎仲裁人竟置他方當事人之抗辯而不顧，並作成仲裁判斷，該仲裁人之參與仲裁程序，自有違當事人間仲裁契約之約定，他方當事人依舊商務仲裁條例第23條第1項第4款之規定，訴請撤銷系爭仲裁判斷，固有見地。惟查「仲裁人之參與仲裁程序，有背仲裁契約」，係指「有背仲裁契約之約定，足以影響判斷之結果者而言」，並非所有「違背仲裁契約之程序」者，均足構成撤銷之事由。況舊商務仲裁條例對此雖無規定，但仲裁法已於第40條第3項加以明文規定[14]。換言之，並非任何仲裁程序之瑕疵，均得以「仲裁程序違反仲裁契約或法律強制規定者」為由，而撤銷仲裁判斷。必須該瑕疵亦為「足以影響判斷之結果者」，始得為撤銷仲裁判斷之訴之原因。當事人間仲裁契約雖約定，提請仲裁前，應先經建築師就其爭

---

[14] 參閱仲裁法第40條第3項規定：「第一項第四款違反仲裁協議及第五款至第九款情形，以足以影響判斷之結果者為限。」特別強調「足以影響判斷之結果者」。

議爲裁決之程序，如當事人之一方未履行此一程序，而逕行提付仲裁並經仲裁人作成仲裁判斷時，如他造以「未經建築師裁決爲由」，提起撤銷仲裁判斷之訴，法院仍將可能以該項程序之欠缺，並不足以影響判斷之結果爲由，駁回訴訟。另一方面，如一方當事人提請仲裁前，確先經建築師就其爭議爲裁決，然建築師如裁決一方當事人之請求爲無理由時，該方當事人必然會提請仲裁；建築師如裁決一方當事人之請求爲有理由時，與仲裁判斷之認爲有理由，並無不同，換言之，仲裁人之仲裁程序及仲裁判斷可代替建築師就該爭議爲裁決之程序，故未履行仲裁前置程序之瑕疵，尚不足以影響判斷之結果，故依現行仲裁法之規定，亦不得撤銷該仲裁判斷。

（五）再從程序法之觀點而論，程序進行中之程序瑕疵，如不影響程序之結論，自應認爲較後或較完備之程序，對於瑕疵之程序產生補正之效果。故於「兩造仲裁條款約定，仲裁前應先經建築師就其爭議爲裁決之程序」之情況，就建築師之裁決與仲裁庭之判斷予以比較，學者認爲兩者有如下之優劣[15]：

1. 建築師之裁決，僅係建築師之個人意見，而仲裁判斷則係三位仲裁人之評議，前者不如後者之集思廣益。

2. 建築師之裁決，並未經過任何開庭程序，僅係書面審理之初步意見；而仲裁判斷則係仲裁庭經過仲裁程序後所爲之判斷，前者不如後者愼重。

3. 建築師之裁決，並無時間之限制；而仲裁判斷則有3個月或6個月期限之限制，更能掌握時效性。

4. 建築師之裁決，並無法律依據，且無任何效力，當事人對之不服尚可進行仲裁；而仲裁判斷有舊商務仲裁條例爲其依據，與確定判決有同一效力，經法院裁定後並具有執行力，當事人不得對仲裁判斷再聲明不服，故前者不如後者有保障。

---

[15] 參閱林俊益，前揭文，頁20。因見解精闢，本文雖不予贊同，但爲清楚問題癥結，故仍全部引用。

　　由以上分析可知，前置程序之建築師裁決不如仲裁程序之慎重、嚴謹、有效，仲裁人依當事人之仲裁契約之授權，作成於當事人間有法律效力之仲裁判斷後，竟因當事人之一方未履行前置程序——即前揭無法律效力、無程序保障之建築師裁決程序，以致撤銷該仲裁判斷，殊有悖於「程序（訴訟）經濟」之要求。當事人約定提付仲裁之本意，既在迅速解決紛爭，如因未履行前置程序即撤銷該仲裁判斷，而重新仲裁或訴訟，此顯非當事人當初立約之本意所在。

二、否定說

　　有關仲裁前置程序之瑕疵，可否因仲裁判斷之作成而得到補正，以及「仲裁前置程序」一詞，是否適當，學者意見多有不一，茲就法院仲裁實務研討中之發言，所持否定說者，敘述如下：

　　（一）學者陳煥文認為，工程契約有關「先經建築師就其爭議為裁決」之約定，可追溯到「國際顧問工程師聯合會」之設立，目前國際間大型公共工程，有百分之九十以上均將此組織之規範納入工程契約中。查「先經建築師就其爭議為裁決」主要理由，在於建築師係負責監督整個工程之進行，亦即所謂監造單位，故在工程進行中任何問題之發生，建築師一定相當清楚誰是誰非，由其先作裁決，實為一最快速且最有效率之解決問題方式。在仲裁程序上，由三位仲裁人組成之仲裁庭，應先就雙方之爭議，依契約內容觀之有無仲裁管轄權之存在作一中間判斷，如判斷結果並無管轄權時，一般均判斷「不予受理」。當然，仲裁庭有無管轄權問題，當事人應於第一次詢問庭之前提出，否則事後不能再提出[16]。

　　（二）學者王泰銓認為，肯定說之見解，從法理事實層面觀察，尚有不足之處。先從法理言之，肯定說提到某些案件在起訴前，並未經調解程序，法官仍然判決，其未經調解程序之瑕疵已因判決而補正。然而，仲裁判斷並無此效力。蓋仲裁前置程序之有無，係當事人私法自治原則所衍生

---

[16] 參閱陳煥文，商務仲裁季刊，43期，頁28。

之問題，法院判決與仲裁判斷能否補正未履行前置程序之瑕疵問題，在推理上似不能混爲一談。至於最高法院判決，認未履行前置程序，仲裁契約標的之「爭議」並不存在，此一見解並非正確。蓋兩造當事人在履行仲裁契約中所產生之爭議，固已存在，至「經建築師裁決後」，雙方對其裁決產生不同看法，則應爲新之爭議，二者性質上應有不同，而非「爭議」並不存在[17]。

（三）吳鴻明法官認爲，肯定說之見解所引用之最高法院判決，其實是「系爭仲裁判斷與契約標的之爭議無關」，蓋因仲裁判斷所要解決之爭議，與當事人最初所要解決之爭議並不相同。因爲仲裁契約條款約定，如當事人間有條款上之爭議時，應先請建築師作一裁決。至於仲裁判斷則是針對損害賠償之請求而作成，兩個爭議無關，最高法院乃撤銷仲裁判斷，蓋仲裁契約在解釋上都成問題，自不能說服當事人進入仲裁程序[18]。

（四）王濱仲裁人認爲，前置程序有其需要，但不能惡用。前述之最高法院撤銷仲裁判斷之判決，失之草率，因法院應可暫停審理，由當事人另尋前置程序進行，如獲得解決，則爭議解決；如未獲得解決，則表示是有爭議，則仲裁結果應可有用，如此又何必撤銷仲裁判斷[19]。

第三項　本文淺見

上述見解，眾說紛紜，採肯定說者，認爲未履行前置程序可由仲裁判斷補正之，故法院不應撤銷該仲裁判斷，固屬方便。然依民事訴訟法第249條第1項但書規定之法理而言，所謂「其情形可以補正者，審判長應定期間先命補正」云云，係指法律規定可以補正之情況，此與上述所謂以仲裁判斷補正「建築師之裁決」之情形不同。況工程師（或建築師）係受業主之僱用，代理業主監督整個工作之進行，其之行使職權乃是以其自身所具合理、客觀之專業知識提供服務。就工程契約慣例而言，工程師雖非業

---

17 參閱王泰銓，商務仲裁季刊，43期，頁29。
18 參閱吳鴻明，商務仲裁季刊，43期，頁29。
19 參閱王濱，商務仲裁季刊，43期，頁56。

主與承包商間工程契約之當事人，理論上，其對二者乃爲一中立者，故如工程契約爭議發生時，工程師爲解決爭議之第一層選擇[20]，自不容許仲裁人於作仲裁判斷時，故意忽略。

　　再者，工程爭議不宜以訴訟方式解決，已如前述，而訴訟外之解決途逕，除仲裁外，尚有所謂替代爭議解決辦法（ADR），基於ADR型式之多元性，其內容極爲繁多[21]，不論直接審判方式、設立爭議審督局方式、仲裁方式等，均值吾人參酌。蓋工程爭議不但有其複雜性，且其爭議所牽涉之技術層面問題頗多，故如仲裁人欠缺工程常識，亦不熟悉工程慣例，實在無法勝任。因此，如當事人在仲裁條款中，尚約定上述之ADR時，可濟工程仲裁之窮，而以國外例子而言，其成果較爲顯著者有爭議審查委員會（Dispute Review Board, DRB）等，基本上，DRB乃是專家調解方式之改良，學者認爲，其或可認爲係類似仲裁預審程序之制度，於工程契約中，由契約當事人共同設立一個專司監督契約履行及爭議處理之專案性單位[22]。其他涉及國際工程契約之國外立法亦非常重視，此部分容後另專章敘述。然而，無論如何，基於私法契約自由原則，工程契約之業主與承包商間既然於仲裁前，有「仲裁前置程序」之約定，雙方自應遵守，否則，即構成被法院撤銷仲裁判斷之事由，於法並非無據。因此，如契約當事人間認爲此種「應先經建築師就其爭議爲裁決」之文句不妥，或無此必要時，應於契約中予以刪除，以免無法適用。

　　此外，英國學者亦有認爲，如雙方所約定之仲裁條款中，有「前置條

---

[20] 參閱夏正台，臺大碩士論文，1979年7月，頁2至24。此外，在1996年度法官與仲裁人座談會議中，亦有數位仲裁人同意「仲裁前置程序條款」即爲ADR，可惜其在另案中具代理人身分，故其結論又均無視於該「仲裁前置程序條款」之存在，以免其所代理之案件受不利之仲裁判斷，令人同情。

[21] 參閱藍瀛芳，公共工程爭議仲裁，頁22；陳煥文，國際營建工程之仲裁制度，頁31。按ADR係Alternative Disputes Resolution之縮寫。就其形成之過程而言，ADR係對昂貴之訴訟之變通方法，亦即在以訴訟裁判爲解決爭議以外之「解決爭議之替代方法」。參閱藍瀛芳，簡述「訴訟外解決爭議的方法」，商務仲裁，44期，1996年12月，頁3。

[22] 李得璋，營建工程爭議與仲裁之處理（下），商務仲裁，34期，1993年11月，頁93。

件」時，因仲裁人之權限源自於當事人之授權，故如該條件尚未完成時，仲裁人應以無審判權爲由，作「不受理」（dismiss）之仲裁判斷[23]，值得注意。

第五節　國際性工程契約與國際組織中之工程仲裁

第一項　序言

工程契約之種類，如以執行型態爲區分之標準，有總包契約、統包契約、專業營建管理契約、聯合承攬契約。如以專業營造廠商所爲之工程工作項目分，有土木建築工程契約、衛生及排水設備工程契約、電氣設備工程契約、升降機設備工程契約等各種不同之工程契約[24]。不論工程契約名稱爲何，其所以發生爭議均與報酬計價方式有關，而其計價時所考慮之點乃在於工程成本預算、工程性質、目的與規模、工期長短及其本身設計、管理能力等因素。因此，一般工程契約報酬之計價方式有固定價格式（Fixed-Price）及成本附加式（Cost-Plus-Fee）兩大類。然而，無論何種契約、契約是否成立、契約條款之內容之不同層次問題，均屬契約之解釋範圍[25]。

工程契約中對於契約文件或條款牴觸所應適用之法則，如無明文規定，惟依意思表示之解釋或一般契約之法理釋示之，尤其涉及當事人就工程契約發生爭議時，有時亦可參考外國工程契約或國際性工程契約中，有關工程仲裁條款之約定。

---

[23] Michael J. Mustill, Stewart C. Boyd, The Law and Practice of Commercial Arbitration in England, 1989, p. 114。但在該頁附註中，提及1969年英國法院實務上見解與此相反。

[24] 參閱盧仲昱，東吳碩士論文，1994年7月，頁34。

[25] 參閱王澤鑑，民法總則，民法實例研習叢書，1991年8版，頁277。

第二項 各種國際工程契約之規定

一、國際顧問工程師聯合會（FIDIC）制定之工程營建契約條款（FIDIC Conditlons）[26]

以國際顧問工程師聯合會[27]制定之工程契約而言，其在契約第一部分一般條款後段及第二部分特別條款第5.2條前段23規定所有文件適用之優先順序為：（一）契約已完成之協議書；（二）承諾書證；（三）投標書；（四）第二部分之條款；（五）第一部分之條款；（六）施工規範；（七）圖面；（八）已定價之工程數表[28]。此種契約條款甚具參考價值，可提供仲裁人參酌，而除FIDIC外，國際商會（ICC）之工程仲裁、聯合國國際貿易法委員會（UNCITRAL）之工程仲裁，對於工程爭議及工程仲裁均有詳細規定，於我國極欲發展國際化、自由化經濟之時，此等規定自不容忽視。

---

[26] 工程營建契約條款（Conditions of Contract For Works of Civil Engineering Construction，簡稱FIDIC Condition或The Red Book），因本文所用之「工程契約」一詞，意義上均限指土木工程契約，為行文方便，均省去「土木」二字。按FIDIC Condition，係國際顧問工程師聯合會及巴蒂門特國際公共行銷聯盟（Fideration Internationale Du Batiment et Des Travaux Public, FIBTP）兩個團體於1957年創訂之標準工程契約條款，其後迭經修訂，1987年第四版係現行最新版本，且在多數國家獲得甚多贊助團體之認可，在進行國際招標的工程施工上被業界廣泛推薦使用，係供國際和國內工程招標、投標、簽約承包之國際權威性通用標準。FIDIC Condition分成通用條款與專用條款兩部，可普遍適用於一般契約者稱為通用條款—第一部分；須考慮工程的環境與地域性而作必要變更之條款稱為專用條款—第二部分，如涉及疏濬、填築工程時均須專門擬定第二部分之條款以適用於每一具體之工程契約。FIDIC國際契約有關仲裁條款之特色即其「雙軌制」，第一部分係採工程師裁決及國際商會（ICC）仲裁雙軌進行，第二部分係採工程師裁決及聯合國貿易法委員會（UNTITRC）仲裁雙軌制，結合當今世上兩大仲裁規則之特色與優點。參閱陳煥文，前揭文，頁11；藍瀛芳，工程爭議仲裁，頁11。

[27] 國際顧問工程師聯合會係由工程師組成之國際組織，成立於1914年，總部設於瑞士，至今已有將近100年歷史，提供國際性工程諮詢顧問之業務。是當今國際間最富盛譽之工程顧問組織之一。參閱陳煥文，前揭文，頁11。

[28] 參閱盧仲昱，前揭書，頁55。

　　FIDIC創於1913年，FIDIC Condition則於1957年初版，其初版脫胎於英國ICE（Institute of Civil Engineers）契約範本，1963年第二版，1977年第三版，此第三版仍帶有英美法色彩，1987年第四版，後加入使用者之經驗，並經由諮詢許多不同領域專家，尤其在保險業與法律界方面，1988年編輯修訂再版[29]。按FIDIC條款之內容可分為兩大部分：一即有關當事人間履約義務，包括工程契約當事人義務、工程師義務。承包商以完成工作為義務，即工作範圍之確定、履約保證之提供、工作材料之使用、瑕疵擔保、遲延責任等；而業主之義務即為「付款」。另一即工程契約之爭議及其解決之方式。本章所欲探討之主題，限於工程契約爭議之仲裁，故僅以第二部分說明之。

　　有關工程之爭議之解決規定，於FIDIC契約條款第67條中，共分為六個步驟，茲分述如下：

　　第一步驟：業主與承包商之間必須要有爭議產生，此所謂爭議，不限於因契約或施工而生之爭議，尚包括因工程師任何觀點、指示、決定、證書或估價等引起之爭議。

　　第二步驟：當事人一方（通常係承包商）將此爭議以書面提交工程師裁決，且須聲明此書面係根據上開工程營建契約條款所擬定。

　　第三步驟：工程師必須在任一方提出要求後48天之內，將其裁定通知業主和承包商，工程師作此裁定時僅須公平、公正即可，無須像仲裁人一樣收受、聽取當事人雙方書面及言詞之陳述。在此時期，承包商仍須依契約繼續施工。

　　第四步驟：此步驟分兩部分，如：（一）業主或承包商任一方對工程師之裁定不滿意；或（二）工程師未能在84天內作出裁定，則任一方得在收到通知後70天內或84天期滿後70天內，通知另一方開始仲裁之意向，否則該工程師裁決將具有確定拘束力。

　　第五步驟：此步驟係有關和解之規定，即在發出意圖仲裁之

29 參閱榮民工程處，FIDIC Conditions，1987 4th Ed.中譯本，1991年，頁1至4。

通知後，如果雙方並未首先設法對爭議進行衡平仲裁（Amiable Compositure）[30]，則不能開始仲裁，條款規定第56天之後方可仲裁，亦即鼓勵當事人先試行和解。

第六步驟：在56天之和解時間過後，如任何一方不服工程師裁決而提起仲裁者，須適用國際商會之調解仲裁規則仲裁，除非雙方當事人合意適用其他仲裁規則。依此規則選定仲裁人，此仲裁人擁有全權解釋、修正和複查工程師先前所作之任何裁定或意見、指示、證明、估價等事項。

換言之，依上述仲裁條款，如因契約或實施工程而發生爭議，首先提交工程師裁決，工程師應及時作出決定並通知業主及承攬人；如在規定期間內未提出仲裁，則工程師之裁決爲終局裁決。但如任何一方不服此裁決，可在規定期間內，按工程契約有關仲裁條款之規定，提交有關仲裁機構仲裁。

二、國際商會（ICC）之工程仲裁

按上開工程營建契約條款第一部分適用條款中，關於工程仲裁係適用國際商會調解與仲裁規則，而國際商會自1977年設置「國際技術性專家中心」（International Centre For Technical Expertise）後，當事人得以迅速選定獨立公正之專家，對專業性之工程爭執，立即給予意見，對增進工程仲裁之品質及進度，貢獻良多。

在ICC仲裁規則特別規定，交付仲裁之「爭議」必屬「商務爭議」以及具有「國際因素」者始足當之。而依ICC調解及仲裁規則第1條規定，所謂之「國際因素」係採廣義定義法，當爭議之雙方當事人均爲雙重國

---

30 「Amiable Compositeur」有譯爲和解，如楊崇森、柯澤東；有譯爲自然正義之法則，如葉永芳；有譯爲善良公正之仲裁人。藍瀛芳原譯爲「調停式仲裁」與「調解式仲裁」，因其認爲上述均無法表達「Amiable Compositeur」之本義，而後譯爲「衡平仲裁」，參閱藍瀛芳，商務仲裁之衡平仲裁制度—Amiable Compositeur淺釋，商務仲裁論著彙編，第1冊，頁388；另參閱吳光明，論衡平仲裁—我國仲裁法第三十一條之檢討，仲裁法理論與判決研究，2004年11月，頁105至135。

籍時,並非即無「國際因素」存在。ICC仲裁規則原提供兩種解決爭議之方法,即「調解」與「仲裁」。調解具有選擇性,由當事人之一方提出申請,而由ICC就其所提出之解決方式提出建議,如調解不成,則依ICC調解規則第5條第1項規定,即可選擇仲裁程序或進行訴訟。在ICC仲裁中與仲裁效力關係最大者,係第13條審理事項(The Terms of Reference Rules)和第21條仲裁院(Court of Arbitration)[31]對判斷之核閱。前者確定了爭議之範圍、仲裁人權限及應適用之法律,使仲裁判斷免於受逾越審理範圍之攻擊;後者意圖維持判斷之品質於一般水準之上,但ICC仲裁院只能建議而不得強迫仲裁人接受此修正意見[32]。

三、聯合國國際貿易法委員會(UNCITRAL)之工程仲裁

(一)1976年聯合國國際貿易法委員會仲裁規則

上開工程營建契約條款(FIDIC Condition)第二個部分專用條款中,關於工程仲裁係適用UNCITRAL仲裁規則(UNCITRAL Arbitration Rules),而UNCITRAL規則並未提及任何類似ICC之審理事項及法院對判斷之核閱等事項。一般而言,UNCITRAL仲裁規則係遵循下述之UNCITRAL仲裁模範法之綱要制定者。

(二)1985年聯合國國際貿易法委員會(UNCITRAL 1985)

基於每一個案之特殊性,本章很難斷言某一定型化工程契約、仲裁

---

31 國際商會之仲裁院,學者翻譯為仲裁法院(Court of Arbitration),其係歐洲專門解決國際商務爭議之仲裁中心。惟「仲裁法院」一詞,易引起誤會,蓋該仲裁機構為一永久性之行政單位,其僅監督由其仲裁案件之解決,並無任何司法上之權利。再從ICC仲裁規則第1條規定,可以看出國際商會仲裁院是附屬於國際商會之國際仲裁機構,仲裁院之成員由國際商會理事會任命。仲裁院之任務係按照ICC仲裁規則,以仲裁方式解決國際爭議。故本章認為其係「仲裁院」,而非「仲裁法院」。

32 陳煥文,前揭文,頁12,轉引自Craig Park & Paulsson, ICC Publishing 2nd Ed., 1990, p. 341。

規則或某一特定國家之法律是最好的。但仲裁模範法，基於其臨時專設（AD HOC）之特性，以規範特殊工程個案，較為妥當。UNCITRAL模範法之某些條文，頗有助於當事人選出最適合之適用法。

（三）1988年擬定國際工業工程契約之法律指南（Legal Guide for Drawing up International Contracts for the Construction of Industrial Works, UNCITRAL, NY, 1988）

此註解性文獻，共計346頁，就擬定工程契約而言，實係極佳參考資料，然長篇累牘，過於繁瑣，亦為其缺點，較宜適用於業主與承包商間有特殊需要，必須密切規範之工程契約。

（四）美國仲裁協會建築工程仲裁規則（AAA's Construction Industry Arbitration Rules' as Amended and in Effective, January 1, 1990）

這種規則之制定，均與全美工程界有關之各行業組成之「全國工程爭議處理委員會」（National Construction Disputes Resolution Committee, NCDRC）密切配合所完成。

1993年其再度修訂完成「工程業爭議解決局之程序規則」（Construction Industry Disputes Review Board Procedures' Effective, June 1, 1993）。此即所謂DRB程序，其在美國已應用多年，其出發點還是在進行「訴訟外之爭議處理」（out-of-court dispute settlement）。多年來美國法界即努力探討以「訴訟外」（extra-judicial）之「變通爭議解決方法」（Alternative Disputes Resolution, ADR）提供爭議當事人使用。在ADR中，仲裁是其中一項，而在工程爭議中，工程界亦開創了另一種特別辦法，這即是上述DRB程序[33]。

---

[33] 此所謂DRB係由業主與承包商就有經驗、公正且受敬重之工程專業人士中選任組成爭議審議委員會，其特色係工程開工後，雙方當事人定期向DRB委員報告工程內容及進度，並適時更新重要資訊，於爭議發生時，即可確實明瞭問題之癥結，俾迅速作成裁

（五）統包式契約（Turnkey Contract）[34]之工程仲裁

統包式契約係指從勘察、可行性研究、規劃、初步設計、技術設計、制定施工圖、施工安裝以及試車，一直到開始生產，均由承攬人承包到底之工程承包契約。而與工程仲裁相關之統包式契約如：

1. 歐洲開發基金（European Development Fund）、世界銀行等國際金融體系對Turnkey Basis，工程仲裁之支持：國際性工程契約一般均採Turnkey Basis，並以仲裁解決衍生之紛爭。

2. 歐洲國際契約協會之標準契約（European International Contractors' Model, EIC）：EIC董事會和世銀於1987年協議制定一統包式標準契約（Turnkey Contract Model），其內容即將土木工程列為規範對象，此標準格式現已經過EIC董事會批准，正交由世銀作最後審查中。

3. 優納德模式之化肥廠統包式工程契約（Unido Model Form of Turnkey Contract for the Construction of A Fertilizer Plant, 1981）：此標準契約並不為多數國家所推薦，蓋因其過於偏袒開發中國家，如業主國家有權中止契約，而無須賠償承包商等偏頗之規定[35]。

決。DRB程序之最大缺點在於欠缺法律之確定性，除非DRB裁決能被定位為仲裁人之仲裁判斷，否則無法受到紐約公約之保護。參閱陳煥文，國際仲裁法專論，1994年4月，頁432。

[34] 統包式契約之名稱源自於營建工程契約，或有稱為「Package Contract」；其定義為統包商須為其設計與爾後之一貫性複合工程負全部責任，其交易內容除工程設計、採購、建造一貫作業外，還須對工程經費予以貸款。此外，統包商還須協助人員訓練、測試操作機器設備等。參閱陳煥文，前揭文，頁12。

[35] 上述與仲裁相關之統包式契約，參閱陳煥文，前揭文，頁13。

第六節 結語

　　以仲裁方式，解決國際商務糾紛或工程契約爭議，已逐漸形成趨勢，而又因工程契約爭議有其特色，近來在國際仲裁之改革上，特別是工程契約之爭議，越來越重視和解、調解所扮演之角色；因此，爭議解決替代方案（即所謂ADR程序）在工程契約爭議中，已變成無法忽視。本章中所述之所謂「前價程序」，基本上係承包商向業主請求付款時，先經建築師之裁決，而因建築師係協調監督工程之進行，憑其知識經驗以及對工程進度之熟悉，加上其超然之立場，使其裁決客觀合理，如承包商對建築師之裁決無異議，業主亦同意時，則承包商與業主雙方即可達成和解之協議，爭議因而獲得解決；反之，如承包商對建築師之裁決有異議，則須再向業主提出異議，此時如業主接受此異議，則雙方亦可達成和解之協議，其目的在加速解決承包商與業主雙方之爭議。基此原由，本文認為承包商原則上仍以履行此一前置程序為宜，換言之，建築師之裁決，具有舉足輕重之地位，如此才能符合「契約自由」原則，仲裁人如對工程契約條款中之「應先經建築師之裁決」之約款，於仲裁判斷時置之不顧，並非妥適。最高法院上開判決[36]，將仲裁判斷撤銷，並非無據，只是前一判決理由認為「爭議不存在」，後一判例理由認為「仲裁人參與仲裁程序有違仲裁契約」，似非充分。

　　至於學者認為「仲裁前置程序未履行之瑕疵（即建築師未裁決），因仲裁判斷之作成而補正」云云，雖其理由詳盡，且頗有見地，但從另一角度觀察，建築師之職責、專業以及對工程之監督，既扮演重要角色，則其裁決自不能與仲裁人之仲裁判斷，相提並論，從而，如認定仲裁判斷可補正建築師之裁決，似嫌速斷。再者，內政部所公布之工程仲裁條款中，亦仿造外國工程契約條款（如FIDIC Condition等），則ADR程序之應用，自不能忽略。現行仲裁法第40條第3項規定：「第一項第四款違反仲

---

[36] 參閱最高法院84年度台上字第2570號判決及最高法院84年度台上字第692號判決。

裁協議及第五款至第九款情形，以足以影響判斷之結果爲限。」固已特別強調「足以影響判斷之結果者」，換言之，並非任何仲裁程序未履行之瑕疵，均得以「仲裁程序違反仲裁契約」爲由，而撤銷仲裁判斷。可惜，如此規定，對上述「前置程序」問題仍未完全解決，因爲「未經建築師之裁決」，有無「影響判斷之結果」，仍須由法官斟酌全案事實資料，才能裁量判決。不服仲裁判斷之一造，仍可能提起訴訟請求法院認定，原仲裁判斷有足以「影響判斷之結果」，以致拖延爭議之處理，何況，對程序問題之規定，基於「私法自治原則」以及「程序正義原則」，加上仲裁人之權限源自於仲裁契約，故仲裁前置程序問題不能視而未見，解決之道，似仍以明確規定爲妥。

綜上所述，爲使工程爭議之仲裁判斷能客觀公正，受各界信賴，除適用法律規定外，若干營建工程慣例及誠信原則之遵守，亦不容忽視。工程契約條款中，既引進國際工程契約所謂工程爭議替代方案，或所謂由爭議審查委員會裁決等程序，則仲裁人自不應於仲裁判斷時，對此種抄襲而來之「外來約定」置之不理，然後卻以我國方式尋找法律論據，加以包裝，造成衝突。此或許即爲1996年在首爾召開國際商會之國際仲裁會議中，所討論之「仲裁文化問題」，而非「仲裁法律問題」吧！

最後，我國民法第227條之2規定：「契約成立後，情事變更，非當時所得預料，而依其原有效果顯失公平者，當事人得聲請法院增、減其給付或變更其他原有之效果。」即所謂「情事變更之原則」，亦爲國內忽視工程設計前之詳細調查生態下，常見之工程爭議，以爭取權益。然而，如運用在另有特別規定之公共工程時，有無特別法優於民法問題，有無仲裁法第38條第3款規定「仲裁判斷，係命當事人爲法律上所不許之行爲者」問題，值得探討。

CHAPTER

12

海峽兩岸證券爭議仲裁之比較

第一節　概說

第一項　問題之提出與研究目的

一、問題之提出

　　證券之發行與交易，應遵循公平、公正、公開以及誠實信用原則。然而，在證券之發行與交易過程中，難免發生各種爭議，為促進證券市場正常營運，並保護投資人，自有必要研究處理各種證券爭議之途徑。

　　一般而言，證券爭議係一種商務糾紛，當事人除可自行協商解決、經由調解解決、法院訴訟外，亦可經由仲裁機構以仲裁方式解決，此部分海峽兩岸之解決方式並無不同。然而，在仲裁處理程序與仲裁理論上，則有顯著差異[1]。大陸證券爭議之仲裁，是指在證券發行或平等交易中平等主體之公民、法人或其他組織之間發生契約糾紛以及其他財產權益糾紛時，雙方當事人自動達成協議，將爭議提交給第三人，由其作成仲裁判斷之活動[2]。

二、研究目的

　　中國大陸證券業剛剛興起，其證券仲裁制度還在形成之中，而證券仲裁活動亦必須遵守一般商務仲裁之原則。中國大陸證券監管部門、中國證券業協會與上海、深圳證券交易所，亦借鏡美國做法，推薦、引導證券公司、上市公司與投資人使用標準仲裁合同條款[3]。

　　因此，其證券爭議仲裁之作用與一般商務仲裁相同，包括：（一）減輕法院之負擔：由於大陸經濟發展迅速，各種商務糾紛激增，證券爭議亦

---

[1] 以中國大陸而言，證券仲裁係指當事人間發生證券爭議後，聲請提交仲裁解決，由仲裁人以第三人身分，進行公正之判斷者也。

[2] 參閱任澤輝，證券法典律師證券業務，人民法院業務，1997年9月，頁236。

[3] 標準仲裁合同條款，在中國大陸又稱「示範合同文本」。

同，使法院負擔過重，影響法院審理品質，適用證券仲裁將減輕法院之負擔；（二）提高解決糾紛之品質：證券仲裁可以選擇證券專家解決爭議，發揮專家功能，提高解決糾紛之品質；（三）促進團結和諧：證券爭議仲裁雙方當事人可在和諧氣氛下，達成協議，解決爭議，促進雙方團結和諧；（四）簡潔便利：證券爭議仲裁一審終結，比法院之訴訟靈活簡便；（五）與國際慣例結合：發生涉外證券爭議時，依照國際慣例，如雙方當事人訂有書面協議，即應依該協議執行，此將與國際慣例結合，促進金融國際化與自由化。

第二項　研究方法

由於歷史發展過程與各國具體國情之差異，世界各國之證券管理及其法律制度，存在著相當大之區別，逐漸形成具有鮮明特色之三大證券法律體系，包括：一、立法管制型之美國證券法體系[4]；二、自律管制型之英國證券法體系[5]；三、特殊管制型之法國證券法體系[6]。雖然我國證券市場

---

[4] 美國證券法之基本層次，即其證券發行與交易之基本法，包括：1933年之聯邦證券法、1934年之證券交易法，以及1975年之證券法修正案。其他由美國國會相繼頒布之一系列與證券基本法相配套之法規與法案，如1935公共事業控股公司法、1940年投資公司法、1940年投資諮詢法、1970年證券投資人保護公司法、1984年內部交易制裁法、1988年內部交易與證券交易詐欺行為執行法等等，而美國證券交易委員會成為立法管制型之美國證券法體系之中心。

[5] 英國證券法體系之證券法規主要集中在1948年至1981年之「公司法」，加上一些與金融、證券有關之其他法規，例如1958年之防止詐欺投資法、1963年之保護儲戶法，以及1986年之財務服務法（Financial Service Act）。實務上，英國證券交易所實際上行使著英國證券市場日常管理之職能，其中以倫敦證券交易所管理經驗最爲豐富。此外，依1974年英國外匯管制法與英格蘭銀行據此制定之各種規定，管束與外匯管制有關之證券交易，有權阻止某些被認爲不可取之證券交易活動。Simon Morris of Camer on Markby Hewitt, Financial Services: Regulation Investment Business, 2nd Ed., 1995。

[6] 法國證券法體系之現行證券法規主要彙編於商法典之中，另外還有二次大戰後，陸續發布之若干單行法規，實際上對規範證券市場之活動，起一定之作用。依1967年9月28日法國政府之命令，法國成立證券交易所管理委員會，除對各種證券規章提出修正建議外，並監督證券交易所，以及對證券市場之公開性進行監督，但通常不干預具體之證券

及證券法制，直至1953年才逐步形成，中國大陸則起步更晚，海峽兩岸均不屬於上述三大證券法律體系之內。然而，兩岸在證券市場有關法規還不完善之條件下，證券糾紛之產生與解決方式，尤其是證券爭議仲裁制度自亦有加以比較之實益。

我國證券仲裁之含義、作用，與中國大陸之證券爭議仲裁，除名稱用語有些不同外，並無二致。然在證券交易爭議仲裁之理論與實務上，則有顯著不同。中國大陸自1979年實施改革開放以來，逐步接受市場經濟，制定獎勵外商投資政策，並公布對台商之優惠，吸引台商投資，尤其兩岸解決經濟糾紛之仲裁方式，更值得注意。無獨有偶地，我國仲裁法於1998年6月間修正通過，而中國大陸亦於1998年5月修訂「仲裁規則」[7]，海峽兩岸似乎有相互較勁之意味。

基此，本章除將詳加探討大陸證券仲裁之發展史、證券仲裁之原則與程序，以及證券仲裁之種種問題外，並嘗試以比較研究方法，探討海峽兩岸在證券交易爭議仲裁上之不同。由於我國證券交易法從1949年發行公債之創制時期，以至於1953年建立證券集中交易市場之發展時期，最後至1980年證券交易法之成熟時期[8]，不論歷史及市場經驗，均遠比剛在起步之中國大陸豐富，相形之下，二者在學說與實務上自有所不同。故比較之目的，並不是要說明海峽兩岸之證券仲裁制度孰優孰劣，而是從社會制度、仲裁文化[9]背景之不同，所衍生之差異加以比較，以檢驗出如何發揮證券爭議仲裁之功能，同時可發現證券爭議仲裁之缺陷。最後，本章再針對如何避免證券爭議仲裁缺陷問題之發生，提出檢討與建議，以代結論，並供各界參考。

業務活動。

[7]　參閱中國1998年5月10日起施行之中國國際經濟貿易仲裁委員會仲裁規則。

[8]　我國於1960年9月成立經濟部證券管理委員會，1961年制定並公布證券商管理辦法，1966年修正公司法，甚多涉及證券管理，1958年公布證券交易法，歷經多次修正，最近一次修正於2023年5月10日。

[9]　Whitmore Gary, Is There a Growing International Arbitration Culture? International Dispute Resolution: Towards an International Arbitration Culture, 1998, pp. 23-30.

第二節　中國大陸證券仲裁發展史

第一項　形成階段

　　1980年代初中國大陸證券業剛興起時，中共國務院公布之全國證券法規，主要有「國庫券管理辦法」、「關於暫不發行地方政府債券的通知」、「企業債券管理條例」、「關於加強股票債券管理的通知」、「關於按自籌投資一定比例購買企業債券管理的通知」、「關於企業內部債券管理的通知」，以及1984年人民銀行上海市分行發布「關於發行股票的暫行管理辦法」，1990年又發布「上海市證券交易管理辦法」等，被大陸學者批評爲，立法混亂、立法內容不全面、立法缺乏系統[10]。此時，證券仲裁制度還在形成之中，上海證券交易所[11]依據其仲裁實施細則，設立仲裁委員會，作爲證券爭議仲裁之專門機構。仲裁委員會委員人選由證交所與上述有關單位共間協商提名，經證交所理事會審議通過而產生。各委員任期2年，連選得連任。首席仲裁人由證交所之代表擔任，負責召集並主持仲裁委員會議，至於仲裁委員會議日常事務，則由證券交易所管理部門辦理。

第二項　立法階段

　　以仲裁作爲解決糾紛之一種制度，已有很長之歷史。早在古羅馬時代，就有以此方式解決糾紛之做法。其後世界各國紛紛頒布仲裁法案[12]。1993年4月，中共國務院發布「股票發行與交易管理暫行條例」，其第八

---

10 參閱中國法學會民法學、經濟法學研究會，企業、證券、合同，人民法院，1992年，頁190至192。
11 上海證券交易所仲裁委員會係由投資人、上市公司、證券商、證券交易所以及律師事務所、會計師事務所之代表所組成。
12 英國在1697年頒布仲裁法案；瑞典在1917年成立斯德哥爾摩商會仲裁院，1958年在紐約簽訂聯合國「承認及執行外國仲裁判斷公約」；1985年又通過「聯合國國際貿易法委員會仲裁模範法」。

章「爭議的仲裁」共兩條，分別規定兩種爭議可以提交仲裁：一即當事人與股票之發行公司就交易有關之爭議，可依約向仲裁機構申請調解、仲裁；另一即證券商之間，以及證券商與證券交易所之間因股票之發行或交易引起之爭議。上述之爭議發生時，應由證券委員會批准設立或指定之仲裁機構調解、仲裁。

第三項　新發展階段

1994年8月26日，中共國務院證券委員會公布「關於指定中國國際經濟貿易仲裁委員會為證券爭議仲裁機構的通知」[13]。其後，又在上海證券交易所例會上，公布中國證券監督管理委員會（以下簡稱證監會）關於以仲裁方式解決仲裁爭議之決定。其內容包括：

一、中共國務院證券委員會指定中國國際經濟貿易仲裁委員會[14]（China International Economic and Trade Arbitration Commission, CIETAC），作為證券爭議當事人之仲裁機構。此一指定，具有深遠意義。而隨著中國大陸證券市場之迅速發展，以及證券法制之逐步健全[15]。如敗訴之一造不履行中國國際經濟貿易仲裁委員會所作之仲裁判斷，而且在中國境內無財產可供執行時，勝訴之一造可以依據紐約公約[16]在世界上之簽署會員國中聲請強制執行。

---

13 參閱中國國務院證券委員會「證委發（1994）20號」文件。
14 中國國際經濟貿易仲裁委員會為一個專門以仲裁方式解決發生於國際或涉外之契約性或非契約性之經濟貿爭議之常設仲裁機構，仲裁委員會設在北京，另在上海或深圳設有分會。其係根據中共中央人民政府政務院1954年5月8日決定在中國國際經濟貿易促進委員會設立之民間仲裁機構。
15 外國證券經營機構越來越多參與B股、H股、美國存託憑證以及B股之交易，並且又有中外合資基金進入A股市場，妥善處理涉外證券爭議，是中國大陸證券市場發展之必要條件。
16 「紐約公約」即1958年在紐約所簽訂之「承認及執行外國仲裁判斷公約」。Gary B. Born, International Commercial Arbitration in the United States, Kluwer, 1994, pp. 875-880。另請參閱吳光明、俞鴻玲，仲裁判斷的撤銷與執行，國際商務仲裁理論與發展，翰蘆圖書，2013年1月，頁274至275。

　　二、證券經營機構之間、證券經營機構與證券交易所之間之證券爭議，應交由中國國際經濟貿易仲裁委員會以仲裁方式解決。根據中共國務院發布之「股票發行與交易管理暫行條例」第80條規定，證券經營機構之間，證券經營機構與證券交易所之間之證券爭議，除可以經由雙方協商、第三方調解或主管機關依法作出裁定之方式解決外，必須以仲裁方式解決，而不能以訴訟方式為之。在此基礎上，中國證監會規定，「上述機構簽訂的與股票發行或者交易有關的合同應包括證券爭議仲裁條款」，「事先沒有訂立協議的，應於糾紛發生後，簽訂證券爭議仲裁條款」。由此可見，中國證監會將仲裁條款列為機構間因股票發行或者交易有關契約之必要條款，而且如事先未簽訂證券爭議仲裁協議者，應於爭議發生後，簽訂證券爭議仲裁協議。

　　三、要求證券爭議仲裁協議或者仲裁條款約定在北京進行仲裁，其仲裁判斷書要在北京簽署，並在北京發出。

第四項　仲裁法生效期——對證券仲裁之影響

　　1995年9月1日，中共仲裁法生效實施後，證券主管機關不能再要求當事人必須至其批准設立或指定之仲裁機構解決糾紛，證券仲裁將完全按當事人之意願在其自己選定之仲裁機構進行。

　　1996年8月底前，中共全國重新組建省、自治區、直轄市一級之國內仲裁委員會，此外，還成立涉外仲裁與國內仲裁統一之中國仲裁協會[17]。最後，中國證監會作出決定，對自願參與仲裁又不自動履行仲裁判斷之有關當事人，應給予必要之制裁[18]，以維護其嚴肅性。

　　基此，仲裁法生效並實施後，至少對證券仲裁產生下列二項之影響：一、中共證監會規定，證券機構間之證券爭議，必須以仲裁方式解決，此與我國之強制仲裁相同，但中共仲裁法則規定，一切仲裁均以當事

---

[17] 中國於成立中國仲裁協會後，一些具體之分工協調問題，即可在此過程中解決。
[18] 例如不准其發行股票或買賣股票等等。

人自願爲原則，其又未類似我國仲裁法第53條有「依其他法律規定應提付仲裁者，除該法律有特別規定外，準用本法之規定」之條文，則在無「特別法優先於普通法」原則下，適用上是否會產生問題，值得探討；二、中共證監會要求，證券爭議仲裁必須在北京進行，此又與中國國際經濟貿易仲裁委員會之仲裁規則不相符，不但違反當事人意思自由原則，又無「特別法優先於普通法」原則之適用，則在實務運作上，恐發生困難，並令當事人無所適從。

第三節　中國大陸證券仲裁之程序

　　由於中共證券市場法規還不完善，經驗亦顯不足，加上投機謀私、玩法弄紀之人士，興風作浪，在證券之發行、交易與管理過程中，發生爭議，在所難免。爲維護證券市場之秩序，解決爭議，提交仲裁不失爲可行之方法。證券爭議當事人將爭議提交仲裁解決，須依照下列程序進行：

第一項　仲裁之申請與受理

一、申請仲裁

　　當事人首先須向仲裁委員會，提出申請書[19]，並附有關證據資料，例如仲裁協議。此仲裁協議既可以是契約中附帶之解決證券糾紛之仲裁條款，亦可以是爭議發生前後，雙方達成之同意將爭議提交仲裁之協議。證券仲裁申請書中應載明，當事人與相對人之年籍資料、申請之事項及理由、證據及證人之姓名地址等，於規定之一定期間內提出[20]。

---

[19] 仲裁申請書之內容，參閱中國大陸仲裁法第23條之規定。
[20] 如上海規定之仲裁請求期限爲15日。

二、審查立案

　　僅有當事人之申請仲裁，並不當然開始證券仲裁程序，而須由接受證券仲裁申請之機構對當事人之申請進行審查，包括審查仲裁請求期限，以及是否具備仲裁條款，如審查結果符合規定者，始予以立案，並通知相對人於接到通知後15日內，提出書面答辯，並提供證據資料。

第二項　組成仲裁庭

　　仲裁庭可由三名仲裁人或一名仲裁人組成，如由三名仲裁人組成者，設首席仲裁人。仲裁委員會決定受理仲裁申請後，即組成仲裁庭。該仲裁庭由證券仲裁委員會委員組成，但須遵守迴避原則。仲裁庭組成後，應書面通知當事人。仲裁庭如認為必要時可以實施保全措施以及進行調解，茲分述如下：

一、保全措施

　　仲裁庭根據實際上之需要，裁定對當事人之一造或兩造之有關財產，實施訴訟保全措施[21]。當事人申請財產保全者，仲裁委員會應將當事人之申請，依民事訴訟法有關規定，提交人民法院裁定並執行。保全措施包括查封、扣押、凍結、責令提供擔保或者法令規定之其他方法。

二、進行調解

　　中國大陸對證券爭議之調解並無特別現定，故依其經濟合同法與涉外經濟合同法之規定，雖依該規定，調解並非仲裁之先行程序，但在相關之仲裁法規上，卻有截然不同之處理方式。在中國國內仲裁，中共採行仲裁與調解相結合制度，故在仲裁判斷前先作調解[22]。至於在涉外仲裁，依中

---

[21] 參閱中華人民共和國民事訴訟法第258條規定。
[22] 參閱中華人民共和國經濟合同仲裁條例第25條有關「仲裁機關在處理案件時應當先行調解」之規定。

國國際經濟貿易委員會仲裁規則第37條之規定，仲裁委員會與仲裁庭可對其受理之案件進行調解。經調解成立之案件，仲裁庭可作成仲裁判斷書。

實務上，仲裁庭須先對雙方爭議進行調解，如調解成立，調解筆錄與達成之協議，由當事人兩造與調解之仲裁人簽名蓋章。仲裁庭依據調解協議製作調解書，調解書送達當事人處即予執行。調解應當自始至終貫徹平等、自願與協商之原則。而如調解不成立者，應及時作成仲裁判斷。1994年通過並於1995年9月1日起施行之仲裁法明確規定，當事人申請仲裁後，可以自行和解，達成和解協議者，可請求仲裁庭根據和解協議作出仲裁和解書，亦可撤回仲裁申請。大陸學者認為，從理論與實務言之，將調解與仲裁有機地結合在一起，不僅可行，且有獨到之優勢。蓋其一，可省掉一個程序；其二，在仲裁程序中，由仲裁人進行調解，其成功率比調解人之調解機率較大；其三，經由仲裁人在仲裁程序之調解，達成協議後，可由法院執行；其四，經由仲裁與調解相結合達成和解，可使當事人保持友好關係，節省金錢與程序[23]。

第三項　開庭仲裁

原則上，證券仲裁應開庭進行，但當事人協議不開庭者，仲裁庭可以依仲裁申請書、答辯書以及其他仲裁資料直接作仲裁判斷。開庭仲裁之方式，有利於查明事實真相。開庭時，應提前通知當事人兩造，當事人須按時到場出庭，如經兩次通知無故不到場者，仲裁庭可作缺席仲裁（Default Award）。作仲裁判斷之前，仲裁人必須集體評議，集體評議後，仲裁庭作出仲裁判斷，並以仲裁判斷書通知當事人兩造，仲裁判斷書內容包括：當事人雙方之年籍資料、爭議之事項及理由、仲裁判斷之結果、仲裁委員會之簽章等項。至於仲裁判斷之形式，必須是書面，且經仲裁人簽署[24]。如仲裁庭不能形成多數意見時，依中國國際經濟貿易仲裁委員會新仲裁規則第54條第4項第3款規定，仲裁判斷依首席仲裁人之意見作出。

---

23 參閱肖永平，中國仲裁法教程，武漢大學，1997年，頁169、170。
24 參閱中國仲裁法第54條之規定。

第四項　仲裁判斷之執行

仲裁判斷書送達後，當事人雙方應按照規定之期限自動履行，逾期不履行時，他造當事人可請求仲裁委員會強制執行。根據仲裁判斷書，敗訴一造應賠償他造當事人因採取保全措施所生之費用與損失，並負擔仲裁費用。而在其民事訴訟法對國內仲裁判斷之執行，則又採取嚴格審查之制度，亦即對一方當事人不履行時，他造當事人可向有管轄權之人民法院申請執行[25]。證券仲裁為一審終結制。但當事人對仲裁結果有異議時，允許向證券主管機關申請覆議。

第五項　申請撤銷仲裁判斷

當事人提出證據證明仲裁判斷有下列情形之一者，可向仲裁委員會所在地之中級人民法院申請撤銷仲裁判斷：一、無仲裁協議者；二、仲裁判斷事項不屬於仲裁協議範圍，或者仲裁委員會無權仲裁者；三、仲裁庭之組成或者仲裁之程序違反法定程序者；四、仲裁判斷所根據之證據係偽造者；五、對造當事人隱瞞之證據足以影響公正之仲裁判斷者；六、仲裁人在仲裁該案時，有索賄受賄，徇私舞弊，枉法仲裁判斷行為者。

第四節　我國證券仲裁制度之新發展

按我國證券仲裁，係規定於證券交易法[26]第六章，從該法第166條至該法第170條，為有關證券仲裁之規定，而第166條第2項規定：「前項仲裁，除本法規定外，依仲裁法之規定。」換言之，證券交易法未規定之仲裁事項，適用仲裁法之規定。茲就證券交易法第六章有關仲裁之規定，分述如下：

---

25 參閱中華人民共和國民事訴訟法第258條規定。
26 按「證券交易法」訂定於1968年4月30日，歷經多次修訂，最近一次修訂於2023年5月10日。

第一項　證券交易法第166條及其爭議

證券交易法第166條第1項規定爲：「依本法所爲有價證券交易所生之爭議，當事人得依約定進行仲裁。但證券商與證券交易所或證券商相互間，不論當事人間有無訂立仲裁契約，均應進行仲裁。」在一般投資人與證券商或證券交易所之間所發生之糾紛，均採任意仲裁，須當事人間有合意，才能進行仲裁。於證券商與證券交易所間或證券商相互間發生糾紛時，則採取強制仲裁。

一、適用範圍

依證交法第166條第1項規定：「依本法所爲有價證券交易所生之爭議，當事人得依約定進行仲裁。但證券商與證券交易所或證券商相互間，不論當事人間有無訂立仲裁契約，均應進行仲裁。」此係說明證券仲裁之適用範圍。由條文觀之，其適用範圍似乎非常明確，實則不然。所謂「依本法所爲有價證券交易所生之爭議」，其意涵如何，並不明確。如作文義解釋，係指依證券交易法所爲有價證券交易所生之爭議，始有本條之適用。因此，如非依證券交易法所爲有價證券交易所生之爭議，則無本條之適用，如此解釋，無異是限縮證券仲裁制度之適用範圍。因此，所謂「依本法所爲有價證券交易所生之爭議」之範圍，究應採廣義解釋或嚴格之文義解釋，仍有爭議。爲解決此一爭議，似宜從證券交易法之立法意旨著眼，以爲適當之解釋。證券交易法第1條規定：「爲發展國民經濟，並保障投資，特制定本法。」可見證券交易法之立法目的爲發展經濟及保護投資人，二者相輔相成，密不可分，甚至有認本法即爲「證券投資人保護法」[27]。本法所保障投資人之利益範圍，僅係在投資前有獲得正確決策資訊，市場免於被操縱、詐欺之權利，內部人不能謀取其個人不當利益，以及取得法律救濟之權利。而不在本條保障之列者，係證券之「價值」或

---

[27] 因此，宜適當界定投資人應受保護之利益範圍，以免漫無節制加以保護，使投資人成爲「長不大之孩子」。

「價格」，即保障投資並非保證投資人能獲得一定之利益。因此，發展經濟及保障投資為證券交易之立法目的，宜以之貫穿全法，故在其他條文之解釋時，必須考慮是否顧及投資人正當利益之保護，以及市場之有效率、健全之運作，而為體系、合理之解釋[28]。茲所謂「依本法所為有價證券交易所生之爭議」，原則上，在證券集中交易市場及店頭市場所為有價證券之交易，均屬之。惟其他有價證券之交易如何認定，則有爭議。依證券交易法第6條規定：「本法所稱有價證券，指政府債券、公司股票、公司債券及經主管機關核定之其他有價證券。新股認購權利證書、新股權利證書及前項各種有價證券之價款繳納憑證或表明其權利之證書，視為有價證券。前二項規定之有價證券，未印製表示其權利之實體有價證券者，亦視為有價證券。」在規範範圍上，本條所定之有價證券種類頗為有限。政府債券雖為有價證券，但為豁免之證券[29]，其發行無須依本法之程序辦理。而政府核准之其他有價證券，目前主要是證券投資信託公司發行之受益憑證，數量有限。因此，本條所稱之有價證券，主要為股票及公司債[30]。至於，本條規定以外之有價證券，如非公開發行之公司股票，因其實際上與證交法無關，則不應包括在內。惟所謂「依本法所為有價證券交易所生爭議」，其交易行為及所生爭議之範疇，至今仍不明確。

　　本章認為宜從證券交易法第1條之立法精神解釋之，蓋從發展經濟及保障投資人之立場出發，則對其應採廣義解釋，將其內容泛指所有因證券交易所生直接、間接之一切爭議[31]，且針對個案具體事實，而為彈性之解釋運用，以達保護投資之目的。

---

[28] 參閱余雪明，證券交易法的立法意旨，1996年8月，月旦法學，15期，頁86至88。

[29] 參閱證券交易法第22條及第149條。

[30] 參閱賴英照，證券交易法逐條釋義，第1冊，1992年8月，頁89。

[31] 參閱吳光明，證券交易法論，三民書局，1996年，頁286。該書證券交易法論已經增訂版至14版，觀點迄今未變，三民書局，2019年2月。

二、具體實踐

雖然證券交易法設有證券仲裁制度，惟目前證券交易相關糾紛經由仲裁解決之案例仍屬有限，以仲裁解決之糾紛類型大致如下：

（一）投資人因業務員之不正行為（盜款、盜券），向證券商請求損害賠償之爭議。

（二）證券商以證券交易所因其未遵期履行交割義務，所為暫停買賣之處分不當，而請求恢復買賣及賠償損害之爭議。

（三）因違約不履行交割義務，證券商向投資人請求賠償損害之爭議。

（四）因證券商違約不履行交割義務，證券交易所向證券商請求償還違約交割墊款之爭議。

（五）證券金融公司與投資人間關於清償股票借券費用之爭議。

（六）發行公司因證券交易所終止其股票上市，請求繼續上市契約及賠償損害之爭議等[32]。

然而，又有學者認為，在所有聲請仲裁之案件中，約有一半係以和解方式終結爭議，最常見之情形，是由台灣證券交易所邀集兩造當事人勸導達成和解。因證券交易之爭議多以私下和解方式解決，故無論司法解釋或仲裁判斷均付諸闕如，此對證券交易法之成長與發展，均有妨礙[33]。不過，此後投資人經由仲裁解決證券爭議案件已經越來越多，頗值得研究者注意。

---

[32] 參閱朱麗容，被證券交易相關糾紛之仲裁，商務仲裁，37期，1994年8月，頁10。

[33] 參閱蕭富山，美國證券交易仲裁契約之發展—兼論我國證券交易仲裁制度，法學叢刊，147期，1992年7月，頁112至113；另請參閱吳光明，證券交易爭議之仲裁，蔚理有限公司，1998年9月，頁39至64。

第二項　證券交易法第167條及其爭議

一、概說

　　證券交易法第167條規定：「爭議當事人之一造違反前條規定，另行提起訴訟時，他造得據以請求法院駁回其訴。」此為妨訴抗辯。即在爭議當事人之一造，違反證券交易法第166條，不依法仲裁，而逕予訴訟時，他造得據以請求法院駁回其訴[34]。惟本條規定之妨訴抗辯如何適用，在學者間則有爭議。

　　另外，現行仲裁法對違反仲裁約定者，採取「停止訴訟說」而非「駁回說」，如此將使證券交易法之規定與仲裁法相異，惟以何者為宜，容後專章論述之。

二、妨訴抗辯之適用

　　有學者謂妨訴抗辯乃任意仲裁下之產物，而認為證券交易法第167條若僅適用於任意仲裁，則有以下幾個矛盾：

（一）第167條之規定將形同具文，無規定之必要，因依第166條第2項，自得適用仲裁法第3條妨訴抗辯之規定。

（二）與立法意旨不符。證券交易法於1968年制定時，僅有強制仲裁之規定，於1988年修正時，始有任意仲裁之制度。因此，若認為第167條僅適用於任意仲裁，顯然違背立法者之意思。

（三）第167條若僅適用於任意仲裁，等於未對強制仲裁作任何規定，則法院於面對強制仲裁事項，而當事人又向法院起訴時，應如何處理，則有矛盾[35]。

　　且其基於上述之矛盾點，不能逕認證券交易法第167條僅適用於任意

---

[34] 參閱臺灣高等法院83年度抗更（一）字第9號有關天弘證券與台育證券間之糾紛所為裁定，轉引自吳光明，前揭書，頁287。

[35] 參閱高玉泉，證券交易法中仲裁規定之檢討，證券管理，9卷7期，1991年7月，頁6。

仲裁，惟若認於強制仲裁亦有其適用，則可能因當事人未主張妨訴抗辯或逕爲陳述，使訴訟程序遂行，而規避強制仲裁制度，使得證券交易法設立強制仲裁制度之意旨盡失。惟此種論點是否正確，仍有爭議。

三、訴訟停止說與駁回說

仲裁法第4條規定：「仲裁協議，如一方不遵守，另行提起訴訟時，法院應依他方聲請裁定停止訴訟程序，並命原告於一定期間內提付仲裁。但被告已爲本案之言詞辯論者，不在此限。原告逾前項期間未提付仲裁者，法院應以裁定駁回其訴。第一項之訴訟，經法院裁定停止訴訟程序後，如仲裁成立，視爲於仲裁庭作成判斷時撤回起訴。」，其所採立論，係採「訴訟停止說」而非「駁回說」。其理由爲依民法第131條規定：「時效因起訴而中斷者，若撤回其訴，或因不合法而受駁回之裁判，其裁判確定，視爲不中斷。」因此，訴訟因不合法而受駁回確定時，原告之請求權時效視爲不中斷，此時，如其爲短期時效，極可能時效完成，產生時效抗辯權，致使當事人縱另行提出仲裁並無實益，因而，可見駁回說對當事人權利之保護似不周延[36]。

反之，採行訴訟停止說者，以裁定停止訴訟程序，並命原告將爭議提付仲裁解決，其目的係爲保護原告之權利，因在仲裁未能作成判斷時，原告仍須經由法院訴訟解決爭議[37]，且採行訴訟停止說之結果，縱爲短期時效，消滅時效亦因訴訟繫屬而中斷，故不致產生時效抗辯權，對原告權利之保護較爲周延。惟若採訴訟停止說，則可能會產生拖延訴訟之情事，不符仲裁迅速性之要求。

因此，駁回說或訴訟停止說，各有其利弊，採行何說較爲適宜，仍具爭議。惟商務仲裁有關妨訴抗辯之修正，本與仲裁無關，證券交易法仍優先適用，然而，爲避免仲裁人適用仲裁規定，發生割裂現象，甚至，因

---

36 參閱商務仲裁條例修正草案彙整初稿，1995年3月，頁12，仲裁法修正通過後，亦採相同規定。

37 同上註，頁13。

選任之仲裁人並非均為法律專家，而有錯誤引用發生，反而非解決爭端之道。因此，為求仲裁制度之完整性，實不宜讓證券仲裁與商務仲裁規定，相互牴觸[38]。

第三項　證券交易法第168條及其爭議

證券交易法第168條規定：「爭議當事人之仲裁人不能依協議推定另一仲裁人時，由主管機關依申請或以職權指定之。」就規定內容而言，本條係針對第三位仲裁人或主任仲裁人之選定而作規範。於應由當事人選任之仲裁人之場合，證券交易法並未作任何規定，是依第166條第2項，依仲裁法之規定解決。

如此，於當事人選任之仲裁人拒絕仲裁任務之擔任，或當事人不能選定仲裁人時，依仲裁法第13條規定，解釋上應先由仲裁機構或法院為當事人選任仲裁人，經選任之仲裁人如不能依協議選定另一仲裁人時，依本條規定，由主管機關指定之，此種程序是否過於迂迴，不無疑問。且本條制定之理由在於認為證管會對證券交易相關糾紛案件之仲裁人之選擇較具專業性，而賦予指定權，因此，何不直接明確規定於當事人不能或拒絕選任仲裁人時，均委由主管機關為之選任。

另外，本條使用「推定」用語，不甚妥當，因「推定」乃具免除舉證責任之訴訟法上之概念，故宜參照舊商務仲裁條例第4條之規定，修正為「共推」之用語較妥[39]。

第四項　證券交易法第169條及其爭議

證券交易法第169條規定：「證券商對於仲裁之判斷，或依仲裁法第四十四條成立之和解，延不履行時，除有仲裁法第四十條情形，經提起撤

---

38 參閱吳光明，前揭書，頁299。

39 按新修正仲裁法第9條第1項亦規定為「共推」第三仲裁人字眼，而不應用「推定」第三仲裁人。

銷判斷之訴者外，在其未履行前，主管機關得以命令停止其業務。」[40]本條規定證券商對於商務仲裁判斷，應切實履行，未履行者，除有本條之情形外，證管會得命令其停止業務，以強制其履行[41]。有學者謂本條規定之結果，將使仲裁判斷或和解之效力大於法院之確定判決，認爲仲裁制度此項設計，勢將凌駕於傳統之訴訟制度，惟此項設計是否妥當，值得探討。

又有學者謂仲裁本係以私之方式解決爭議，仲裁判斷或和解之不履行亦非對於法令之違反，以行政處分之方式間接強制當事人履行義務，似乎失之過嚴[42]，且認爲法律已賦予當事人聲請法院強制執行之權利，對投資人權利之保障已足，似無再賦予行政機關此項權限之必要，縱欲賦予其權限，亦不宜於仲裁章內規定之。

然而，本文認爲，基於證券交易法第1條保障投資人之立法精神觀之，此等條文之規定似無不妥之處，投資大眾多爲經濟力較弱之一方，證券商則爲經濟強勢團體，因此藉由主管機關之介入，使投資人早日獲得賠償，應可贊同。

第五項　證券交易法第170條之規定及相關規範

證券交易法第170條規定：「證券商同業公會及證券交易所應於章程或規則內，訂明有關仲裁之事項。但不得牴觸本法及仲裁法。」爲貫徹強制仲裁制度之執行，本條明定證券商同業公會及證券交易所應於章程或規則內，訂明有關仲裁之事項，以利有關當事人遵行，惟該等規定不得牴觸本法及仲裁法之規定。目前實務上，台灣證券交易所及台北市證券同業公會之章程、細則，均有相關規定[43]，茲分述如下：

---

[40] 按2012年1月4日修正證券交易法時，主管機關提出將證券交易法第166條、第169條至第171條中之「商務仲裁條例」均修正爲「仲裁法」。

[41] 參閱賴英照，證券交易法逐條釋義，第3冊，1992年8月，頁518。

[42] 參閱高玉泉，前揭文，頁7。

[43] 參閱賴英照，前揭書，頁522。

一、台灣證券交易所章程

該章程第37條規定：「本公司與證券經紀商或證券自營商間因依證券交易法所為有價證券交易所生之爭議，應依證券交易法規定進行仲裁；必要時，本公司得請證券商業同業公會為仲裁前之和解。」即在證券交易集中市場為買賣之證券經紀商與證券自營商，因證券交易所生之爭議，應依證券交易法第六章規定，進行仲裁解決之。

二、台灣證券交易所營業細則

按台灣證券交易所營業細則就證券交易所生之爭議設有專章，即第十章，用以規範證券交易相關糾紛之仲裁。茲分述如下：

（一）依細則第122條規定：「證券經紀商與委託人間因有價證券交易所生之爭議，得依約定進行仲裁，其因受託契約所生之其他爭議亦同。前項仲裁約定，得由證券經紀商與委託人訂入受託契約，並作為仲裁法所規定之仲裁協議。」其次，同細則第125條至第132條規定刪除[44]。

（二）細則第132條之1至第132條之4，就證券交易所生之爭議，其相關規定如下：

第132條之1：「證券商與證券商間因有價證券交易所生之爭議，應進行仲裁，但本公司得商請證券商業同業公會為仲裁前之調解。」

第132條之2：「證券商為本章所定之仲裁當事人者，應將仲裁程序之進行通知本公司，並檢送有關書面文件影本。」

第132條之3：「本章所定之仲裁，其申請程序、仲裁人之產生及其他程序進行事項，依證券交易法及仲裁法之規定辦理之。」

第132條之4：「爭議當事人進行仲裁時，如需本公司提供有關資料，應聲請仲裁庭向本公司洽取。」

---

44 按「台灣證券交易所股份有限公司營業細則」訂於1992年11月19日，歷經多次修正，最近一次修正於2023年3月10日。

三、中華民國證券商同業公會章程

　　中華民國證券商同業公會在1956年2月23日，由國內證券業者在台北市成立「台北市證券商業同業公會」，政府在1998年1月特准本公會成立全國性證券商業同業公會。中華民國證券商同業公會章程中，並未訂明有關仲裁之事項。惟證券交易法第170條既已明文規定，證券商同業公會應於章程內，訂明有關仲裁之事項，屬強制規定，主管機關應督促證券商同業公會於其章程內訂明有關仲裁之事項，以符法制。

第六項　仲裁法之推行

　　按我國「商務仲裁條例」自1961年公布施行，迄今已逾60年，其間曾於1982年、1986年修正，而為使該條例能符合國際立法趨勢，以及我國未來社會經濟發展之需要，法務部爰自1994年起，參考聯合國國際貿易法委員會國際商會仲裁模範法，以及英、美、德、日、法等先進國家立法例，著手該條例之修正，並將其名稱更正為「仲裁法」[45]，嗣於1998年間公布施行。全部修正條文總共56條[46]，依該法第53條規定，依其他法律應提付仲裁者，除該法律有特別規定外，準用仲裁之規定。因此，除上述證券交易法第166條至第170條仲裁專章外，有對新修正而與證券仲裁相關之「仲裁法」加以認識之必要。

　　仲裁法之修正係以「國際化與自由化」為主要指導原則，並加強仲裁當事人權益之保障，尊重當事人自治，確保仲裁人以及仲裁程序之公正性、確立仲裁程序不公開，以及增進仲裁效率等，使期能符合我國現代化之需要。

　　至於有關證券仲裁部分特別規定，仍回歸證券交易法第六章從第166條至第170條有關仲裁規定，故如小額證券爭議之仲裁，仍可依仲裁法第

---

[45] 參閱法務部，前揭書，頁1至15。按「仲裁法」訂定於1961年1月20日，歷經多次修訂，最近一次修訂於2015年12月2日。

[46] 參閱法務部陳報行政院「商務仲裁條例」修正草案總說明，法務部，1998年7月，頁17。同年立法院三讀通過，6月27日總統公布，並自公布日後6個月施行。

36條規定，由仲裁機構指定獨任仲裁人，以簡易仲裁程序仲裁之。不過，證券爭議之仲裁較受投資人抱怨者，係證券仲裁審查程序，通常有利於有充分紀錄資料之證券商，而非紀錄不全，甚至無保存紀錄之投資人。再者，證券商可聘請精通業務之法律顧問，而投資人僅能聘請未必熟稔證券業務之律師，甚至並無律師。此種問題在美國或中國大陸亦同樣會發生。還好，我國已於2002年積極訂定「證券投資人及期貨交易人保護法」[47]，其中更有「團體仲裁」之規則，可資彌補此項缺憾。

第五節　海峽兩岸證券爭議仲裁之差異

中國大陸有關證券爭議仲裁並未如我國一般，於證券交易法中有仲裁專章外，證券交易法所未規定者，均適用仲裁法之規定辦理。因此，比較海峽兩岸證券爭議仲裁之差異時，仍不得不探討大陸仲裁法之相關規定。茲將海峽兩岸證券爭議仲裁之差異，分述如下：

一、名稱用語之差異

中國大陸與我國之仲裁法規，原已有許多不同，如相關名稱之差異，例如大陸上稱「仲裁員」，我國稱「仲裁人」；大陸上稱「仲裁裁決」，我國稱「仲裁判斷」；法源上之差異，例如中國大陸之中國國際經濟貿易仲裁委員會仲裁規則，係根據「中華人民共和國仲裁法」、有關法律的規定，以及原中央人民政府政務院的「決定」和國務院的「批復」而制定[48]；此種「決定」和「批復」字眼，用作為法源依據，明顯與我國不同。

---

[47] 按「證券投資人及期貨交易人保護法」訂定於2002年7月17日，歷經多次修訂，最近一次修訂於2020年6月10日。

[48] 參閱「中國國際經濟貿易仲裁委員會仲裁規則」第1條：「根據《中華人民共和國仲裁法》和有關法律的規定以及原中央人民政府政務院的《決定》和國務院的《通知》及《批復》，制定本仲裁規則。」之規定。按該規則係中國國際商會1998年5月6日修訂並通過，1998年5月10日起施行。

二、仲裁制度之差異

中國大陸之仲裁制度分為國內仲裁與涉外仲裁，後者與我國之仲裁制度相類似；至於其國內經濟合同仲裁，係行政機關對合同爭議問題，基於行政裁量權所為之行政裁量，與一般所熟知之商務仲裁方式有所不同。我國仲裁制度採單一之仲裁體制，即不論案件之性質是否具有涉外因素，凡是投資人與證券商訂定契約，同意以仲裁方式解決證券仲裁爭議者，或證券商與交易所或證券商間之爭議，均可向仲裁協會聲請仲裁。

三、仲裁機構之差異

在仲裁機構方面，中國大陸有國際經濟貿易仲裁委員會與海事仲裁委員會，二者受理案件之範圍分工不同；依中國大陸國務院證券委員會「關於指定中國國際經濟貿易仲裁委員會為證券爭議仲裁協議問題的通知」，證券經營機構之間，以及證券經營機構與證券交易所之間，因股票的發行或者交易引起的爭議，應當由證券委員會批准設立或者指定的仲裁機構，即中國國際經濟貿易仲裁委員會仲裁。除上述爭議以外，其餘與股票發行或者交易有關之爭議，當事人可自由選定仲裁機構。1995年9月1日中國大陸仲裁法頒布實施前，其仲裁包括二種形式，一種是由證券主管機關批准設立，或指定仲裁機構受理，並作出仲裁判斷；另一種是由依法設立之仲裁機構受理。依中國大陸仲裁法第79條規定，該法實行前在直轄市、省、自治區人民所在地之市與其他設區之市設立之仲裁機構，應當依照該法有關規定重新組建；未重新組建者，自該法實施之日起屆滿1年時終止。因此，在1996年9月1日前，必須全部終止仲裁工作。所有已依中共「經濟合同法」及「經濟合同仲裁條例」中立案而與新修改「經濟合同法」不相牴觸之條款加緊辦理，在「仲裁法」施行前審結。期限屆滿時仍未能審結者，則由當事人協商，或至人民法院起訴，或至所受立之仲裁委員會申請仲裁[49]。換言之，該法實行前設立之不符合該法規定之其他仲裁機構，自

---

49 參閱馬原、江平，仲裁法理解適用與案例評析，人民法院出版社，1887年。

該法實行之日起終止。故該法實施後，證券仲裁完全按當事人之意願，在其所選定之仲裁機構進行。足見中共仲裁法之頒布，係其仲裁制度改革之重大舉措，隨著該法之實施，原有仲裁機構隨之變化，此種改革係創建社會主義市場經濟所必需。此不僅要求中共原有仲裁委員會之仲裁人員進行調整，還要求原仲裁委員會進行重新組建。

在我國，目前有中華民國商務仲裁協會等四個仲裁機構，且現行仲裁法第54條第1項則規定，仲裁機構，得由各級職業團體、社會團體設立或聯合設立，負責仲裁人登記、註銷登記及辦理仲裁事件。由此可以預見，我國將來或許會有更多不同之專業仲裁機構[50]，參與仲裁行列。

四、仲裁範圍與協議內容之差異

兩岸在仲裁範圍亦有差異[51]。依中國大陸證券監督管理委員會「關於證券爭議仲裁協議問題的通知」，證券爭議仲裁協議或者仲裁條款，應當包括下列內容：「凡因執行本合同所發生的或者與本合同有關的一切現象，如果當事人協商不能解決，應當交由中國國際經濟貿易仲裁委員會，根據該會仲裁規則和有關證券爭議仲裁的特別規定進行仲裁。仲裁地點在北京，仲裁裁決是終局的，對合同當事人具有約束力。」

在我國，除證券交易法第166條但書規定之強制仲裁外，當事人可依台灣證券交易所細則第122條規定：「證券經紀商與委託人間因有價證券交易所生之爭議，得依約定進行仲裁，其因受託契約所生之其他爭議亦同。前項仲裁約定，得由證券經紀商與委託人訂入受託契約，並作爲仲裁

---

[50] 此專業仲裁機構，於1998年12月24日仲裁法施行後，行政院會同司法院訂定組織後，將會成立者，有證券爭議之仲裁機構爭議之仲裁機構、智慧財產權爭議之仲裁機構、工程爭議之仲裁機構、不動產爭議之仲裁機構。

[51] 實務上，我國仲裁協會得受理國際貿易、投資、智慧財產權、證券交易、營建工程、海事等糾紛之仲裁，現行仲裁法第1條第2項規定，爭議以依法得和解者爲限，範圍非常之廣。中國大陸方面，則是處理商品買賣、來料加工、來樣加工、來件裝配、補償貿易、中外合資、合作事業、租賃、佣金以及承包案件。至於海事爭議方面則由「中國海事仲裁委員會」負責。

法規定之仲裁協議。」至於投資人與上市公司間應另簽訂仲裁協議，如有爭議才能進行仲裁。其次，同細則第132條之1規定：「證券商與證券商間因有價證券交易所生之爭議，應進行仲裁。但本公司得商請證券商業同業公會為仲裁前之調解。」此外，同細則第133條規定：「證券商與本公司之間，因所訂使用市場契約發生之爭議，應進行仲裁，並準用本章之規定。」足見在我國，證券交易所之營業細則規定適用強制仲裁之對象，顯然比證券交易法規定仲裁解決爭議之範圍大。

五、仲裁所依據法律位階之差異

中國大陸證券仲裁在現行法律體制下，中國國際經濟貿易仲裁委員會僅受理完全無涉外因素之A股發行與交易爭議，存在著不確定性。依「中國國際經濟貿易仲裁委員會仲裁規則」第2條前段規定：「中國國際經濟貿易仲裁委員會以仲裁方式，獨立、公正地解決產生於國際或涉外的契約性或非契約性的經濟貿易等爭議。」此已清楚地表明，該仲裁委員會受理之案件應具有國際性或涉外因素，否則即無管轄權[52]。如仲裁委員會受理此類完全無涉外因素之案件，並作出仲裁判斷，一旦敗訴之一造不自動履行仲裁判斷書之義務，勝訴之一造聲請法院強制執行時，有關法院極可能以該仲裁委員會無管轄權為由，而拒絕承認及執行仲裁判斷。蓋中共「民事訴訟法」及中共最高人民法院所為之司法解釋，顯然高於中共國務院證券委員會之文件，如兩者發生牴觸時，應以前者為有效。此外，1993年4月，中共國務院發布「股票發行與交易管理暫行條例」，其第八章「爭議的仲裁」共兩條，以決定仲裁機構問題。1994年8月26日，中共國務院證券委員會又公布「關於指定中國國際經濟貿易仲裁委員會為證券爭議仲裁機構的通知」。其後，又在上海證券交易所例會上，公布中國證券監督管理委員會（以下簡稱證監會）關於以仲裁方式解決仲裁爭議之決定。1995

---

[52] 然而，在中國證券業務中，除B股、H股、美國存託憑證以及B股之交易具有涉外因素，A股之發行與交易，在目前幾乎不存在任何涉外因素，而正是A股之交易發生之爭議最多。

年9月1日，中共仲裁法生效[53]。仲裁規則方面，1998年5月10日起施行中國國際經濟貿易仲裁委員會仲裁規則。

在我國，有關證券爭議仲裁之法規，於1998年6月24日修正之「仲裁法」，係經立法院通過，總統公布。而證券交易法爲「仲裁法」之特別法。又爲保護證券暨期貨交易投資人，自2002年起並已公布證券投資人暨期貨交易人保護法，其中有關團體仲裁部分條文，則爲證券交易法之特別法。在法之位階上，顯然比中國大陸僅係行政命令之性質爲高。其餘部分，仲裁協會依該會章程訂定仲裁程序實施辦法，證券仲裁方面，則有台灣證券交易所章程、台灣證券交易所營業細則、證券商同業公會章程。

六、仲裁人迴避制度之差異

中國大陸仲裁人迴避有自行迴避、當事人聲請迴避二種方式；其決定仲裁人迴避之機關，或爲該仲裁委員會合意決定，或爲該仲裁委員會之領導人單獨決定；而其迴避原因，並未具體明文，由該仲裁委員會自由心證決定。在我國，仲裁人有仲裁法第16條第1項各款情形之一者，當事人得請求其迴避。又依仲裁法第17條第1項規定，當事人請求仲裁人迴避者，應於知悉迴避原因後，14日內，以書面敘明理由，向仲裁庭提出，仲裁庭應於10日內作成決定。但當事人另有約定者，不在此限。

七、妨訴抗辯之差異

中國大陸之國內經濟合同當事人間，不論是否訂有仲裁條款或者事後達成仲裁協議，對於訴訟權毫無影響，當事人仍得自由選擇以仲裁或訴訟方式解決爭議，甚至在作成仲裁判斷後，如當事人不服，仍可再行起訴。在我國，證券爭議仲裁則分任意仲裁或強制仲裁而有所不同。依證券交易法第167條規定：「爭議當事人之一造違反前條規定，另行提起訴訟時，

---

53 至1996年8月底前，中共全國將重新組建省、自治區、直轄市一級之國內仲裁委員會，此外，還要成立涉外仲裁與國內仲裁統一之中國仲裁協會。

他造得據以請求法院駁回其訴。」此為妨訴抗辯。即在爭議當事人之一造，違反證券交易法第166條，不依法仲裁，而逕予訴訟時，他造得據以請求法院駁回其訴。

八、仲裁程序方面之差異

中國大陸證券仲裁程序與一般商務仲裁並無不同，如仲裁人選定、反訴、聲請撤回仲裁、繳交仲裁費、調解與仲裁位序效力、調查程序、集體評議制度、迴避制度等，與我國證券仲裁準用仲裁法之一般商務仲裁之審理程序大同小異。至於仲裁保全程序、仲裁時效、仲裁判斷之承認與執行等，則有顯著不同，茲分別比較如下：

（一）仲裁保全程序

中國大陸證券仲裁程序之仲裁過程中，為避免或減少因糾紛所引起之損失，仲裁委員會可據實際需要，作出仲裁保全措施程序之裁定[54]，雙方當事人必須立即執行，則如因而造成之損失，由拒不執行者負擔。在我國，仲裁保全措施程序之裁定必須由當事人依民事訴訟法有關保全程序之規定，向法院提出聲請，法院有權決定准否，並裁定聲請人提供擔保。

（二）證券仲裁時效制度

中國大陸證券仲裁時效制度，屬於民法上之特殊時效，當事人因證券爭議提出仲裁聲請，應從知悉或應當知悉其權利被侵害之日起一定之時限內提出，超過期限者，不予受理。以上海為例，上海證券交易所規定之證券仲裁請求期限為15日。在我國，依證券交易法第21條規定，本法規定之損害賠償請求權，自有請求權人知有得受賠償之原因時起2年間不行使而消滅；自募集、發行或買賣之日起逾5年者亦同。換言之，在此期間內，均可提出證券仲裁之聲請。

---

[54] 保全措施包括查封、扣押、凍結、責令提供擔保或者法令規定之其他方法。

（三）申請覆議制度之差異

　　中國大陸證券仲裁爲一審終結制，但當事人對仲裁結果有異議時，允許向證券主管機關申請覆議。在我國，證券仲裁亦爲一審終結制，不允許向證券主管機關申請覆議。但當事人認爲仲裁判斷有瑕疵時，在中國大陸，如有非實質性錯誤之仲裁判斷，包括仲裁法第58條，以及民事訴訟法第217條所訂情形時，當事人得於收到仲裁判斷書之日起6個月內，提出撤銷仲裁判斷之申請，由人民法院組成合意庭審查，經審查核實仲裁判斷有上述錯誤者，應裁定撤銷。在我國，如有仲裁法第40條第1項所列各款情形之一者，當事人得對於他方當事人提起撤銷仲裁判斷之訴。

（四）仲裁判斷之承認與執行

　　當事人對已生效之仲裁判斷，逾期不履行者，他造當事人可聲請法院強制執行，此在中國大陸與我國均相同。在中國大陸，證券交易爭議雙方一般均在證交所設有清算帳戶，由仲裁委員會通過證交所執行，並無困難。在我國，證券交易法第169條規定，證券商對於仲裁之判斷，延不履行時，除經撤銷仲裁判斷之訴外，在其未履行前，主管機關得以命令停止其業務。此一立法目的，是要保護證券投資人。而如涉外仲裁，中國於1987年參加「1958年紐約承認及執行外國仲裁判斷公約」，便於外國之仲裁判斷亦能在中國大陸執行，惟爲嚴守互惠原則，不論是否爲締約會員國，凡不承認與執行大陸之仲裁判斷之外國，大陸亦不承認與執行該國之仲裁判斷。相較之下，我國則因無法加入「1958年紐約承認及執行外國仲裁判斷公約」[55]，故於仲裁法第七章中之第47條至第51條中，明定外國仲裁判斷之承認與執行問題，以符合世界潮流，值得稱許。

---

[55] 有關紐約公約第5條第1項第5款詳細規定載於Gary B. Born, supra note, pp. 876-877。另請參閱吳光明、俞鴻玲，前揭書，頁274至275。

第六節　結語

　　證券仲裁係指當事人間發生證券爭議後，聲請提交仲裁解決，由仲裁人以第三人身分，進行公正之判斷者也。大陸證券爭議之仲裁，則是指在證券發行或平等交易中，平等主體之公民、法人或其他組織之間，發生契約糾紛以及其他財產權益糾紛時，雙方當事人自動達成協議，將爭議提交給第三人，由其作成仲裁判斷之活動[56]。

　　按中國證監會規定，機構間之證券爭議必須以仲裁方式解決，此即產生任意仲裁或強制仲裁問題。一般而言，仲裁係以當事人自願爲條件，當事人意思自由原則爲仲裁制度得以存在之理由，而如機構間之證券爭議處理方式，與我國證交法第166條第1項但書規定，並無不同。蓋各機構間平時業務往來密切，應以協調方式解決，故維持強制仲裁，並無不妥。雖中國仲裁法[57]第4條明文規定，當事人訂立仲裁協議，應出於雙方自願。

　　然而，在此中國證監會之決定牴觸仲裁當事人意思自由原則，是爲例外規定。以仲裁條款作爲股票發行或交易契約之標準契約條款之一，並確定以仲裁方式解決可能發生之爭議，仍然應爲雙方協商一致之結果。任何一方不能以他方接受仲裁條款，作爲訂立契約之條件，在爭議發生後，當事人至少有兩種解決爭議之方式可供選擇，即仲裁或訴訟。如一方當事人不願以仲裁方式解決其可能發生之爭議，其應完全有權依據中共之「民事訴訟法」規定，向管轄法院提起訴訟。何況中國證監會之規定並非特別法，而中國大陸仲裁法之規定亦非普通法，兩者間並無「特別法優於普通法」之原則，是否當然可適用中國證監會之規定，不無疑義。

　　至於中國證監會要求證券爭議仲裁必須在北京進行仲裁，此與中國國際經濟貿易仲裁委員會之仲裁規則不符[58]。根據當事人意思自由原則，仲

---

[56] 參閱任澤輝，證券法與律師證券業務，人民法院業務，1997年9月，頁236。

[57] 按中國仲裁法於1994年8月31日由中國全國人大八屆九次通過，1995年9月1日生效。

[58] 依中國國際經濟貿易仲裁委員會仲裁規則第11條及第12條規定，仲裁委員會及其上海與深圳分會爲一整體。

裁協議之當事人有權選擇其所指定之仲裁地點，故如約定或未約定時，當事人可選擇北京、上海或深圳作爲仲裁地點。任何政府部門或機構均無權規定，當事人應進行仲裁之地點。以中國大陸言之，其證券交易所分別設立於上海與深圳，且各有數百家證券經營機構，爲其會員單位，且其大部分證券發行與交易均在上海與深圳進行。一旦發生爭議，在仲裁委員會上海分會或深圳分會進行仲裁，非常方便。此外，中國國際經濟貿易仲裁委員會之示範仲裁條款，亦規定當事人可選擇仲裁地點。此部分我國證交法並無特別就仲裁地點強制規定，而依仲裁法當事人意思、自由原則予以選擇，顯然較爲高明。

又以中國大陸現行法律體制言之，中國國際經濟貿易仲裁委員會僅受理完全無涉外因素之A股發行與交易爭議，存在著不確定性。依「中國國際經濟貿易仲裁委員會仲裁規則」第2條前段規定清楚地表明，該仲裁委員會受理之案件應具有國際性或涉外因素，否則即無管轄權。如仲裁委員會受理此類完全無涉外因素，並作出仲裁判斷，一旦敗訴之一造不自動履行仲裁判斷書之義務，勝訴之一造聲請法院強制執行時，有關法院極可能以該仲裁委員會無管轄權爲由，而拒絕承認及執行仲裁判斷[59]。

最後，必須強調仲裁之自願性，各有關機構均有權選擇是否以仲裁方式解決爭議，並有權選擇仲裁地點，即使是證委會與證監會亦無權限制各有關機構之選擇。但如法律有強制仲裁之特別規定時，不在此限。當然，當事人如選擇仲裁，即應受拘束，而不得再向法院起訴。

以我國而言，仲裁既係訴訟制度以外，解決爭議之另一方式，具有省時、省力之功能，尤其在訴訟程序緩慢之今天，證券交易爭議仲裁制度有其存在之必要，具有疏減訟源之作用，且能迅速解決爭議，在著重時效性之證券業，更具實益。證券爭議仲裁在我國之發展已有相當時日，亦頗具成效，惟仍有些許問題亟待解決[60]。本文對我國之證券仲裁，從條文第

---

[59] 蓋中共「民事訴訟法」及中共最高人民法院所爲之司法解釋，顯然高於中共國務院證券委員會之文件，如兩者發生牴觸時，應以前者爲有效。

[60] 例如證券基金會目前正積極推動證券投資人暨期貨交易人保護法，有關團仲裁部分，該

166條至第170條所述之相關文字修正意見，以及有關妨訴抗辯問題，僅係冰山一角，在制度上仍有許多缺失，亟待解決。期待來日證券交易法修正時，能與仲裁法之理論一貫，尤其涉及程序方面問題時，切忌各行其事，發生割裂現象，以免民眾無所適從。

　法爲證券交易法之特別法。參閱余雪明等，「投資人保護法」研究計畫，證券發展基金
　會，1997年12月。

CHAPTER

13

機構仲裁與臨時仲裁

第一節　概說

　　國際商務仲裁機構依據其組成形式之不同，可分為機構仲裁（institutional arbitration）與臨時仲裁（Ad Hoc Arbitration）。

　　機構仲裁係指爭議當事人雙方自願確定地經由仲裁方式，解決其間民商事爭議之常設性民間機構（permanent arbitration agency）。如以仲裁機構之組織形式為標準劃分，臨時仲裁係指雙方當事人自行選擇仲裁人並自行選定仲裁規則，為解決當事人間特定爭議而臨時組成之仲裁庭。

　　常設仲裁機構係指依法成立，具有固定名稱、住所、章程與仲裁規則，並具有完整辦事機構與管理制度之仲裁機構[1]。臨時仲裁係仲裁之初始型態，隨著仲裁制度不斷發展，常設仲裁機構仲裁已經成為目前國際商務仲裁主要形式。因此，臨時仲裁是專門為審理某一特定仲裁案件而設立，案件一旦審理完畢並作出仲裁判斷，該仲裁庭將不復存在，此於仲裁機構亦然。機構仲裁為行政者、管理者，臨時仲裁則無機構辦理行政事項。

　　然而，從仲裁歷史發展言之，雖臨時仲裁產生在前，常設仲裁產生在後，但並不意味著臨時仲裁已經沒有自己優勢與存在價值。相較於常設仲裁，目前臨時仲裁依然有著部分優勢，比如臨時仲裁更充分尊重與體現當事人之意思自治；臨時仲裁有利於發揮仲裁之靈活性；臨時仲裁比機構仲裁有利發揮仲裁之靈活性，亦有利於保護當事人之隱私與提高效率。

　　因此，在常設仲裁制度發展得較完備之今日，臨時仲裁依然為很多國家與地區之仲裁法以及一些國際公約所承認。美國、英國、德國、法國、義大利、瑞典等國家以及香港仲裁制度中，均有臨時仲裁制度之規定。國際公約方面，聯合國制定之「承認及執行外國仲裁判斷公約」（The Convention on the Recognition and Enforcement of Foreign Arbitral Awards）、「聯合國國際貿易法委員會國際商事仲裁規則」、「聯合國國際貿易法委

1　參閱楊樹明，國際商事仲裁法，重慶大學出版社，2002年6月，頁41。

員會國際商事仲裁示範法」（UNCITRAL Model Law, amended in 2006）[2] 等國際公約或國際規則均規定臨時仲裁制度，從而亦可見臨時仲裁之重要性。

基此，本文首先擬探討機構仲裁，包括機構仲裁之概念與性質、常設仲裁機構之特點、各國常設仲裁機構、小結；其次，擬探討臨時仲裁，包括臨時仲裁之概念、臨時仲裁之特點；復次，擬比較海峽兩岸仲裁機構之組織及背景，包括中國大陸之仲裁機構、我國之仲裁機構；再者，擬探討臨時仲裁之法制思考，包括臨時仲裁之理論與實務、建立臨時仲裁之必要性與可行性；最後提出檢討與建議，以作為本文結語。

第二節 機構仲裁

第一項 機構仲裁之概念與性質

一、概念

機構仲裁係指當事人根據仲裁協議，將糾紛提交給約定之某一常設仲裁機構。

常設仲裁機構是指根據國際條約或一國國內立法之規定成立，有固定之組織形式、仲裁地點、仲裁規則與仲裁員名單，並具有完整之辦事機構與健全之行政管理制度之仲裁機構。

常設仲裁機構有國際常設仲裁機構、國內常設仲裁機構與專業性常設仲裁機構三種。

國際性之常設仲裁機構，如1923年成立之國際商會（International Chamber of Commerce, ICC）下設國際商會仲裁法院，提供仲裁及調解服務。

---

2 參閱吳光明、俞鴻玲，國際商務仲裁之導論，國際商務仲裁理論與發展，翰蘆圖書，2013年1月，頁19、20。

　　另外，根據1965年「關於解決國家與他國國民之間的投資爭端的公約」成立之「解決投資爭端國際中心」。前開國際商會仲裁法院、解決股資爭端國際中心，都屬於國際常設仲裁機構。

　　2016年「新加坡國際仲裁中心機構仲裁規則」（Arbitration Rules of SIAC）規定，於當事人聲請仲裁人迴避通知之日起7日內，另一方不同意該仲裁人迴避時，仲裁庭應決定是否同意其迴避之聲請。

　　2020年倫敦國際仲裁中心，出版2020年「倫敦國際仲裁中心機構仲裁規則」（LCIA Arbitration Rules），就仲裁庭之組成，不因當事人間有關仲裁請求或答覆是否充分之任何爭議而有阻礙。足見，倫敦國際仲裁院之仲裁庭組成，不需考慮仲裁請求之完整性，將管轄權爭議，留給仲裁庭。

　　2021年美國仲裁協會下國際爭端解決中心（International Centre for Dispute Resolution）之國際爭端解決程序（ICDR International Centre for Dispute Resolution Procedures），亦認為仲裁庭之解釋與仲裁中心之解釋不一致時，應以仲裁庭之解釋為準。但應注意者，適用於美國國內仲裁之2022年版「商務仲裁規則和調解程序」規則第9條規定，則認為仲裁協會針對該仲裁規則有更高之解釋權。

　　至於國內常設仲裁機構是設立在一個國家內之全國性仲裁機構，香港國際仲裁中心與美國仲裁協會，均係國內常設仲裁機構。專業性常設仲裁機構是設立於某行業組織內部專門受理行業內案件之仲裁機構。不過，依大陸仲裁法，仲裁委員會是大陸對仲裁機構之特定稱謂。換言之，在絕大多數場合仲裁委員會與仲裁機構可等同理解[3]。

　　我國目前依法許可設立之仲裁機構，計有「中華民國仲裁協會」、「臺灣仲裁協會」、「中華民國勞資爭議仲裁協會」及「中華工程仲裁協會」，負責仲裁人登記及辦理營建工程、勞資爭議及其他各類仲裁事件。另外，2013年11月15日不動產界人士向內政部、法務部申請籌備許可，成

3　參閱蔡虹、劉加良、鄭曉靜，仲裁機構，仲裁法學，北京大學出版社，2011年9月，頁27。

立「中華不動產仲裁協會」。

二、性質

　　仲裁機構之性質爲民間性，此爲世界各國仲裁之趨勢。因此，仲裁機構與主管機關並無隸屬關係，仲裁機構相互間亦無隸屬關係，仲裁協會與仲裁機構亦無隸屬關係，此充分反映仲裁民間性之色彩。

第二項　常設仲裁機構之特點與優缺點

一、特點

　　一般而言，常設仲裁機構有如下之特點：

（一）常設仲裁機構一般均訂有比較完善之仲裁規則，因而當事人在訂立仲裁協議時，可直接引用或寫明按照該機構之仲裁規則進行仲裁，而不必當事人自己約定仲裁程式規則。

（二）常設仲裁機構一般均備有供當事人選用之仲裁人名單，這些仲裁人通常均爲相關領域方面之專家，以便於當事人選任仲裁人解決其爭議。同時，在當事人自己指定仲裁人發生困難時，亦可申請常設仲裁機構依規定，協助當事人選定仲裁人。

（三）常設仲裁機構一般都設有秘書處或類似機構，提供仲裁程序相關之管理與服務，此不僅爲仲裁庭提供工作上之方便，同時亦保證仲裁程式之順利進行。例如收轉仲裁申請書、答辯書、組織安排開庭時日、提供詢問庭紀錄、翻譯等方面服務、負責收取仲裁程序費等。

（四）常設仲裁機構依「仲裁機構組織與調解程序及費用規則」[4]對仲裁費用均明確規定，且予以公開，便於當事人瞭解仲裁所需費用。

4　按「仲裁機構組織與調解程序及費用規則」訂於1999年3月3日，最近一次修正於2003年1月22日。

二、優缺點

（一）優點

常設仲裁機構之仲裁判斷比臨時仲裁之仲裁判斷更能取得司法機關之信任，從而更有利於仲裁判斷之承認與執行。

（二）缺點

常設仲裁機構之仲裁，因大多有既定的作業流程，故予臨時仲裁相較，可能影響到仲裁之效率。

第三項　各國常設仲裁機構

目前國際常設商事仲裁機構幾乎遍及世界上所有國家；在業務範圍方面亦已涉及到國際商事法律關係之各個領域。影響較大者，常設商事仲裁機構主要有國際商會（ICC）仲裁院、瑞典斯德哥爾摩商事仲裁院（Arbitration Institute of the Stockholm Chamber of Commerce, SCC）、英國倫教仲裁院（London Court of International Arbitration, LCIA）、美國仲裁協會（American Arbitration Association, AAA）、蘇黎世商會仲裁院等。

一、以美國為例

美國仲裁協會成立於1926年，是一個為公眾服務之非營利性機構。美國仲裁協會成立目的在於，在法律許可範圍內，經由訴訟外糾紛解決機制（ADR），亦即談判、協商、仲裁、調解等民主選擇方式解決商事爭議。

美國仲裁協會之受理仲裁案件範圍很廣泛，從國際經貿糾紛，到勞動爭議、消費者爭議、證券糾紛，無所不包。與此相應，美國仲裁協會有許多類型之仲裁規則，分別適用於不同類型之糾紛。美國仲裁協會總部設於紐約，在美國一些主要州設有分部。

1990年代，爲開拓亞太業務，美國仲裁協會成立亞太爭議中心。近年來，美國仲裁協會又將目光投向歐洲，並在歐洲設立分部。美國仲裁協會之仲裁人來自很多國家，且數量達數千人之多。當事人可在其仲裁人名冊外指定仲裁人。

在當事人無約定情況下，案件亦可僅由一名獨任仲裁人進行獨任仲裁。但如仲裁協會認爲該案件爭議複雜時，可決定由三名仲裁人組成仲裁庭。從案件數量言之，美國仲裁協會之受理案件數量，爲世界第一[5]。

二、以中國大陸爲例

中國大陸仲裁法建立單一性、統一性仲裁法制，並明定仲裁範圍，採取仲裁協議之自願原則，且採「或裁或審」及「一裁終局」制，並具仲裁獨立性與仲裁機構民間性與自治性等特性，以符合國際仲裁制度之潮流。

由於大陸經貿之發展，仲裁條款已廣泛於契約條款中採用，其最受注意之涉外仲裁機構爲中國國際經濟貿易仲裁委員會（China International Economic Trade Arbitration Commission, CIETAC）及中國海事仲裁委員會（CMAC）。

中國國際經濟貿易仲裁委員會是中國國際貿易促進委員會屬下一個全國性民間常設仲裁機構。仲裁委員會設秘書局，在仲裁委員會秘書長領導下負責處理仲裁委員會之日常事務。委員會設立仲裁員名冊，仲裁員由仲裁委員會從對法律、經濟貿易、科學技術等方面具有專門知識和實際經驗之中外人士中聘任[6]。

5　勞動爭議等美國國內案件占絕大部分；在2001年該中心受理649件案件，比2000年上漲
　　26%。在2001年受理案件中，請求金額與反請求金額超過100億美元；其中，43%案件
　　爭議金額在100萬美元以上。

6　中國國際經濟貿易仲裁委員會總會設在北京。根據業務發展的需要，仲裁委員會分別於
　　1989年和1990年設立深圳分會和上海分會。自2004年6月18日起，仲裁委員會深圳分會
　　正式更名爲仲裁委員會華南分會，並同時啓用中國國際商會仲裁院華南分院的名稱。仲
　　裁委員會北京總會及其華南分會和上海分會是一個統一整體，是一個仲裁委員會。根據
　　2005年5月1日起施行之新仲裁規則，仲裁委員會受理契約性或非契約性的經濟貿易等爭

第四項　小結

　　常設仲裁機構能在諸多方面爲當事人與仲裁人提供服務與便利。在國際商事仲裁實務原則上，大多數仲裁案件均在常設仲裁機構進行仲裁。

　　當然，機構仲裁並非十全十美，例如仲裁機構之程序較缺乏靈活性，可能會發生仲裁程序之拖延。國際商務爭議多委由常設仲裁機構依照其仲裁規則進行仲裁。由於常設仲裁機構有常設之處所、仲裁規則、組織章程，及完整之行政幕僚單位與嚴格之管理制度，甚且部分常設之仲裁機構還能提供當事人選聘仲裁人之名冊。機構仲裁因爲能夠提供當事人較多之協助，且仲裁規則使仲裁程序比較正式、嚴謹，有利於公正且迅速解決國際商務爭議。因此，已成爲國際商務仲裁之主流。至於所謂之機構仲裁雖然機構本身爲常設性，但仲裁庭之組成及仲裁人之選任均係依照當事人之協議而臨時產生，仲裁完畢後即告解散，並非常設性存在，且審理案件之仲裁人通常多非機構內之成員。

第三節　臨時仲裁

第一項　臨時仲裁之概念

　　臨時仲裁（Ad Hoc Arbitration）又稱特別仲裁機構或專設仲裁機構，是指根據雙方當事人的仲裁協議，在爭議發生後由雙方當事人推薦之人臨時組成仲裁庭。臨時組成仲裁庭負責審理當事人間相關爭議，並在審理終結時，作出仲裁判斷後即行解散之仲裁組織形式[7]。

　　議。其範圍包括：1.國際的或涉外的爭議案件；2.涉及香港特別行政區、澳門特別行政區或臺灣地區之爭議案件；3.國內爭議案件。另外，爲保持彈性運用，該仲裁規則不斷更新。

7　參閱劉淑芬，從理論到實踐走出仲裁的單一化—論中國大陸臨時仲裁制度之建構，東吳大學法律學碩士論文，2007年6月，頁1至10。

　　此種仲裁組織並無固定之組織機構、名稱與地點。如當事人未於契約之仲裁條款中約定爭議將交付常設機構仲裁，亦未指明應適用之仲裁程序時，則可交付臨時仲裁。

第二項　臨時仲裁之特點

　　臨時仲裁有如下之特點：

　　一、臨時仲裁機構是為審理具體個案成立，具有極大靈活性，有關臨時仲裁機構之組成及其活動規則、仲裁程序、法規適用、仲裁地點、裁決方式乃至其仲裁費用等，均可由相關當事人雙方協商確定。

　　二、當事人可根據自己需要對仲裁各方面作靈活安排，不受常設仲裁機構仲裁規則之約束；當事人只須支付仲裁費用，不必像機構仲裁那樣須向常設仲裁機構另行支付行政管理費用等。故即使國際商務仲裁實務上亦有爭議當事人願意採用臨時仲裁。但由於臨時仲裁完全受當事人安排，提交臨時仲裁之協議，須制定十分完備、具體。

　　三、鑑於常設之仲裁機構均會向當事人收取管理費及服務費，在成本因素考慮下，臨時仲裁就顯得較為經濟實惠。

　　四、然而，臨時仲裁缺乏常設仲裁機構之協助及有約束力之仲裁規則輔助，仲裁能否順利端賴當事人間之合作，一旦當事人之一方不願配合，而仲裁協議又未作出明確之決定時，將導致爭議懸而難決；抑或當事人所選定之仲裁人因意外無法履行職務，或當事人所約定負責指定主任仲裁人之機構拒絕接受委任代為指定主任仲裁人時，當事人即須重新約定組成仲裁人之方式，曠日費時。

　　五、現代仲裁制度肇始於臨時仲裁，即使在目前常設性仲裁機構普遍設置之情況下，仍有一定數量之國際商務爭議交付臨時仲裁庭仲裁，仲裁結果亦經各國承認，例如1958年聯合國「承認與執行外國仲裁判斷公約」（Convention on the Recognition and Enforcement of Foreign Arbitral Awards，亦即紐約公約）第1條即明確認定臨時仲裁亦為合法之仲裁方式之一。另外，1961年「關於國際商務仲裁的歐洲公約」第4條規定，當事

人可以選擇臨時仲裁機構提付仲裁。

第四節　比較海峽兩岸仲裁機構之組織及背景

第一項　中國大陸之仲裁機構

一、背景

　　「中華人民共和國仲裁法」於1995年9月1日實施，該法將仲裁切割爲國內仲裁與涉外仲裁，然其涉外仲裁實際在1950年代便開始發展[8]。

　　國內仲裁部分，在仲裁法頒布前，國內仲裁由各級國家工商行政管理局下屬之經濟合同仲裁委員會執行，當事人如有不服，再向人民法院起訴。而且仲裁之進行不需有仲裁協議。

　　大陸仲裁法公布後，在仲裁法第14條，雖明文仲裁委員會獨立於行政之外，但實際上不免帶有官方色彩，因而被稱之爲「半官方之非政府組織」。

　　相較於我國仲裁法第54條第1項規定：「仲裁機構，得由各級職業團體、社會團體設立或聯合設立，負責仲裁人登記、註銷登記及辦理仲裁事件。」可知我國仲裁團體爲民間組織。

二、組織

（一）中國大陸之仲裁機構

　　中國大陸之仲裁機構是指仲裁委員會；仲裁委員會之設立，必須具備「仲裁法」第11條所列條件。其設置指仲裁委員會設立之處所，以及在何

8　當時，在中國國際貿易促進委員會下設立對外仲裁委員會（今中國國際經濟貿易仲裁委員會）與海事仲裁委員會（今中國海事仲裁委員會），依暫行程序規則和國際慣例，即已開始發展國際商事仲裁。

種條件下可以設立。依該規定，仲裁委員會設在直轄市及省、自治區人民政府所在地之市。如北京市、上海市、天津市、重慶市等四個直轄市；23個省會如哈爾濱、太原、西安等；五個自治區如呼和浩特、銀川、烏魯木齊、南寧、拉薩等。

至於仲裁委員會之組建，原則上：1.由市人民政府組織有關部門與商會建立；2.設區之市建立一個綜合性之仲裁委員會；3.設立仲裁委員會需經直轄市及省、自治區之司法部門登記；4.仲裁委員會獨立於行政機關；5.已有之仲裁委員會需依仲裁法之規定重新組建。

中國大陸仲裁機構之組成，依中國大陸仲裁法第12條規定，由主任一人、副主任二人至四人、委員七人至11人組成。仲裁委員會並將專職或兼職之仲裁員造就成冊。目前，中國大陸之涉外仲裁，是由「中國國際貿易仲裁委員會」與「中國海事仲裁委員會」負責辦理。

（二）仲裁機構之改革方向

中國大陸學者針對仲裁機構存在之問題主要包括：「仲裁法」立法不完善、仲裁機構之法律地位不明確、仲裁委員會與仲裁庭之間權限配置不合理、仲裁機構行政化現象仍普遍存在等問題[9]。因而提出改善之建議。

第二項　我國之仲裁機構

在我國，依仲裁法第54條規定：「仲裁機構，得由各級職業團體、社會團體設立或聯合設立，負責仲裁人登記、註銷登記及辦理仲裁事件。仲裁機構之組織、設立許可、撤銷或廢止許可、仲裁人登記、註銷登記、仲裁費用、調解程序及費用等事項之規則，由行政院會同司法院定之[10]。」因此，仲裁機構為民間機構，不含任何官方性質。

9　參閱中國仲裁年度報告，2010-2012，仲裁理論與實踐研究，法律出版社，2013年12月，頁39。

10 我國目前依法許可設立之仲裁機構計有「中華民國仲裁協會」、「臺灣仲裁協會」、「中華民國勞資爭議仲裁協會」及「中華工程仲裁協會」，負責仲裁人登記及辦理營建

　　一般而言，當事人在台灣聲請仲裁均向仲裁機構提出，即所謂機構仲裁（institutional arbitration），已如前述。至於臨時仲裁（Ad Hoc Arbitration）在海峽兩岸之法制思考，為另一重要問題，茲另以專節敘述之。

第五節　臨時仲裁之法制思考

第一項　臨時仲裁之界定與特點

一、臨時仲裁之界定

　　臨時仲裁（Ad Hoc Arbitration）係相對於機構仲裁而言之仲裁制度，是指當事人依協議組建仲裁庭，或即使常設仲裁機構介入，仲裁機構亦不進行程序上之管理，而係由當事人依仲裁協議約定臨時程序進行仲裁或參考某一特定仲裁規則或授權仲裁庭自選程序，此種形式之仲裁即為臨時仲裁，又稱為特別仲裁或隨意仲裁。

　　臨時仲裁是仲裁之初始型態，以目前而言，常設仲裁機構雖已遍布全球，但臨時仲裁在解決經濟貿易糾紛中，仍發揮著不可或缺之作用。

二、臨時仲裁之特點

　　從臨時仲裁自身之特點進行分析，臨時仲裁與機構仲裁相比，其特點表現在於下列幾方面：

（一）臨時仲裁更為自主靈活

　　臨時仲裁有較大之彈性，且形式多樣，更能體現當事人之意思。雖機構仲裁亦允許當事人自主選擇仲裁地點、仲裁規則、仲裁人，但臨時仲裁

　　工程、勞資爭議及其他各類仲裁事件。

更加強調當事人之自主選擇權，使當事人更能按照自己需要之方式行事。

（二）時間更快、費用更低

臨時仲裁可自設仲裁程序，避開仲裁規則之一些固定規定，更可在較短期間內作出仲裁判斷。

三、仲裁程序之管理

從世界各國國際潮流言之，機構仲裁與臨時仲裁均為仲裁之兩種基本形式。區分機構仲裁與臨時仲裁之主要關鍵，端視具體之仲裁程序是否受仲裁機構之管理，以及有多大程度上受仲裁機構之管理。

一般而言，在機構仲裁中，仲裁機構對仲裁程序之管理前後貫穿。從一開始接受當事人之聲請狀、審查確認仲裁事項之聲請、轉交仲裁聲請文件、確認並收取仲裁聲請費用、發出仲裁通知、協助召開詢問會議、製作仲裁筆錄、協助製作仲裁判斷書等，均由仲裁機構進行。

而在臨時仲裁程序中，仲裁機構並不全面管理仲裁程序，仲裁機構在臨時仲裁所起之作用甚少，至多僅是一般提供一點諮詢協助之性質。尤其在當事人雙方選定仲裁人達成一致之情況下，仲裁機構甚至不管理任何程序性問題[11]。因此，在臨時仲裁中，仲裁程序之每一個環節均由當事人保持較為完全之控制，當事人對仲裁程序保持有更大之自主性。

第二項　建立臨時仲裁之必要性與可行性

一、仲裁理論上

依仲裁法第54條第2項規定：「仲裁機構之組織、設立許可、撤銷或廢止許可、仲裁人登記、註銷登記、仲裁費用、調解程序及費用等事項之規則，由行政院會同司法院定之。」因此，依仲裁機構組織與調解程序及

---

[11] 參閱吳光明，仲裁程序，商事爭議之仲裁，五南，2002年10月，頁6、7。

費用規則[12]第38條規定：「非經仲裁機構辦理之仲裁事件，其仲裁費用之收取，得準用本規則有關之規定。」

按仲裁法第54條規定及相關函釋參照，仲裁法係國內法，所適用地域範圍自應以政府有效統治地區為限，故我國仲裁機構於我國政府統治權所不及之國家或地區所為業務上行為，尚無上述規定授權訂定之「仲裁機構組織與調解程序及費用規則」有關仲裁費用及調解費用等規定適用，而應依行為地法及國際慣例辦理[13]。此等函釋，等於理論上承認臨時仲裁之效力。

二、仲裁實務上

（一）早期仲裁實務

由於臨時仲裁欠缺行政服務等事宜，實務上[14]認為：「仲裁法第37條第1項係規定，仲裁人之判斷，於當事人間，與法院之確定判決，有同一效力，並且可依照同條第2項規定，向法院聲請為執行裁定後，逕為強制執行；故應由經內政部徵得法務部會商各該事業主管機關同意後許可後成立之仲裁機構制定相當之程序規則，來保證仲裁判斷之公正性與正確性[15]。」

從該裁定內容似乎不承認「臨時仲裁」，應係誤會上開條文第37條第1項之文字規定。另有學者對上述判決或裁定亦持反對態度[16]。

---

[12] 按「仲裁機構組織與調解程序及費用規則」訂於1999年3月3日，歷經一次修正，亦即2003年1月22日修正。

[13] 參閱法務部，法律字第10303507810號，2014年7月2日。

[14] 參閱最高法院91年度抗字第634號裁定、最高法院92年度台上字第170號判決、最高法院92年度抗字第143號裁定、最高法院94年度台上字第433號判決。

[15] 參閱臺灣高等法院99年度非抗字第122號裁定。

[16] 參閱王欽彥，我國只有機構仲裁而無個案（ad hoc）仲裁？—最高法院99年度台抗字第358號裁定背後之重大課題，台灣法學，171期，2011年3月，頁193至198。

（二）晚近仲裁實務

由於仲裁判斷之公正性與正確性，關鍵在於其所選任之仲裁庭，此與仲裁機構制定相當之程序規則，並無關聯。

所幸晚近仲裁實務，針對臨時仲裁認為：「抗告意旨雖另指陳我國仲裁法不採個人仲裁云云，惟所謂個別式之仲裁係指處理仲裁事件之仲裁人，並非屬任一仲裁機構之仲裁人，或雖屬於某仲裁機構之仲裁人，引用該仲裁機構之仲裁規則，但進行仲裁程序並不受該仲裁機構之協助或管理，即未經仲裁機構協助或管理下所進行之仲裁。而我國仲裁法對於『機構仲裁』或『個別仲裁』並無明文規定，但依仲裁法第1條第1項規定：『有關現在或將來之爭議，當事人得訂立仲裁協議，約定由仲裁人一人或單數之數人成立仲裁庭仲裁之，……』即我國仲裁法所定之仲裁人，並無限於『仲裁機構』之仲裁人，非『仲裁機構』之仲裁人，亦得為仲裁事件之仲裁人[17]。」綜上所述，可見主張不限於機構仲裁，亦即認同臨時仲裁[18]。

第三項　中國大陸未採臨時仲裁

在中國大陸有關臨時仲裁之探討方面，由於大陸仲裁法第18條規定：「仲裁協議對仲裁委員會沒有約定或者約定不明確的，仲裁協議無效。」

大陸學者認為，中國之所以不承認臨時仲裁之效力，大致是因為：一、行政權利對仲裁機構之過分干預；二、社會誠信體系之缺失；三、相較於訴訟方式，中國民眾對仲裁法律意識較為薄弱[19]。

---

17 參閱臺灣高等法院102年度非抗字第922號裁定。

18 參閱最高法院103年度台抗字第236號裁定承認非機構仲裁制，與談人：林俊益（台灣士林地方法院院長）2015.8.28。

19 參閱李晶珠，中國引入臨時仲裁的制約因素及其克服，黑龍江社會科學，5期，2010年，頁138至141；中國仲裁年度報告，2010-2012，仲裁理論與實踐研究，法律出版社，2013年12月，頁62。

另有大陸學者曾針對1996年英國仲裁法之「艱深難明」而感嘆，中國是世界上唯一排斥臨時仲裁，僅准機構仲裁之國家，而大惑不解。因為悠久之仲裁歷史，一直以來是臨時仲裁，機構仲裁是後來年代之做法。何況，英美之仲裁案件，仍以臨時仲裁為多數、為主流[20]。

第六節　結語

海峽兩岸分治事實，有其歷史背景，1987年海峽兩岸交流正式開始，其間因人民往來所產生之法律問題與日俱增。如何解決其間之紛爭，成為重要研究課題。

雖然訴訟外解決糾紛機制很多，如協調、調解、仲裁等，不一而足，但一般人均認為，仲裁制度是基於私法自治、當事人意思自由原則，解決糾紛之最佳利器，已如前述。對於兩岸仲裁法規有些重要概念，仍有差異，尤其仲裁機構方面，兩岸明顯不同，但在大陸方面，已經在研究將靜態仲裁機構之性質問題，轉化為動態國家與社會之仲裁機構關係調整背景下轉型問題[21]。因此，兩岸仲裁法之比較研究，更能使此一利器發揮功效。

兩岸仲裁之法規與制度，雖均已具有一定之基礎，但為因應錯綜複雜之爭議事件，以及國際化之必然趨勢，兩岸如何建立完善制度，才能真正與國際仲裁接軌，值得深思。又由於兩岸關係之特殊情況，海峽兩岸對於仲裁判斷之若干問題，做法並非完全相同，而政治、地理與實質之阻隔亦形成調查證據之困難。因此，於調查蒐集證據時，如何展開區際司法協助；在法院判決仲裁判斷之承認與執行方面，如何互惠互助，均宜在維護人民權益且不損害共同利益之前提下，協商出一平等互惠，相互承認之解

---

20 參閱楊良宜、莫世杰、楊大明，仲裁法，法律出版社，2006年5月，頁368。
21 參閱陳福勇，未竟的轉型—中國仲裁機構現狀與發展趨勢實證研究，法律出版社，2010年1月，頁382。

決方案，方爲上策。

因此，在兩岸投保協議（ECFA）之展望方面，由於兩岸要繼續穩步推進「兩岸交流合作」，參考「經濟合作暨發展組織」（OECD）已經提出多邊投資協定（Multilateral Agreement on Investment, MAI），作爲兩岸投資協定之參考內容。

其中，就兩岸政府對於ECFA架構下，投資保障協議的解釋和適用產生的爭端而言，可以參考「先協商、後仲裁」模式，在ECFA兩岸經濟合作委員會下設立「兩岸投資合作委員會」，負責投保協議解釋和適用問題之協商，同時規定「如果協商不成，可以通過專設仲裁庭（Ad Hoc Arbitration）仲裁，來解決有關爭端」[22]。然而，參考1988年8月27日「中」日投資協定，將補償價款爭端可提交「『參考』ICSID而組成之調解委員會或仲裁委員會」之慣例，投保協議可以規定兩岸，「參考『解決投資爭端國際中心』（ICSID）或『聯合國國際貿易法委員會仲裁規則』（UNCITRAL仲裁規則），設立專設仲裁庭」，應是兼顧「國際屬性」與「兩岸特色」之務實做法[23]。

總之，海峽兩岸學者對於兩岸仲裁法律制度，應加強研究，尤其更應重視海峽兩岸仲裁判斷之相互承認與執行理論之研究，提高仲裁判斷之域外效力，以保障兩岸投資之合法權益。

---

[22] 蓋就兩岸投資者與另一方政府間之爭議而言，以兩岸關係現狀，直接納入「國際仲裁」，有其困難。

[23] 有關海基會董事長江丙坤與大陸海峽兩岸關係協會會長陳雲林，第七次江陳會規劃簽署「兩岸投資保障協議」之意義與展望，參閱http://tw.myblog.yahoo.com/jw!EzlbgfGcAEMUB9rwu_YA6PmGfoFH/article?mid=319（最後瀏覽日：2013/6/10）。

CHAPTER

14

大陸仲裁判斷在我國之認可與執行
——兼論最高法院104年度台上字第33號民事判決

第一節 概說

仲裁制度之發展[1]，源於仲裁機制之效率性與合理性，以及仲裁制度與社會現況之協調性[2]。然而，相對完整之承認與執行外國仲裁判斷法律制度與仲裁判斷在世界範圍內之可執行性[3]，才能為國際商務仲裁創造良好之外部條件，提供制度上與法律上之保障[4]。

另一方面，海峽兩岸經濟合作架構協議（Economic Cooperative Framework Agreement, ECFA）於2010年簽署後[5]，海峽兩岸經貿交流更形密切。由於兩岸經貿糾紛難免發生，其間所生之民事爭議，得以公平、專業、效率、經濟之方式解決，應屬兩岸經貿發展不可或缺之一環[6]，而健全之糾紛解決機制，除要有適當程序保障外，程序結果之維持，亦同等重要[7]。

惟近年來，我國司法實務上，似乎不承認大陸地區判決之既判力[8]，引起學界熱烈討論。而臺灣地區與大陸地區人民關係條例[9]（下稱兩岸關係條例）第74條規定：「在大陸地區作成之民事確定裁判、民事仲裁判斷，不違背臺灣地區公共秩序或善良風俗者，得聲請法院裁定認可。前項

---

1 Katherine Stone, Richard Bales and Alexander Colvin, Arbitration Law, 1-3, 3rd ed., 2014.

2 參閱吳光明、俞鴻玲，仲裁判斷的撤銷與執行，國際商務仲裁理論與發展，翰蘆圖書，2013年，頁264。

3 參閱齊湘泉，外國仲裁裁決承認及執行論，法律出版社，2010年，頁21至28。

4 Gary B. Born, International Commercial Arbitration in The United States: Commentary & Materials, 1-3, 1st ed., 1994.

5 按海峽兩岸經濟合作架構協議，於2010年6月29日簽署；自同年9月12日起生效。

6 參閱伍偉華，專案仲裁之效力—兼論對兩岸經貿之影響，月旦民商法雜誌，41期，2013年，頁89。

7 參閱彭郁欣，台商在大陸之民事糾紛處理與權益保障，王金平主編，大陸台商權益保障研討會論文集，財團法人台灣民主基金會，2013年，頁16至39。

8 參閱最高法院96年度台上字第2531號判決。

9 按臺灣地區與大陸地區人民關係條例，訂於1992年7月31日，歷經多次修正，最近一次修正於2022年6月8日。

經法院裁定認可之裁判或判斷，以給付爲內容者，得爲執行名義。」條文
中將「民事確定裁判」及「民事仲裁判斷」並列。此一規定模式，是否意
味臺灣如不承認大陸地區判決之既判力，亦可推論亦不承認大陸仲裁判斷
之既判力，值得探討。

　　基此，本文首先擬探討大陸仲裁判斷之既判力，包括仲裁判斷之效
力、學說見解、實務之應變、國際貿易之觀點、海峽兩岸之特殊情況。其
次，擬探討最高法院104年度台上字第33號民事判決，包括事實、法院判
決理由；再次，擬針對上述諸問題，提出評析；最後，提出檢討與建議。

第二節　大陸仲裁判斷之既判力問題

第一項　仲裁判斷之效力

　　仲裁判斷是仲裁人基於仲裁契約授權，經過不公開之仲裁程序，加以
詢問調查，而由仲裁庭作成之決定[10]。爲使仲裁判斷能終局地強制解決紛
爭，賦予仲裁判斷具有既判力，係一個絕對必要存在之制度，如此，方可
使仲裁當事人間之紛爭有效地劃下句點[11]。

　　在我國，仲裁法第37條第1項規定：「仲裁人之判斷，於當事人間，
與法院之確定判決，有同一效力。」以發揮仲裁制度價值。析言之，當仲
裁協議標的之法律關係經仲裁庭作成仲裁判斷後，該仲裁判斷中有關仲裁
協議標的之判斷，即成爲規範當事人間法律關係之基準[12]，嗣後同一事項
於訴訟或仲裁程序中再起爭執時，當事人間不得爲與該仲裁判斷意旨相反

---

[10] 參閱吳光明，法院在仲裁中之角色，商事爭議之仲裁，五南，2014年，頁93；林俊益，
國際商務仲裁淺釋，永然文化，1993年，頁82。

[11] 參閱陳煥文，仲裁法逐條釋義，崗華傳播事業公司，2002年，頁568、569。

[12] Karl-Heinz Böckstiegel, The Role of National Court in the Development of an Arbitrational Culture, in: Albert Jan van den Berg ed., International Dispute Resolution: Towards an International Arbitration Culture, 219, 1998.

之主張，法院或其他仲裁庭，亦不得對該當事人間，另為與該仲裁判斷意旨相悖之判斷[13]。

第二項　學說見解

有關大陸仲裁判斷[14]，在我國有無既判力問題，學說有不同見解，茲分述如下：

一、無既判力

有學者認為，兩岸關係條例第74條規定，裁定認可大陸民事確定裁判與民事仲裁判斷之要件，並未規定其裁定認可後之法律效果，復因該條規定，係將大陸民事確定裁判與民事仲裁判斷同列，依最高法院實務上[15]之見解，將擴張及於經我國法院裁定認可確定之大陸民事仲裁判斷，同樣並無既判力。

此說認為自「平等互惠原則」觀之，自中華仲裁協會實務上[16]關於薩摩亞商和華置地有限公司與廈門凱歌高爾夫球俱樂部有限公司間返還借款事件之民事仲裁判斷，經福建省廈門市中級人民法院裁定[17]認可後，亦開先例，大陸法院承認我國民事仲裁判斷之既判力[18]，則我國法院是否亦應對等尊重與互惠，值得研究。

---

[13] 參閱吳光明，撤銷仲裁判斷之訴，商事爭議之仲裁，五南，2014年，頁166；王志誠，仲裁判斷之既判力、執行力及爭點效—我國司法實務見解之發展動向及分析，仲裁季刊，96期，2012年，頁105。

[14] 參閱宋連斌，仲裁法逐條釋義，湖南大學出版社，2005年，頁327-348。

[15] 參閱最高法院97年度台上字第2376號判決、96年度台上字第2531號判決。

[16] 參閱中華仲裁協會91年仲聲仁字第135號仲裁判斷書。

[17] 參閱2004年7月23日福建省廈門市中級人民法院2004年民認字第20號裁定。

[18] 參閱中國大陸最高人民法院於2015年6月29日公布、2015年7月1日實施之「最高人民法院關於認可和執行臺灣地區仲裁裁決的規定」。

二、有既判力

　　另有學者認為，兩岸關係條例雖未規定經我國法院裁定認可確定之大陸仲裁判斷具有既判力，但非不得基於程序選擇權、當事人意思自主、禁反言及誠信原則等同一立法理由，而類推適用仲裁法第37條第1項規定，認在賦予當事人程序保障權、程序選擇權之前提下，賦予其既判力[19]。

　　亦有學者認為，與兩岸關係條例第74條第2項類似之規定，亦見於仲裁法第47條第2項規定：「外國仲裁判斷，經聲請法院裁定承認後，……並得為執行名義。」此兩條規定，前者係大陸作成之仲裁判斷經法院認可後之效果，後者係外國仲裁判斷經法院承認後之效果，規範之客體相似，規定之文字相似，解釋當亦相似。

　　因此，贊同此說學者，對最高法院實務上[20]之見解，不予認同。對於仲裁法第47條第2項之觀點，首先，依文義解釋，本條文字充其量僅能勉強說明其文義之核心範圍並未處理經承認之外國仲裁判斷有無既判力之問題，最高法院何以得從「反面推論」，認定經承認後「僅」得為執行名義，而不可能具有與確定判決相同之拘束力之結論。

　　依歷史解釋可知，立法者係有意藉由仲裁法第47條第2項引進紐約公約（The Convention on the Recognition and Enforcement of Arbitral Awards）[21]，承認外國仲裁判斷實質既判力之規定[22]，從目的性解釋可知，如只承認外國仲裁判斷之執行力，而不及於其實質既判力，勢必形成仲裁法內在邏輯之矛盾。

---

19 參閱伍偉華，經臺灣法院裁定認可確定之大陸仲裁判斷是否有既判力？──最高法院97年度臺上字第2258號判決等見解之分析，仲裁季刊，88期，2009年，頁66至82。

20 參閱最高法院97年度台上字第2376號判決、96年度台上字第2531號判決。

21 紐約公約即承認與執行外國仲裁判決公約，至2012年10月止，已經有147國家簽訂此公約，此公約之條文亦因此納入此147國家中之仲裁法。參閱吳光明、俞鴻玲，國際商務仲裁之導論，前揭書，頁19。

22 參閱最高法院104年度台上字第33號民事裁判中謂：「外國仲裁判斷效力之相關規定及法理，……發生既判力」云云。

三、小結

前述大陸仲裁判斷以經法院「認可」二字,取代外國仲裁判斷經法院「承認」二字,原只在區別對岸作成之司法裁判或仲裁判斷,乃是外國與內國裁判或仲裁判斷外之第三類別,而兩岸關係條例第74條認可之標的,除民事確定判決外,亦包括大陸地區作成之仲裁判斷。因此,本文認為,最高法院為此種保護性詮釋之時,有無意識到其後果亦將波及與特定司法制度素質無關之仲裁判斷[23],實待探討。

第三項　實務之應變

大陸之判決在臺灣是否有既判力問題,實務上[24],均採否定見解。至於大陸之仲裁判斷是否有既判力問題,則可藉由以下實務之應變[25],予以探討之:

一、立法說明

兩岸關係條例第74條規定之立法說明為:「兩岸地區之民事訴訟制度及商務仲裁體制有異,為維護我法律制度,並兼顧當事人權益,爰規定因爭議而在大陸地區作成之民事確定裁判或仲裁判斷,須不違背臺灣地區公共秩序或善良風俗始得聲請法院裁定認可。又經聲請法院裁定認可之裁判或判斷,若係以給付為內容者,為實現其給付,並明定得為執行名義[26]。」

再參諸上開條文制定時,除與現行法相同之行政院版草案條文外,立法委員尚有提案兩個版本之草案條文,其內容分別為:「大陸地區所成

---

[23] 學者亦贊同此見解,參閱李念祖、陳緯人,承認外國仲裁判斷係賦予形式執行力或實質既判力?—從仲裁法第47條第2項談最高法院關於兩岸條例第74條第2項之解釋,法令月刊,60卷11期,2009年,頁4至18。

[24] 參閱最高法院96年度台上字第2531號判決、97年度台上字第2376號判決。

[25] 參閱臺灣高等法院101年度上字第1408號判決。

[26] 參閱立法院公報第92卷第47期院會紀錄,2003年11月。

立之民事判決或民事仲裁判斷，已踐行通認之訴訟及仲裁程序，且經中華關係基金會公證或認證後，得依臺灣地區之規定，聲請承認並強制執行之。」「中國大陸法院之確定判決，雖有民事訴訟法第四百零二條第四款之情形，但我國法院之確定判決爲中國大陸法院所承認者，仍承認中國大陸法院之判決[27]。」

　　綜觀該條文之立法過程，出現之三個版本條文，其條文文字歧異不大，明顯就大陸地區之民事判決及仲裁判斷，係採取互惠及平等承認原則。故兩岸關係條例第74條之條文用語，雖使用聲請法院「裁定認可」，此與外國仲裁判斷須依仲裁法第47條之聲請法院「裁定承認」、港澳地區仲裁判斷須依該條例第42條之「準用」商務仲裁條例第30條至第34條之規定者，文字略有不同。惟不能因此即解釋爲大陸之仲裁判斷縱經臺灣法院裁定認可後，僅就給付爲內容之部分發生執行力，而排除其他效力。蓋由前述之立法過程中，實無法得出立法者有意限縮爲「僅取得執行力，一概排除其他效力」之推論。

二、法務部提案說明

　　另觀之法務部就現行法第63條第1項「關於大陸地區權利之行使或移轉」條文之提案說明略謂：「爲兼顧情理，並保障既得權益，明定在本條例施行前（1992年9月18日起施行），臺灣地區人民與大陸地區人民間、大陸地區人民相互間及其與外國人間，在大陸地區成立之民事法律關係及取得之權利、負擔之義務，不違背臺灣地區之公共秩序或善良風俗者，承認其效力[28]。……」立法委員提案說明亦強調：「國際私法之發生，係基於內外國平等、尊重外國法及本外國人權利同受保護等原則。其目的除在保障內、外國人之權益外，並促進國際間交流。」

　　而在形成國際私法之過程中，仍有不同之理論[29]。英美學派認爲外國

---

27 參閱立法院公報第92卷第47期院會紀錄，2003年11月。

28 參閱行政院版本草案第51條，1992年9月。

29 有關國際私法中「仲裁理論之核心問題」進一步之討論，請參閱喬欣，仲裁權研究，法

法並非法律，而係事實，此學說否定外國法之適用，而係認可依外國法所取得之權利，並據以執行，又稱之「既得權之保護」；歐陸各國則認為外國法係法律，法律可依據本國國際私法之指示，逕行適用外國法作為裁判之依據。

基於我國、大陸兩地政治主體之爭，迄無定論，且為因應現狀，兩岸關係條例之政院版本草案乃採「既得權」之觀念，加以制定。惟仍依現狀就既得權之理論，予以相當之修改，以利適用[30]，故兩岸人民關係條例，就條例施行前之「關於大陸地區權利之行使或移轉」（即實體法權利保護），原則上係採取既得權保護之理論，惟加上「不違背臺灣地區之公共秩序或善良風俗」[31]，一旦符合此一要件，即承認其效力。

倘在兩岸關係條例施行前，兩岸人民產生之爭訟，業在大陸作成仲裁判斷，即已依據大陸之程序法及實體法規定，確定其債權債務關係，且依兩岸關係條例之規定，臺灣法院亦認為未違背臺灣地區之公共秩序或善良風俗而裁定認可後，卻僅承認就給付為內容之部分具有執行力，而排除其他效力，則涉爭訟之當事人間，復得以仲裁判斷終結前所存在之事由，重複向我國之法院起訴，以推翻該民事仲裁判斷之效力。如此一來，紛爭勢必再起，人民間權利義務關係即有變動之虞，恐與前述第63條第1項之「保護既得權」立法原則不一致。

反之，如認為在大陸作成仲裁判斷，再經臺灣之法院審查，認為未違背臺灣之公共秩序或善良風俗而裁定認可後，得發生與外國仲裁判斷[32]、港澳地區仲裁判斷同樣之效力，則與前述既得權保護之立法原則即可相配合，便不致發生矛盾。

律出版社，2001年，頁352。

[30] 參閱立法院公報，81卷51期院會紀錄。

[31] 有關「公共秩序」進一步之討論，請參閱吳光明，對國際商事仲裁之影響，吳光明編，仲裁法理論與判決研究，翰蘆圖書，2004年，頁78至105。

[32] 參閱齊湘泉，前揭書，頁21。

三、小結

綜上所述，對於大陸之仲裁判斷，經過臺灣之法院認爲不違反臺灣地區之公共秩序或善良風俗而爲裁定認可後，應兼具既判力及執行力。

第三節　最高法院104年度台上字第33號民事判決

第一項　事實

一、本件上訴人起訴主張

（一）在最高法院104年度台上字第33號民事判決[33]中，被上訴人A前於大陸地區向中國國際經濟貿易仲裁委員會華南分會聲請仲裁，請求其對造B給付律師報酬等費用，經該會於2007年4月3日作成中國貿仲深裁字第33號裁決（下稱系爭仲裁判斷），命對造B給付人民幣（下同）74萬4215.1元，嗣系爭仲裁判斷經臺灣桃園地方法院（下稱桃園地院）97年度仲認字第1號裁定，依臺灣地區與大陸地區人民關係條例第74條第1項規定予以認可（下稱系爭認可裁定），A乃持以向該法院聲請強制執行。

（二）惟該認可裁定爲強制執行法第4條第1項第6款所稱之執行名義，並無實質確定力，系爭仲裁判斷係依兩造訂立之委託代理合同（下稱系爭合同）命B給付，該合同諸多約定違背我國強制規定及公序良俗，依民法第71條、第72條規定，應屬無效，且被上訴人有債務不履行情事，B亦已終止委任契約，依系爭合同約定，B無給付報酬之義務等情，B乃依強制執行法

---

33 參閱法源法律網，裁判書查詢，http://fyjud.lawbank.com.tw/list2.aspx（最後瀏覽日：2016/12/9）。

第14條第2項規定提起債務人異議之訴，聲明求爲：1.確認系爭仲裁判斷所載之債權債務關係不存在；2.撤銷系爭執行事件之強制執行程序；3.系爭認可裁定不得爲強制執行之判決。

二、被上訴人A主張

（一）系爭仲裁判斷業經法院裁定認可，應與確定判決有同一效力，上訴人B不能再就同一事實提起債務人異議之訴。

（二）又系爭合同及仲裁判斷未違背公共秩序、善良風俗或律師法規定。

（三）A亦未違背委任契約而有債務不履行情事等語，資爲抗辯。

第二項　法院判決理由

一、高等法院維持第一審所爲上訴人A敗訴之判決理由

（一）兩造前簽訂系爭合同，被上訴人B爲上訴人A處理其與訴外人C間之訴訟，就所生之律師費等，經系爭仲裁判斷命上訴人B給付律師費50萬餘元、返還代墊訴訟費5萬餘元、補償被上訴人A支付之律師費5萬元、應分擔之仲裁費4萬餘元，嗣系爭仲裁判斷經桃園地院裁定認可，復經桃園地院98年度抗字第225號、臺灣高等法院99年度非抗字第162號裁定駁回上訴人B之抗告、再抗告而告確定。

（二）按強制執行法[34]第14條第1項、第2項分別規定：「執行名義成立後，如有消滅或妨礙債權人請求之事由發生，債務人得於強制執行程序終結前，向執行法院對債權人提起異議之訴。如以裁判爲執行名義時，其爲異議原因之事實發生在前訴訟言詞辯

---

[34] 按「強制執行法」訂於1940年1月19日，歷經多次修正，最近一次修正於2019年5月29日。

論終結後者，亦得主張之。」「執行名義無確定判決同一之效
力者，於執行名義成立前，如有債權不成立或消滅或妨礙債權
人請求之事由發生，債務人亦得於強制執行程序終結前提起異
議之訴。」

（三）民事訴訟法第400條第1項規定：「除別有規定外，確定之終
局判決就經裁判之訴訟標的，有既判力。」另依仲裁法第37條
第1項、第47條第1項、第2項規定，我國仲裁判斷與確定判決
有同一效力，而外國仲裁判斷，經我國法院裁定承認者，實務
上亦認為兼具既判力及執行力。

（四）又香港澳門關係條例[35]（下稱港澳條例）第42條規定：「在香
港或澳門作成之民事確定裁判，其效力、管轄及得為強制執行
之要件，準用民事訴訟法第四百零二條及強制執行法第四條之
一之規定。在香港或澳門作成之民事仲裁判斷，其效力、聲請
法院承認及停止執行，準用商務仲裁條例第三十條至第三十四
條[36]之規定。」是在香港及澳門地區成立之仲裁判斷，如經我
國法院裁定承認，亦應認具既判力及執行力。

（五）又兩岸人民關係條例第74條規定：「在大陸地區作成之民事
確定裁判、民事仲裁判斷，不違背臺灣地區公共秩序或善良風
俗者，得聲請法院裁定認可。前項經法院裁定認可之裁判或判
斷，以給付為內容者，得為執行名義。前二項規定，以在臺灣
地區作成之民事確定裁判、民事仲裁判斷，得聲請大陸地區法
院裁定認可或為執行名義者，始適用之。」顯就大陸地區之民
事判決及仲裁判斷，係採互惠及平等承認原則，故兩岸人民關
係條例第74條雖規定法院「裁定認可」，與仲裁法第47條規

---

[35] 按「香港澳門關係條例」訂於1997年4月2日，歷經多次修正，最近一次修正於2022年1
月12日。

[36] 按「仲裁法」原名「商務仲裁條例」，訂於1961年4月20日，歷經多次修正，最近一次
修正於2015年12月2日。商務仲裁條例第30條至第34條即現仲裁法第45條至第51條。

定法院「裁定承認」、港澳條例第42條規定「準用」仲裁法規
定，文字雖有不同，惟不能因此即認大陸地區之仲裁判斷縱經
我法院裁定認可，亦僅就給付爲內容之部分發生執行力，而排
除其他效力。

（六）參酌兩岸人民關係條例就該條例施行前在大陸地區成立之民事
法律關係及因此取得之權利，原則上係採取既得權保護之理論
（第63條），則在大陸地區作成之仲裁判斷，已依據大陸地
區之程序法及實體法規定確定其債權債務關係，我法院亦未認
其違背臺灣地區之公共秩序或善良風俗而裁定認可者，如不賦
予既判力，則當事人間復得以民事仲裁判斷終結前所存在之事
由，向臺灣地區之法院起訴，紛爭勢必再起，人民間權利義務
關係有變動之虞，與第63條第1項之「保護既得權」立法原則
不一致。

（七）況西元1958年在紐約簽訂之「承認與執行外國仲裁判斷公
約」，各簽署國承認仲裁判斷具有拘束力，該公約之承認係指
承認仲裁有效並具有實質拘束力，不允許當事人就已受判斷之
事項再提爭執，臺灣之仲裁法關於「外國仲裁判斷」之相關規
定，亦遵循該公約之基本原則，對於非臺灣地區作成之仲裁判
斷，亦應本於平等及互惠原則定其效力。

（八）再兩岸人民關係條例第1條規定：「國家統一前，爲確保臺灣
地區安全與民眾福祉，規範臺灣地區與大陸地區人民之往來，
並處理衍生之法律事件，特制定本條例。本條例未規定者，適
用其他有關法令之規定。」該條例第74條就在大陸地區作成之
民事確定裁判及仲裁判斷，於民事訴訟法第402條、仲裁法第
47條外另爲規定，係因應兩岸之特殊關係，於我國與外國國際
法律衝突或兩岸地區之法律衝突，並無爲相異規範之理由。

（九）是臺灣之立法雖對外國民事判決、仲裁判斷採自動承認制，另
對大陸地區民事判決、仲裁判斷採裁定認可制，然此等程序上
之不同，僅是取得實質拘束力之「時程」（一爲自動取得、一

爲經裁定認可後取得）不同，非可解釋效力不同，否則立法機
關對於相類事件爲不同之立法裁量，有違國際禮讓、互惠及司
法互助之原則。

（十）復參以海峽兩岸共同打擊犯罪及司法互助協議（2009年4月發
布）「第三章司法互助」第10條「裁判認可雙方同意基於互惠
原則，於不違反公共秩序或善良風俗之情況下，相互認可及執
行民事確定裁判與仲裁判斷（仲裁裁決）」；大陸地區之「最
高人民法院關於人民法院認可臺灣地區有關法院民事判決的規
定」第12條規定「人民法院受理認可臺灣地區有關法院民事判
決的申請後，對當事人就同一案件事實起訴的，不予受理」、
補充規定第1條第2項「經人民法院裁定認可的臺灣地區有關法
院民事判決，與人民法院作出的生效判決具有同等效力」，已
明文規定臺灣地區仲裁機構裁決經認可後，有與大陸地區人民
法院生效判決同等效力，不得更行起訴。

（十一）基於平等及互惠原則，對於大陸地區之仲裁判斷經我國法
院認不違反公共秩序或善良風俗而爲裁定認可後，亦應承認
兼具既判力及執行力。系爭仲裁判斷既經我法院裁定認可確
定，上訴人提起債務人異議之訴應適用強制執行法第14條第
1項規定，即僅得以仲裁判斷作成後發生之事由爲據，其以
系爭合同違背我民法第71條、第72條規定而無效、被上訴
人有債務不履行、律師費收費過高等事由，提起債務人異議
之訴，自屬無據。

（十二）又系爭仲裁判斷認被上訴人對上訴人有74萬4,215.1元之存
在，且生既判力，上訴人請求確認該項債權不存在及被上訴
人不得持系爭認可裁定對其聲請強制執行，亦難謂有據，應
予駁回等詞，爲其判斷之基礎。

二、最高法院判決理由

（一）按1992年7月31日制定公布之兩岸人民關係條例第74條規定：「在大陸地區作成之民事確定裁判、民事仲裁判斷，不違背臺灣地區公共秩序或善良風俗者，得聲請法院裁定認可。前項經法院裁定認可之裁判或判斷，以給付爲內容者，得爲執行名義。前二項規定，以在臺灣地區作成之民事確定裁判、民事仲裁判斷，得聲請大陸地區法院裁定認可或爲執行名義者，始適用之[37]。」

（二）參酌兩岸人民關係條例第1條規定：「國家統一前，爲確保臺灣地區安全與民眾福祉，規範臺灣地區與大陸地區人民之往來，並處理衍生之法律事件，特制定本條例。本條例未規定者，適用其他有關法令之規定。」港澳條例第1條規定：「爲規範及促進與香港及澳門之經貿、文化及其他關係，特制定本條例。本條例未規定者，適用其他有關法令之規定。但臺灣地區與大陸地區人民關係條例，除本條例有明文規定者外，不適用之。」對照兩岸人民關係條例第74條、港澳條例第42條規定之差異，及後條例係爲排除前條例於港澳地區適用而特爲立法，可見係立法者有意爲不同之規範，即基於兩岸之特殊關係，爲解決實際問題，對於在大陸地區作成之民事確定裁判、民事仲裁判斷，特以非訟程序爲認可裁定，並僅就以給付內容者，明定其有執行力，而未賦予實質確定力。

（三）立法者既係基於兩岸地區民事訴訟制度及仲裁體制差異，爲維護我法律制度，並兼顧當事人權益（見該條文立法理由），而

---

[37] 按該條例對於在大陸地區作成之民事確定裁判、民事仲裁判斷，未如其後制定公布之港澳條例第42條明定：民事確定裁判之效力、管轄及得爲強制執行之要件，準用民事訴訟法第402條、強制執行法第4條之1規定。民事仲裁判斷之效力、聲請法院承認及停止執行，準用商務仲裁條例第30條至第34條之規定。而僅簡略爲上述規定，其認可並適用當時較爲簡易之非訟程序。

為上開規定，自不容再援引民事訴訟法、仲裁法關於外國民事
確定裁判、外國仲裁判斷效力之相關規定及法理，認在大陸地
區作成之民事確定裁判及仲裁判斷，經我法院裁定認可者，即
發生既判力。

（四）另2009年4月發布之海峽兩岸共同打擊犯罪及司法互助協議第
10條規定，與兩岸人民關係條例第74條之規定並無不同，其
內容未涉及法律之修正，僅由行政院核定後送立法院備查（相
關程序見兩岸人民關係條例第5條第2項規定），自不影響上開
條例第74條規定之解釋。至於當事人如已於認可程序爭執該確
定民事裁判或仲裁判斷之內容或其程序違背我公共秩序或善良
風俗，為認可裁定之法院亦已行較周密之非訟程序而為判斷，
嗣債務人復以同一爭執提起債務人異議之訴時，於具體個案是
否違背程序上之誠信原則，則屬別一問題。

（五）原審徒以經裁定認可之系爭仲裁判斷屬強制執行法第14條第
1項所定之執行名義為由，認上訴人不得以該仲裁判斷作成前
之事由提起債務人異議之訴，所持法律見解自有可議。上訴論
旨，指摘原判決不當，求予廢棄，非無理由。

第四節　評析──本文見解

第一項　兩岸關係條例相關之規定

因兩岸關係條例第74條規定：「在大陸地區作成之民事確定裁判、
民事仲裁判斷，不違背臺灣地區公共秩序或善良風俗者，得聲請法院裁定
認可。前項經法院裁定認可之裁判或判斷，以給付為內容者，得為執行名
義。」將「民事確定裁判」及「民事仲裁判斷」並列，使得上述學者皆擔
心，最高法院認為大陸判決無既判力之見解，連帶會波及於大陸仲裁判斷
既判力之認定。

　　惟本文認為,與訴訟制度不同,仲裁制度係基於私法自治原則而生之私法紛爭自主解決之制度,而法院會予以適當地監督,學者亦採此相同見解[38],且仲裁僅係當事人間糾紛之解決,與國家主權無關,此亦與訴訟制度不同,仲裁制度具有特殊性格[39],不可一概而論。

第二項　從仲裁法學探討

一、我國不承認大陸判決之既判力

　　我國過去實務上[40]認為,不承認大陸判決之既判力後,法院遵循此見解[41],迄今幾乎是牢不可破。

　　然而,對於是否承認大陸地區仲裁判斷之既判力,卻連續在地院[42]及高院表示肯定之看法。何以法院對於同一法條(兩岸關係條例第74條),作出南轅北轍之解釋?其是否有所依據或考量?本文以下將從仲裁之本質切入,探討法院實務上可能之想法:

(一)仲裁之本質

　　仲裁係指爭議雙方當事人在爭議發生前或者在爭議發生後達成協議,自願將其爭議提交管轄法院以外之第三者,由一人或數人居中判斷是非,並作出仲裁判斷[43]。身為訴訟外糾紛解決機制其中之一之仲裁,在制

---

[38] 參閱吳光明,前揭書,頁86-87;林俊益,法院在商務仲裁之角色,永然文化,1996年,頁17。

[39] Katherine Stone, Richard Bales and Alexander Colvin, supra note, at 1.

[40] 參閱最高法院96年度台上字第2531號判決。

[41] 參閱最高法院97年度台上字第2258號判決、最高法院97度台上字第2376號判決、臺灣臺北地方法院99年度重訴字第1361號判決、臺灣桃園地方法院101年度重訴字第279號判決。

[42] 參閱臺灣桃園地方法院100年度訴字第1468號判決。

[43] 參閱吳光明,仲裁文化之探討,劉鐵錚教授七秩祝壽論文集編輯委員會編,劉鐵錚教授七秩華誕祝壽論文集(一)新世紀宏觀法學之研究與展望,元照,2008年,頁62。

度設計上勢必與訴訟有所差異，才有其存在之價值。茲將仲裁與訴訟之差異分述如下：

1. 仲裁協議係仲裁之依據，當事人將爭議提交仲裁，係以雙方當事人自願為前提[44]；訴訟則非當事人自主解決方法。

2. 在仲裁，當事人可決定判斷人之人選，即當事人可選擇其所信賴具有專業知識之公正人士擔任判斷人；訴訟案件則交由法官判斷，對於何人為判斷人，當事人毫無決定或控制餘地。

3. 仲裁審理之程序可由當事人選擇；訴訟之程序與構造嚴格而缺乏彈性。

4. 仲裁原則上係不公開；訴訟則以公開為原則。

5. 仲裁原則上採一審制，一經判斷不能以上訴加以救濟，以防止當事人濫用裁判上之上訴制度，以延宕判斷之執行[45]。

　　仲裁與訴訟之上述差異，顯示仲裁制度尊重當事人自治之性格，惟為糾紛之終局解決，仲裁人所作判斷應具有強制絕對服從之一面，當事人不可表示不服從，否則可以國家公權力對之強制執行[46]。相對而言，裁判乃國家公權力之發動，其效力限於一國之領域，不能超越國境，在外國生效；而仲裁判斷乃民間自主之紛爭解決方法，在理論上可與主權問題分離，除國內外，尚可在國際上發生效力[47]。

（二）支持大陸仲裁判斷有既判力之理由

　　學者與實務對於支持大陸地區仲裁判斷有既判力之理由，綜合其觀點如下：

1. 從兩岸關係條例第74條文義之角度切入，不能從僅規定有執行力，即反面推論至無既判力。

---

44 參閱吳光明，仲裁之依據—仲裁協議，商事爭議之仲裁，五南，2014年，頁3。

45 參閱楊崇森等，仲裁法新論，中華民國仲裁協會，2008年，頁6至8。

46 楊崇森等，前揭書，頁7。

47 參閱楊崇森，商務仲裁之理論與實際，中央文物供應社，1984年，頁6。

2. 從規範目的之角度切入，如僅承認外國仲裁判斷之執行力，而不及於實質既判力，勢必形成仲裁法內在邏輯之矛盾。

3. 從體系角度，兩岸關係條例第74條與仲裁法第47條規範文字及客體相似，解釋亦應相似。

4. 從歷史解釋，其立法過程，實無法得出立法者有意限縮爲兩岸關係條例第74條「僅取得執行力，一概排除其他效力」之結論。

5. 從「平等互惠原則」及「既得權保護」之角度，更應承認大陸仲裁判斷有既判力，以達相互尊重並使當事人紛爭得以順利解決。

惟從上述理由，仍難以看出法院對於「大陸判決」及「大陸仲裁判斷」賦予不同效力之理由。

本文認爲，欲探討眞正支持大陸仲裁判斷有既判力之理由，應從「反對大陸判決具有既判力」之理由著手，亦即討論仲裁之特殊性，是否正好彌補訴訟程序之不足，其詳如後述。

（三）反對大陸判決具有既判力之理由

反對具有既判力之理由，主要有二，茲分述如下：

1. 大陸司法制度不讓人信任：茲所謂「大陸司法制度不讓人信任」，係指司法權及法官欠缺獨立性，法官之來源與素質，尚難與臺灣或西方國家相比，法官之審判尚易受黨與行政機關所左右。因此，要以訴訟求取公平之解決，尚有困難[48]，故不符我國憲法保障人民訴訟權之基本要求。

2. 大陸無既判力制度：茲所謂「大陸無既判力制度」，係指大陸規定有特殊之再審制度，提起再審之門檻低，致無確定判決可言，更遑論是既判力。簡言之，爲裁判「人」是否公正之問題，與「制度」是否完善之問題。

---

48 參閱游瑞德，大陸地區台商經貿糾紛的分析與展望，月旦法學雜誌，21期，1997年，頁67。

第三項　國際貿易之觀點

一、紐約公約

　　現代國際經濟及貿易迅速發展，國際商務仲裁制度日形重要[49]，各國對於他國仲裁判斷能否在本國執行之問題極爲重視，而於1958年在紐約簽訂「承認與執行外國仲裁判斷公約」（The Convention on the Recognition and Enforcement of Foreign Arbitral Awards of June 10, 1958，亦有翻譯爲「承認及執行外國公斷裁決公約」，下稱紐約公約），該公約簽訂之目的在於，使於不同仲裁地作成之仲裁判斷，得爲其他國家所承認（recognition），並進而加以執行（enforcement）。其中第3條規定：「各締約國應承認公斷裁決具有拘束力，並依援引裁決地之程序規則及下列各條所載條件執行之。承認或執行適用本公約之公斷裁決時，不得較承認或執行內國公斷裁決附加過苛之條件或徵收過多之費用[50]。」

　　各簽署國應承認仲裁判斷具有拘束力，該公約之承認，係指承認仲裁有效並具有實質拘束力，不允許當事人就已受判斷之事項再提爭執，而得據該仲裁判斷予以強制執行，以實現仲裁判斷之內容。如不承認外國仲裁判斷經過一定程序後即發生實質拘束力，則不啻容許紛爭再起，反而使紛爭解決程序益加冗長，浪費資源，失去仲裁制度終局解決紛爭之功能。是紐約公約以平等及互惠原則爲其基本原則。

---

[49] Arthur D. Harverd, The Concept of Arbitration and its Role in Society, in: Geoffrey M. Beresford Hartwell ed., The Commercial Way to Justice: The 1996 International Conference of the Chartered Institute of Arbitrators, 17-25, 1997.

[50] 英文原文爲：「Each Contracting State shall recognize arbitral awards as binding and enforce them in accordance with the rules of procedure of the territory where the award is relied upon, under the conditions laid down in the following articles. There shall not be imposed substantially more onerous conditions or higher fees or charges on the recognition or enforcement of arbitral awards to which this Convention applies than are imposed on the recognition or enforcement of domestic arbitral awards.」

二、聯合國國際商務仲裁模範法

　　1985年6月21日聯合國國際貿易法委員會制定了「聯合國國際商務仲裁模範法」（UNCITRAL Model on the International Commercial Arbitration，簡稱模範法）[51]，該法第35條第1項規定，仲裁判斷不論在何國境內作出，均應承認具有約束力，而且經向執行國法院提出聲請，即應予以執行。但須服從本條與第36條之規定。該模範法第36條係規定，拒絕承認及執行仲裁判斷之理由。

三、承認及執行外國仲裁判斷法律制度

（一）承認及執行外國仲裁判斷法律制度之經濟基礎

　　國際商務仲裁係基於商品經濟所衍生之糾紛解決之方法，伴隨著商品經濟之產生與發展，逐步成熟爲解決國際商務爭議之法律制度[52]。緊接著，以跨國商品交換爲經濟基礎，以國際商務仲裁制度以及各國仲裁立法爲法律基礎[53]。

（二）承認及執行外國仲裁判斷法律制度之法律基礎

　　仲裁制度之最大特色，係追求其自治性，並最大限度地滿足當事人之意思自由。此種特點決定各國或各行業之仲裁制度並非整齊劃一。如仲裁制度缺乏既判力，則根本不能得到法院之承認與執行。

　　在上述法律基礎上，經歷區域性國際立法以及全國性國際立法過程，發展迄今，既與國際商務仲裁有密切關係，又有相對於國際商務仲裁

---

51 參閱吳光明、俞鴻玲，國際商務仲裁之概念，前揭書，頁20。

52 Nicholas R. Weiskopf, Commercial Arbitration: Theory and Practice, 2-5, 3rd ed., 2014.

53 Edward C. Chiasson, The Sources of Law in International Arbitration, in: Geoffrey M. Beresford Hartwell ed., The Commercial Way to Justice: The 1996 International Conference of The Chartered Institute of Arbitrators, 29-43, 1997.

之司法立法[54]。從而，演變成承認及執行外國仲裁判斷法律制度之經濟基礎，以及承認及執行外國仲裁判斷法律制度之法律基礎。

第四項　臺灣對「外國仲裁判斷」之立法

　　臺灣雖因政治因素無法參加「紐約公約」，但臺灣仲裁法之立法，特別是第七章「外國仲裁判斷」之相關規定，基本上均遵循紐約公約之基本原則，此參諸立法過程中，無論是行政機關之法案說明，或與會立法委員之發言內容，均多次提及紐約公約自明。故法院認為於處理非臺灣作成之仲裁判斷效力時，平等及互惠原則為重要之準據。

　　當然，應注意臺灣最新（2015年12月2日）仲裁法第47條第2項已修訂為：「外國仲裁判斷，經聲請法院裁定承認後，於當事人間，與法院之確定判決有同一效力，並得為執行名義。」

　　其修正有其特殊理由，蓋臺灣之「仲裁判斷，於當事人間，與法院之確定判決，有同一效力」，於仲裁法第37條第1項定有明文。外國仲裁判斷，既經臺灣之法院依本法規定裁定承認，則其效力自應相同。且法院對外國判決或仲裁判斷之承認，最基本者當為承認該判決或仲裁判斷之既判力，使得兩造當事人與承認國之法院，均必須尊重該訴訟判決或仲裁判斷所確定或形成之法律關係，而不得試圖再另為爭執或重新為實質認定。再參照1958年聯合國承認及執行外國仲裁判斷公約第3條亦明定「各締約國應承認仲裁判斷具有拘束力及執行力（recognize arbitral award as binding and enforce them）」，故外國仲裁判斷經我國法院承認後，應與法院確定判決有同樣的實質確定力及執行力。原第47條第2項僅規定「經聲請法院裁定承認後，得為執行名義」，顯有疏漏或不夠明確，爰參照仲裁法第37條第1項，修訂同法第47條第2項[55]。

　　不過，兩岸關係條例目前並未針對此規定而作配合修訂，值得注意。

---

54 參閱趙秀文，國際商事仲裁及其適用法律研究，北京大學出版社，2002年，頁344。
55 參閱新修正（2015年12月2日）仲裁法第47條第2項修正理由。

第五項　海峽兩岸之特殊情況

一、憲法增修條文之規定

按中華民國憲法增修條文第11條規定：「自由地區與大陸地區間人民權利義務關係及其他事務之處理，得以法律爲特別之規定。」又兩岸關係條例第1條規定：「國家統一前，爲確保臺灣地區安全與民眾福祉，規範臺灣地區與大陸地區人民之往來，並處理衍生之法律事件，特制定本條例。本條例未規定者，適用其他有關法令之規定。」

再者，兩岸關係條例第74條，就大陸地區於民事訴訟法第402條、仲裁法第47條外，另就民事確定判決、仲裁判斷之效力定有明文，應係因應兩岸之特殊關係，於臺灣與外國國際法律衝突或兩岸地區之法律衝突，並無爲相異規範之理由。是我國立法雖對外國民事判決、仲裁判斷採自動承認制（民事訴訟法第402條參照），另對大陸民事判決、仲裁判斷採裁定認可制，然此等程序上之不同，僅是取得實質拘束力之「時程差異」而已，亦即一爲自動取得，另一爲經裁定認可後取得，兩者之不同並非可解釋爲縱經裁定認可後之效力仍有所不同，否則立法機關將對於相類事件爲不同之立法裁量，有違國際禮讓、互惠及司法互助之原則。

二、兩岸共同打擊犯罪及司法互助協議

復參以海峽兩岸共同打擊犯罪及司法互助協議[56]第三章「司法互助」第10條約定：「雙方同意基於互惠原則，於不違反公共秩序或善良風俗之情況下，相互認可及執行民事確定裁判與仲裁判斷（仲裁裁決）。」兩岸就民事確定裁判與仲裁判斷，協議於不違背公共秩序、善良風俗之情況，相互認可及執行。

又大陸地區對於臺灣地區之民事判決及仲裁判斷，依「最高人民法院

---

[56] 按「海峽兩岸共同打擊犯罪及司法互助協議」於2009年4月26日簽署，依「臺灣地區與大陸地區人民關係條例」第5條第2項予以核定；並於2009年4月30日送立法院備查。

關於人民法院認可臺灣地區有關法院民事判決的規定」第12條規定：「人民法院受理認可臺灣地區有關法院民事判決的申請後，對當事人就同一案件事實起訴的，不予受理。」第19條規定：「申請認可臺灣地區有關法院民事裁定和臺灣地區仲裁機構裁決的，適用本規定。」另「最高人民法院關於人民法院認可臺灣地區有關法院民事判決的補充規定」第1條第2項規定：「經人民法院裁定認可的臺灣地區有關法院民事判決，與人民法院作出的生效判決具有同等效力。」已明文規定臺灣仲裁機構之仲裁判斷經認可後，有與大陸人民法院生效判決同等效力，不得更行起訴[57]。

　　基於前揭兩岸協議所採取之平等及互惠原則，對於大陸地區之仲裁判斷經臺灣之法院認不違反臺灣之公共秩序或善良風俗而為裁定認可後，亦應承認兼具既判力及執行力。

第六項　小結

　　大陸仲裁制度，在裁判人與制度方面，是否有值得商榷或令人質疑之問題，茲分述如下：

一、裁判人之問題

　　相較於訴訟，仲裁制度之特色之一，即仲裁人之選定，當事人有相當之決定權及控制權[58]，而得選擇其所信賴及具有專業之人士擔任仲裁人。而大陸仲裁法第31條亦規定仲裁員之選任以當事人自治為主，在無法抉擇時，交予仲裁機構決定[59]。

　　又對於仲裁人資格之限制，大陸仲裁法第13條規定仲裁員應符合下列條件之一：

　　（一）從事仲裁工作滿八年的。

---

57 彭郁欣，前揭文，頁43。
58 參閱吳光明，當事人與仲裁人間之法律關係，商事爭議之仲裁，五南，2014年，頁22；楊崇森等，前揭書，頁13。
59 參閱吳光明、俞鴻玲，海峽兩岸仲裁法重要概念之辨析比較，前揭書，頁382。

（二）從事律師工作滿八年的。

（三）曾任審判員滿八年的。

（四）從事法律研究、教學工作並具有高級職稱的。

（五）具有法律知識、從事經濟貿易等專業工作並具有高級職稱或者
具有同等專業水準的。

且仲裁委員會按照不同專業設仲裁員名冊，對仲裁員資格設定嚴格的
要求，是大陸仲裁制度，其主體具有高素質[60]。其屢經國內外批評之「封
閉式名冊[61]」制度，亦於仲裁規則第24條第2項[62]獲得改善，尊重當事人
選擇仲裁人之意願[63]。

又訴訟制度中最引人詬病者，乃行政機關或黨之介入司法判斷之問
題。惟大陸仲裁法第14條規定，仲裁委員會獨立於行政機關，與行政機關
沒有隸屬關係，仲裁委員會之間也沒有隸屬關係，即係避免國內仲裁機構
與國家行政部門混同之設[64]。

綜上所述，與大陸訴訟制度相比，大陸仲裁制度並無「人」之問
題，當事人選擇大陸仲裁解決糾紛，得獲取公平的判斷，其訴訟權應無受
侵害之虞。

二、制度面之問題

大陸仲裁實行一裁終局之制度。裁決作出後，當事人就同一紛爭即難

---

60 參閱吳光明、俞鴻玲，前揭書，頁380。

61 指當事人將爭議提交某仲裁機構仲裁時，僅得選任該仲裁機構仲裁人名冊中之仲裁人，
不得選任名冊外之仲裁人。

62 仲裁規則第24條第2項：「當事人約定在仲裁委員會仲裁員名冊之外選定仲裁員的，當
事人選定的或根據當事人之間的協議指定的人事經仲裁委員會主任依法確認後可以擔任
仲裁員、首席仲裁員或獨任仲裁員。」不過，應注意者，此部分仲裁機構有必要時，可
能每年訂正新仲裁規則。

63 參閱陳希佳，兩岸仲裁法比較研究（上），仲裁季刊，96期，2012年，頁92。

64 參閱陳煥文，兩岸仲裁法規之比較，中華仲裁協會編，海峽兩岸經貿仲裁2001-2002論
文集，中華仲裁協會，頁11。

再作主張，相較於大陸地區訴訟制度中含有特殊之再審制度，其仲裁判斷反而有較明確之終局性。

　　依大陸仲裁法第9條規定：「仲裁實行一裁終局的制度。裁決作出後，當事人就同一糾紛再申請仲裁或者向人民法院起訴的，仲裁委員會或者人民法院不予受理。」裁決被人民法院依法裁定撤銷或者不予執行的，當事人就該糾紛可以根據雙方重新達成的仲裁協議申請仲裁，也可以向人民法院起訴。明白宣示仲裁判斷為終局性[65]。

　　又關於仲裁判斷之撤銷，大陸仲裁法將其分為國內仲裁撤銷（第50條）及涉外仲裁撤銷（第70條），而涉臺因素者，比照適用涉外仲裁判斷之撤銷問題[66]，依大陸仲裁法第70條：「當事人提出證據證明涉外仲裁裁決有民事訴訟法第二百六十條（現第二七四條）第一款規定的情形之一的，經人民法院組成合議庭審查核實，裁定撤銷。」

　　而大陸民事訴訟法第274條第1款之情形有：

　　（一）當事人在合同中沒有訂有仲裁條款或者事後沒有達成書面仲裁協議的。

　　（二）被申請人沒有得到指定仲裁員或者進行仲裁程序的通知，或者由於其他不屬於被申請人負責的原因未能陳述意見的。

　　（三）仲裁庭的組成或者仲裁的程序與仲裁規則不符的。

　　（四）裁決的事項不屬於仲裁協議的範圍或者仲裁機構無權仲裁的。

　　由此可見，大陸仲裁判斷之撤銷須有一定之要件，並為一裁終局的，不得上訴[67]，亦不得對之提起再審[68]，且設有6個月之時限[69]。是以大陸仲裁判斷，不會有隨時遭到恣意性撤銷之可能，其終局性顯然較訴訟判

---

65 參閱楊建華，海峽兩岸民事程序法論，月旦，1977年，頁792。

66 陳希佳，前揭文，頁77。

67 參閱大陸民事訴訟法第154條之規定。

68 參閱陳希佳，兩岸仲裁法比較研究（下），仲裁季刊，97期，2013年，頁46。

69 大陸仲裁法第59條規定：「當事人申請撤銷裁決的，應當自收到裁決書之日起六個月內提出。」

決強。

　　唯一可以挑剔者，係依大陸民事訴訟法第274條第2款，人民法院認
定執行該裁決違背社會公共利益的，得裁定不予執行，該規定係屬不確定
法律概念，有操作之空間。惟要說明者，本文認為，該規定係「不予執
行」，而非完全否定「仲裁判斷之效力」。

　　綜上所述，大陸仲裁判斷應具有確定力，故其「制度」問題，亦不
大。其實，大陸學者也認為，大陸之仲裁判斷在我國之認可與執行之爭
議，並非是法律上之障礙，而是受到兩岸政治對立之影響與干擾[70]所致。

第五節　結語——檢討與建議

第一項　檢討

　　近年來，在海峽兩岸經貿頻繁情況下，彼此間之法律糾紛有增無
減，兩岸間之糾紛解決機制，顯得更為重要，訴訟制度雖為一般人所熟
悉，卻並非為唯一之糾紛解決管道。尤其，在目前對於大陸司法制度是否
公正仍有疑慮，且臺灣仍遵循最高法院實務見解[71]尚不承認大陸判決既判
力之情形下，選擇訴訟制度有其風險存在。

　　相對而言，訴訟外糾紛解決機制（ADR）[72]益見重要，尤其仲裁制度
除有迅速、經濟及專家判斷等優點外[73]，亦可使當事人免於受到法官結構

---

[70] 參閱吳光明，仲裁權之探討—海峽兩岸之比較研究，吳光明編，仲裁法理論與判決研
　　究，翰蘆圖書，2004年，頁437。

[71] 參閱最高法院96年度台上字第2531號判決。

[72] Jacqueline M. Nolan-Haley, Alternative Dispute Resolution in a Nutshell, 4, 2nd ed., 2001.

[73] 仲裁制度之優點，參閱吳光明，合意選定仲裁人與合意選定法官，吳光明編，仲裁法理
　　論與判決研究，翰蘆圖書，2004年，頁227；沈冠伶、陳英鈴，仲裁、程序選擇權與訴
　　訟權之保障—以政府採購法第八五條之一第二項規定為例探討法定仲裁之相關問題，月
　　旦法學雜誌，158期，2008年，頁218。

或行為怪異之苦[74]，且大陸仲裁制度與訴訟制度相較之下，較具獨立性、民間性、公正性，受行政機關干預亦較小[75]。

　　然而，由於我國界定外國仲裁判斷之法律依據，只要有仲裁法第47條至第51條，以及法理上有紐約公約之規定。惟我國仲裁法第47條第2項雖已於2015年12月2日修正為：「外國仲裁判斷，經聲請法院裁定承認後，於當事人間，與法院之確定判決有同一效力，並得為執行名義。」但兩岸關係條例，針對此節目前並未配合修訂。

　　更重要者，前述臺灣最高法院2015年最新判決實務，是否肯定大陸仲裁判斷經認可後，債務人仍可提出強制執行法第14條第2項之債務人異議之訴，尚未定案。蓋最高法院在該判決理由中僅指出：「當事人如已於認可程序爭執該確定民事裁判或仲裁判斷之內容或其程序違背我公共秩序或善良風俗，為認可裁定之法院亦已行較周密之非訟程序而為判斷，嗣債務人復以同一爭執提起債務人異議之訴時，於具體個案是否違背程序上之誠信原則，則屬別一問題。」云云，此一論述，恐使後續類似案件留下頗多再作爭執之空間，殊為可惜。

　　由於我國最高法院認為基於兩岸特殊關係，立法者特以非訟程序處理大陸仲裁判斷之認可，足見其係考量兩岸仲裁體制差異而為之特別機制。據此，為維護我國法律制度並兼顧當事人權益，即使經我國法院裁定認可之大陸民事確定裁判或仲裁判斷，仍僅具有執行力，而無與我國法院確定判決同一效力之既判力，已如前述。我國司法實務欲藉此保留法院得自行斟酌全辯論意旨及調查證據之結果，為不同之判斷，不受大陸地區法院裁判之拘束。同理，以民事債務糾紛為例，縱使其在大陸之仲裁判斷經我國法院裁定認可，債務人仍得以該仲裁判斷作成前之事由，依我國強制執行法向我國法院另提起債務人異議之訴，故仍有再行爭訟之風險存在，須特別留意。

---

[74] 參閱楊崇森等，前揭書，頁14。

[75] 參閱邱錦添，ECFA生效後，仲裁對兩岸經貿之作用，兩岸商法評論，2卷1期，2011年，頁8。

第二項　建議

　　檢討我國界定外國仲裁判斷之立法與實務，並詳細規定外國仲裁判斷經臺灣承認後與確定判決有同一效力之立法，與紐約公約規定之共通性與差異性，均有助於兩岸仲裁之發展，配合2012年兩岸簽署之「海峽兩岸投資保障和促進協議」[76]第14條，明確規定兩岸之仲裁機構均可以處理兩岸之商務糾紛，應可合理預期仲裁制度將在解決兩岸商務糾紛中扮演更加重要的角色。

　　雖然說律師在大陸仲裁判斷於我國之認可與執行上，發揮律師之訴訟技巧，而提出強制執行法第14條第2項之債務人異議之訴，但涉及具體個案是否違背程序上之誠信原則，最高法院則應自為判決，而不應以一句「屬別一問題」輕描淡寫，讓問題無法解決。

　　再者，2012年大陸民事訴訟法修訂，對仲裁制度亦產生若干之影響[77]，在在看出兩岸法院相互承認與執行仲裁判斷所落下之腳印，非常堅實。

　　在此之時，大陸學者亦提出，應建立外國仲裁裁決承認及執行案件上訴制度之必要性[78]，其目的仍係為防止司法權濫用。大陸仲裁判斷何嘗不是如此！

　　然而，因為這門「兩岸爭議仲裁」課程，理論性、政策性、現實性等均很強[79]，難免有些批評以及值得討論之處。

　　長久以來，我國司法實務上，一向不承認大陸地區判決之既判力。然近期最高法院104年度台上字第33號民事判決中，則認同：「基於平等及互惠原則，對於大陸地區之仲裁判斷經我國法院認不違反公共秩序或善良風俗而為裁定認可後，亦應承認兼具既判力及執行力。系爭仲裁判斷既

---

[76] 按「海峽兩岸投資保障和促進協議」簽署於2012年8月9日；於2013年2月1日生效。

[77] 參閱陳希佳，二○一二年大陸民事訴訟法修訂對其仲裁制度之影響，月旦民商法雜誌，41期，2011年，頁97。

[78] 參閱齊湘泉，前揭書，頁413、414。

[79] 參閱韓健，國際商事仲裁法的理論與實踐，法律出版社，2000年，頁370。

經我法院裁定認可確定，上訴人提起債務人異議之訴……」顯見以現階段
言，大陸之仲裁判斷只要不違背臺灣地區公共秩序或善良風俗者，得聲請
法院裁定認可；而經法院裁定認可之仲裁判斷，以給付爲內容者，得爲執
行名義。

　　當然，本文並無反對，針對個別案件，律師利用訴訟技巧，依強制執
行法第14條第2項之規定：「執行名義無確定判決同一之效力者，於執行
名義成立前，如有債權不成立或消滅或妨礙債權人請求之事由發生，債務
人亦得於強制執行程序終結前提起異議之訴。」向法院提起債務人異議之
訴。

　　總之，臺灣加入WTO後[80]，在兩岸特殊之政經關係下，大陸人民間
或兩岸人民間之紛爭，如最終之結果得在臺灣執行，與其期待透過訴訟途
徑解決，不如採行訴訟外糾紛解決機制[81]，尤其是仲裁機制[82]，顯更爲快
速、經濟，且較能落實執行。惟在「不違反公共秩序或善良風俗」之理念
下，如何建立一個較爲明確而統一的機制或認定標準，使機關和人民普遍
瞭解並共同遵循，避免陷入太多「個案認定」之爭議與質疑之中，應是仲
裁領域及司法領域之學者專家，值得共同努力之方向。

---

[80] Peter Van den Bossche and Werner Zdouc, The Law and Policy of the World Trade
　　Organization: Text, Cases and Materials, 1-2, 3rd ed., 2013.

[81] Susan Blake and Julie Browne, The Jackson ADR Handbook, 1-3, 2013.

[82] 有關「兩岸仲裁法」進一步之討論，請參閱吳光明、俞鴻玲，海峽兩岸仲裁法重要概念
　　辨析比較，前揭書，頁366至391。

CHAPTER

15

從BOT促參案件談訴訟外爭議解決（ADR）機制

第一節 概說

法律是建立在經濟基礎上之上層建築，因此，我國於1994年制定「獎勵民間參與交通建設條例」（下稱獎參條例）[1]；並於2000年制定「促進民間參與公共建設法」（下稱促參法）[2]。基於「政府最大審慎」及「民間最大參與」二原則，將特定之公共建設由政府委託民間投資廠商興建與營運，以提供民眾使用。因此，公部門係以公共利益為政策規劃目標，而私部門則以營利為目標。

在BOT（Build-Operation-Transfer）模式中，政府固然已提供用地取得、特許經營權、附屬事業及融資與租稅優惠等誘因機制，但對於公共工程之營建品質、施作工期以及後續之收費取價，乃至其營運服務品質，皆設有一定之監督管理機制；而BOT投資契約則是規範公部門與私部門權利義務之依據[3]。

原則上，政府對於BOT計畫案，進行三方面管制：

一、利潤控制（profit control）：BOT企業之定價，不能超過為彌補其成本所必要之水平，包含彌補合理的投資資本、營運成本與利潤等。

二、進入控制（entry control）：如果無法從政府主辦機關獲得許可，BOT企業就不能營運與收費；此亦即採特許經營權（franchise）之制度。

三、價格結構控制（control price over structure）：即BOT企業所提供之服務，在價格方面，不得對使用者有所歧視。

近年來，公共建設領域之公私合夥關係（Public-Private- Partnerships,

---

1 按「獎勵民間參與交通建設條例」訂於1994年12月5日，歷經多次修訂，最近一次修正於2015年6月17日，自2012年7月1日起主管機關改由「金融監督管理委員會」管轄。

2 按「促進民間參與公共建設法」訂於2000年2月9日，歷經多次修訂，最近一次修正於2022年12月21日，2012年12月25日行政院公告，原所列屬「行政院公共工程委員會」之權責事項，自2013年1月1日起改由「財政部」管轄。

3 有關「BOT契約之性質」進一步之討論，參閱林家祺，BOT契約公私法屬性之再探討，BOT契約法律與政策研討會學術論文集，台灣法學基金會，2015年8月1日，頁47至74。

PPP）蔚為潮流，世界先進國家與開發中國家莫不積極建立法制，力促民間經由PPP形式，進行投資、設計、建設、管理公路、橋梁、鐵路、隧道、污水處理廠與垃圾焚化爐、機場等公共建設。

　　基此，本文首先擬探討BOT模式之優點與風險，包括BOT模式之優點、BOT模式之經濟風險；其次，擬探討訴訟外爭議解決機制（ADR），包括訴訟外爭議解決機制之意義與需要緣由、多元化訴訟外解決機制；再次，擬探討BOT促參案ADR機制之種類，包括ADR機制中之談判、ADR機制中之調解、ADR機制中之仲裁；最後，提出檢討與建議，作為本文之結語。

第二節　BOT模式之優點與風險

第一項　BOT模式之優點

　　為推動民間與公共建設合作之互利，我國於2000年2月制定「促進民間參與公共建設法」，依該法第1條規定：「為提升服務水準，加速社會經濟發展，促進民間參與公共建設，特制定本法。」BOT制度化下之公共建設，政府將特許經營、租稅獎勵及用地取得等公權力授予投資廠商；而誘使其投資、興建，並進行後續之營運與維護，使投資廠商得向使用人收費，以彌補投資與營運成本。

　　就使用之民眾言之，雖公共建設用民營化方式經營，也許會較以往公營者取價較高，但因是只有使用者付費，故目前社會民眾對此模式亦大多能接受。

　　重大工程採行BOT之所以可獲認同，乃在於一般認為公共建設以BOT方式興建及營運，具有擺脫官僚體制之浪費、無效率等缺點。且會具備民營化之如下優點：

　　一、節省政府財政。

　　二、引進民間之專業經營。

三、提高建設對民眾需求之服務效率。

四、節省營運成本。

五、使公共建設成爲融資工具,使資金有效運用。

六、提供較佳之人力服務效率。

另外,藉由民營企業之競爭機制,使沉痾已久之公共建設除在提供公共利益外,也重視經濟學上之效率。

自「促進民間參與公共建設法」公布施行後,已有台灣高速鐵路公司(下稱台灣高鐵)、高雄市大眾捷運等公共建設採用BOT模式,且早經興建完成並啓用。然而,桃園中正機場捷運案、高速公路電子收費案(ETC)等,均曾在執行過程中爆發收賄、審查不公、廠商違約等情事,致使興建工程之履約發生遲延,甚至工程全數停頓,以致進入仲裁或者訴訟程序,故BOT模式實際上可謂毀譽參半[4]。

因此,實務上認爲,依促參法採BOT方式辦理案件,最終由「主辦機關」取得該建設之所有權,「主辦機關」對於該投資開發案具有「財產上之利益」,倘其復爲該投資開發案件之「目的事業主管機關」及環評法的「環評主管機關」時,即有「利益迴避」之問題,該主辦機關環評審查委員應迴避表決[5]。

第二項　BOT模式之經濟風險

政府將公共工程採取BOT模式最大理由,多在於政府部門之人力及資金供需短絀,故需憑藉民間之力量籌措資金完成公共工程,形成彼此間之公私部門協力機制。

BOT專案在行政管制及經濟模式上,不同於其他之政府自辦建設工程案件,該特許專案計畫,包含財務、金融、經濟、行政、工程、社會、

4　有關「BOT模式之經濟特色」進一步之討論,參閱蘇南,BOT爭議與仲裁研究—法律經濟觀點,BOT契約法律與政策研討會學術論文集,台灣法學基金會,2015年8月1日,頁88至90。

5　參閱最高行政法院105年度判字第123號行政裁判。

管理、保險、法律等專業領域，內容牽涉廣泛且繁雜。

　　由於公私合作風險甚高，且行政法有許多不確定法律概念，加上BOT主辦機關握有裁量權，對類似案件常為不同之行政處分，致使合作之BOT廠商難以預測。時有廠商或政府之一方，妥協於已投入之資金與沉沒成本之下，遂不得不繼續推動已騎虎難下的BOT工程，例如台灣高鐵在營運初期，收入尚不足以支付其貸款利息，仍不得不以減班等方式因應經營。

　　因此，財務之可行性、融資與租稅優惠問題、政府在法律政策上如何介入之深度等[6]，可說是影響BOT專案成敗之關鍵因素。惟因政府及特許公司等參與者，各扮演不同角色，故對BOT計畫各有不同層面之經濟或行政考量。以獲BOT特許之公司角色而言，如何樹立穩健之籌資管道，及降低整體成本，已然成為能否持續經營之主要關鍵，而經濟風險幾乎可謂BOT模式之最大風險。

第三節　訴訟外爭議解決（ADR）機制

第一項　訴訟外爭議解決機制之意義與需要緣由

一、意義

　　訴訟外爭議解決機制（Alternative Disputes Resolution, ADR）是處理私權爭議之多樣方法，雖然在眾多私權爭議之解決程序中，大抵仍以傳統之訴訟模式為主，但近世紀以來，伴隨人權意識高漲而產生之龐大訴訟負擔，仍有必要於訴訟外尋求其他之爭議解決機制，以協助疏減訟源。

　　因此，儘管ADR是一種歷史與文化研究之課題，但ADR也是一個理論與實務緊密結合之領域。以ADR為核心內容之糾紛解決研究，迅速成

6　參閱林明鏘、郭斯傑，工程與法律十講，五南，2013年9月，頁245、246。

為世界各國法學界，尤其是法社會學與司法實務領域之重要課題，並形成一個融合社會學、民事訴訟法學與法律文化等多種學科，而成為一種綜合性研究領域。

　　ADR之形式具多元性與多樣性，如BOT促參案機關與廠商間發生爭議，其解決機制之ADR形式最主要有：（一）談判（negotiation）；（二）調解（mediation）；（三）仲裁（arbitration）等[7]。

二、需要之緣由

　　BOT促參案件是依靠契約維繫商業發展之一種模式，其經營雙方之權利與義務，是吸引雙方合作之原因，亦為保證BOT促參案件經營關係得以維持並發展下去之基礎。

　　然而，由於各個BOT促參案件經營人實際狀況不同，即使在同一BOT促參案件，雙方所約定之權利義務，都可能有所不同。從而BOT促參案件經營而衍生之糾紛，亦形形色色，一旦發生糾紛，BOT促參案機關與廠商雙方，並不一定要到法院訴訟，對簿公堂，以至於兩敗俱傷。因此，才有多元化訴訟外解決機制，而隨著ADR之成功運作，實務上與理論上均已確定ADR之屬性趨向多元，換言之，ADR不僅屬於一種法律活動，更是一種經濟活動。

第二項　多元化訴訟外解決機制

一、法律多元之觀念

　　法律多元（pluralism）之觀念，不僅承認各國法律文化與傳統之特殊價值，即使是在同一個國家之法制下，實際上也可能同時存在多元化之規範體系與秩序。此種理論亦直接為訴訟外糾紛解決機制存在之合理性與必

7　有關「ADR形式」進一步之討論，參閱吳光明，美國之訴訟外糾紛解決（ADR）機制——兼論美國仲裁協會之仲裁人教育訓練，仲裁法理論與判決研究，台灣財產法暨經濟法研究協會，翰蘆圖書，2004年11月，頁147至153。

要性提供依據。

　　從傳統到現代，人類社會糾紛解決之機制，經歷漫長之歷史發展過程，訴訟外糾紛解決機制之存在，係法治之新階段。而由於與訴訟制度相較之下，訴訟外糾紛解決機制確有較為迅速便捷等優勢，且用選擇之機制解決紛爭，例如用仲裁解決，其優點在於節省時間、費用、由當事人能信賴之人來判斷等，故當事人普遍多能接受。惜因許多人對該等制度並無認知，致未能普遍採行，故政府應明確建立訴訟外解決機制之法律地位，並持續廣為宣導，使民眾樂於採行訴訟外解決機制。

二、爭議解決機制多元化

　　在現代網路資訊科技發達，促使各國之社會、經濟、文化……均日趨緊密連結並互相學習。且在全球化潮流下，無論商業往來或法律規範，皆經常面對跨越國界之需求和走向，法院及律師也經常須處理跨國界之法律問題，因此，遂更導致訴訟外爭議解決機制多元化。

　　雖然任何法律制度都有其獨特性，也各有其歷史背景，但在全球化趨勢下，法律制度一方面漸有「趨同」情形，一方面隨著社會之普遍交流與多元，糾紛之解決方式也有多元性與多樣化。在多元化糾紛解決機制中，各種不同之糾紛解決方式，以其不同功能和特點同時存在，以滿足社會多樣之需求[8]。

　　以我國為例，為因應私權糾紛，實務上可由雙方進行談判，或向權責機構（如鄉鎮調解委員會）申請調解，或向中華民國仲裁協會爭議調解中心申請仲裁，以處理紛爭。

三、訴訟外爭議解決機制多元化之功能

　　由於BOT促參案當事人間，無論在條件、利益、價值觀、偏好以及

---

[8] 有關「多元文化」進一步之討論，參閱吳光明，多元文化與訴訟外糾紛解決（ADR）機制，前揭書，頁2至24。

其他各種實際需求等方面之多元化，故於面對糾紛時，所期待之解決方式亦頗有差異，訴訟外爭議解決機制之功能，在使當事人在解決爭議之方法上，有更多選擇權。

BOT促參案訴訟外爭議解決機制之功能，還包括效益觀念、自治觀念、實質正義觀念等三方面。故為擴張BOT促參案訴訟外爭議解決機制功能，必須建立與社會自治、自律、誠信、理性及合作之程度相適應之多元化糾紛解決之機制。

另一方面，BOT促參案訴訟外爭議解決機制可從三個層面，挑戰正式之訴訟制度，即：（一）使社會規範「非法律化」；（二）使律師非專業化；（三）使法律程序非正式化。

惟一般認為，訴訟外爭議解決機制主要功能，係使糾紛之解決，更為經濟、彈性與效率[9]。

第四節　BOT促參案ADR機制之種類

第一項　ADR機制中之談判

一、談判之意義

談判（negotiation），又可譯成交涉或協商，是指BOT促參案業主或BOT促參案機關與廠商雙方或多方間，為尋求某些BOT促參案之共識，所進行之一系列資訊傳達或交換過程，亦即係一種目的在相互說服之交流或對話過程[10]。實質上，以BOT促參案機關或BOT促參案廠商雙方間發生爭議而言，談判是一種雙方解決爭議較好之交易活動之一。

9　有關「訴訟外糾紛解決機制（ADR）之模式」進一步之討論，參閱吳光明，論仲裁與調節之結合，前揭書，頁162至261。

10　Howord Raiffa, The Art and Science of Negotiation, The Belknap Press of Harvard University Press, 14th printing, 1998, pp. 11-19.

　　談判之目的，在達成解決BOT促參案機關或BOT促參案廠商雙方間糾紛之協議。單純當事人間之談判，屬於典型之「私了」，在雙方權益發生爭執時，經由談判找尋雙方均能接受之解決方案，但欲經由談判「私了」，必然要有基本的談判條件，如談判條件不具備時，自難以達成協議，導致較大之風險與重複之成本，此種純粹由當事人進行談判，所達成之協議，性質上相當於契約，或對原有契約的變更，對當事人具有契約上之拘束力。

　　因此，談判有些規律、策略、方法可循。在當前BOT促參案機關或BOT促參案廠商雙方糾紛解決實務上，可先由兩者進行談判。

二、何時進行談判

　　在多數情況下，無論BOT促參案機關或BOT促參案廠商雙方有無第三者之輔助，談判皆可進行並完成，事實上已成為獨立之ADR，在某些情況下，已被視為適用於ADR之一種方法或手段。

　　在歷來BOT促參案機關或BOT促參案廠商間糾紛解決機制中，即非常重視「談判」之技巧，蓋在BOT促參案簽約或履約過程中，談判不僅是契約達成之手段，而且在有潛在之糾紛日漸形成時，便可藉由談判預先防範糾紛之發生；糾紛發生後，又可藉由談判解決糾紛，以避免糾紛之擴大。

　　談判是歷史最悠久，也是最常用之糾紛解決方式，而由於此種糾紛解決方式無須第三者介入。因此，只要BOT促參案機關與廠商間針對某項議題意見不合，甚至發生糾紛，可隨時進行談判，不受任何拘束。一般而言，在現代BOT促參案機關或BOT促參案廠商糾紛解決過程中，當事人多會先行使用談判途徑。一般而言，談判不成時，始會考慮其他途徑。

　　BOT促參案之談判，在技巧方面，通常會使用最後通牒策略，此一策略採行之前提，包括：談判者知道自己處於一個相對有利之地位、談判者已嘗試過其他之方法、當我方已經將條件讓到底線退無可退時、知悉對方無法擔負失去這筆交易所造成之損失。

當然，BOT促參案之談判在採最後通牒策略時，基本上仍需顧慮：提出最後通牒的方式與時間點，既要給對方壓力，又不能缺乏彈性；提出讓對方接受之證據；要給對方留有考慮或請示之時間。

三、談判之基本原則

談判與其他糾紛解決形式相比，最主要在於其並無第三者參與，而是由當事人自行磋商，達成和解。以談判方式解決糾紛，其結果不論是自願或不得已，其糾紛當事人均須放棄自行決策之權利。

談判必須遵守下列基本原則[11]：

（一）自願原則

談判是一種任意性之行為，不具有任何強制性，雙方爭議當事人必須經由協商求得共識，進而達成和解協議。換言之，談判是一個自願之過程，加上一種自由選擇之策略，雙方爭議當事人均有權拒絕或終止談判，而另依法律或依契約採用其他方式，解決爭議。

（二）合法原則

雙方爭議當事人必須對所談判之內容、範圍、程序、方式與協議結果均須合法，不得違反公序良俗或法律強制禁止規定。

（三）公平原則

在談判過程中，必須避免因當事人立足點顯著之不公平，所顯示之強暴脅迫或其他顯失公平之情形發生。因此，雙方爭議當事人必須公平地提供與選擇解決糾紛方案之機會。

---

[11] 2008年1月筆者因國科會獎勵擔任訪問學者，赴美國Widener大學3個月研究ADR時，所獲得之談判基本原則。

（四）自律原則

　　爲確保談判結果和協議能公正達成與切實履行，雙方爭議當事人必須誠實信用與自律。如有任何詐欺或不道德之當事人，均應受到法律或社會之制裁。

四、BOT促參案中談判之實際案例

　　台灣高鐵董事會曾於2015年2月決議，依「台灣南北高速鐵路興建營運合約」及相關法令，針對「九二一大地震等九項不可抗力、除外情事及情事變更」、「法定優待票之短收差額」及「運量重大變化」等三件事由提出仲裁，希望政府與台灣高鐵本於BOT精神，共同分擔風險。

　　依台灣高鐵估計，前開三件事由，台灣高鐵損失達3,099億元，因考量仲裁策略，故擬先提出575億元之仲裁標的金額。

　　嗣台灣高鐵並未申請仲裁，然利用前述被訴追賠償或要求政府賠償等案件之爭議，於2015年6月召開董事會，通過財務改善方案，復於2015年7月27日經由談判方式，與交通部簽署「台灣南北高速鐵路興建營運合約第四次增修協議書」及「台灣南北高速鐵路站區開發合約終止協議書」。該二份協議書已將「高鐵財務解決方案」各項措施，包括減資、增資、延長特許期、返還站區發開用地、設置平穩機制、調降票價及仲裁案之處理等，具體納入約定。其各項措施執行後，預期將可徹底解決長期累積虧損及財務結構問題，避免財務問題所可能造成之重大損失以及對公共利益之衝擊與影響[12]。

　　台灣高鐵完成減增資後，已轉爲公有民營企業，也成爲一公私部門合作、徹底解決BOT財務困境之成功案例。

---

12 參閱吳光明，評析數則著名BOT案例爭議起因，台灣法學基金會，元照，2015年11月，
　　頁223至231。

第二項　ADR機制中之調解

一、BOT促參案中談判與調解之區別

　　談判與調解相比，最主要在於其並無第三者參與，而是由BOT促參案業主與廠商雙方自行磋商，達成和解。因此，只要雙方合意，隨時可以進行談判，而調解則往往需要先行提出申請，期程及步驟上仍有一定之限制。

　　惟以談判方式解決糾紛，即使已有結論，只要其中一方對其結果置之不理，所謂之談判並無拘束之效果。在同一情形，調解之結果亦無強制力，但調解結果可作為訴諸法律之重要依據。

　　BOT促參案之調解是一種傳統之非訴訟糾紛解決方式。如以BOT促參案而言，調解亦是一種適當之ADR方式。

二、BOT促參案中調解之特徵

（一）爭議當事人係自願調解，其中調解協議之達成及其履行，均取決於當事人之自願。

（二）BOT促參案之調解是在中立之第三者協助下進行之糾紛解決程序。

（三）BOT促參案中之調解在糾紛解決之程序上非常便捷，且其處理過程具有相當之靈活性。

（四）BOT促參案中之調解成立所達成之協議等於和解，具有契約性。

三、BOT促參案中調解之角色

　　BOT促參案中之調解可由當事人申請，亦可由法院指定進行。由此分為任意調解與強制調解兩大類。BOT促參案中之調解人（mediator）在促成雙方合意時，可採用多種方法，從截然不同之方向，對當事人發生影響；或者是扮演純粹中立冷靜之觀察與監督者；或者是積極之對立平息

者[13]。

　　然而，無論調解人之作用爲何，均係以中立第三者立場參與調解，既不能替當事人作決定，亦不能作強制性之裁示。

　　BOT促參案中調解之步驟，首先，簽訂BOT促參案機關與廠商調解之協議，調解人宣布其自願參加調解，並安排調解之時間與地點；其次，BOT促參案機關與廠商雙方交換基本觀點；再次，如BOT促參案機關與廠商雙方已同意採用會議程序進行，調解人則以祕密私人會議方式與各方會見，並開始尋求解決方法，有時則對BOT促參案機關與廠商雙方之觀點進行檢測，並從中找出「彈性空間」。當BOT促參案機關與廠商雙方間之差距開始縮小時，調解人會帶著各方之要約以及反要約，往返於雙方之間，或者調解人可重新安排雙方再坐在一起，相互交換意見。

　　最後，如BOT促參案機關與廠商雙方有同意解決之方案，調解人會重新確認雙方對解決方案之理解，並完成細節，然後簽訂調解協議，如BOT促參案機關與廠商雙方不願意簽訂調解協議，則對雙方即無拘束力。

　　近代專門解決糾紛之營利性ADR機構開始迅速發展，其中調解亦不例外。因此，乃有所謂調解人之素質要求與教育訓練問題。基本上，調解人被要求須具備良好之道德素養，以及對人之熱誠、關心與對事務之洞察力。

四、BOT促參案中調解之實際案例

　　有關台北市政府轉運站案，曾由調解委員會進行調解，並於2008年11月11日通過決議：

　　（一）有關興建期間與營運期間之劃分，應可合理解釋爲，係依取得轉運站部分之使用執照及本計畫其餘部分之使用執照分別界定。另依本案設定地上權契約第3.5條規定，若乙方較契約第6.2條原訂興建時程提前完工時，甲方同意提前完工期間之土

---

13 參閱吳光明，論仲裁與調解之結合，前揭書，頁169至171。

地租金，亦比照興建期收取。

（二）本案轉運站部分依契約第6.2條及補充協議書第2條原訂取得使用執照日期為2010年6月13日，其他部分取得使用執照日期為2011年6月13日，惟實際上乙方於2010年1月12日即取得全案使用執照，因此，委員會建議轉運站部分應自2010年6月13日開始依營運期間計算土地租金，其他部分，則自2011年6月13日開始依營運期間計算土地租金；之前則依興建期計算土地租金[14]。

第三項　ADR機制中之仲裁

一、仲裁之意義

BOT促參案中之仲裁係根據BOT促參案機關與廠商雙方間之合意，基於一定之法律關係或將來可能發生BOT促參案爭議之處理，委託給法院以外之第三人，進行判斷之糾紛解決方法或制度。換言之，一旦BOT促參案機關與廠商雙方成立仲裁協議，即應受其拘束，包括參加仲裁程序、承認仲裁判斷之拘束力，此亦意味著BOT促參案機關與廠商雙方自動放棄訴訟之權利。

BOT促參案爭議仲裁制度，是以BOT促參案機關與廠商雙方為主導之仲裁協議為基礎；以仲裁人為重心之仲裁程序進行；如當事人不履行仲裁判斷時，則由法院協助執行等，即為「仲裁協議－仲裁程序－判斷承認執行」三階段。

而BOT促參案爭議之「仲裁程序」，在此三階段中具有承先啟後之功效；其承繼仲裁契約所生之紛爭，依循程序總結其成，而作成仲裁判斷，以消弭紛爭或供法院承認執行。是故，仲裁程序之進行，對於BOT促參案爭議是否妥適解決，實居於重要之地位。

---

14 參閱2008年11月11日台北市政府轉運站案調解委員會通過之決議，該決議雙方均接受。筆者有幸參與此決議案，受益良多，特此致謝。

二、仲裁之特色

一般而言，BOT促參案爭議之仲裁特色可歸納如下六點：

（一）BOT促參案爭議之仲裁機構爲民間團體。

（二）BOT促參案爭議之仲裁當事人有權約定仲裁管轄權。

（三）BOT促參案爭議之仲裁程序具有靈活性，而非嚴格之訴訟程序。

（四）BOT促參案爭議之仲裁判斷爲一審終結，BOT促參案機關與廠商雙方可據以聲請強制執行。

（五）BOT促參案爭議雙方糾紛解決之專業性更重於法律性。

（六）雙方仲裁程序具有保密性，不公開審理。

三、仲裁之法律依據

仲裁法第1條第1項規定：「有關現在或將來之爭議，當事人得訂立仲裁協議，約定由仲裁人一人或單數之數人成立仲裁庭仲裁之。」可知，「仲裁庭」是仲裁法所明定之仲裁判斷機構，類似於「法院」是訴訟中之裁判機構[15]。

實務上亦認爲，參照促進民間參與公共建設法第11條第8款、第12條第1項、第47條第1項規定得知，行政機關依促參法辦理民間參與公共建設興建之案件中，僅關於申請及審核程序之爭議，因涉及行政機關基於權力支配關係而爲准駁之公權力行爲，始屬於公法爭議，必須循行政爭訟程序解決，其餘主辦單位與民間機構依促參法所訂定之契約，則明文定性爲民事契約，自無再依體系解釋爲公法行政契約之餘地，行政機關依促參法辦理公共建設簽訂之契約，即具私法契約之性質，故雙方就其履約階段所生之爭議，自得約定以仲裁方式解決[16]。

「仲裁庭」既然是仲裁制度下之判斷機構，且仲裁庭所作成之仲裁判

---

15 參閱吳光明，仲裁之依據—仲裁協議，商事爭議之仲裁，五南，2014年8月，頁93。

16 參閱臺灣高雄地方法院101年度仲訴字第7號民事裁判。

斷，依仲裁法第37條第1項規定，「與法院之確定判決，有同一效力」。因此，仲裁庭組織成員之好壞以及是否公正，將直接影響仲裁的品質及其公正性，也是仲裁制度成敗關鍵所在。

　　仲裁庭由仲裁人一人或多數人組成，為確保仲裁人之品質及公正性，仲裁法對仲裁人之資格、仲裁人之選任、仲裁人之揭露及告知義務、仲裁人之迴避均有非常詳細規定[17]。

四、仲裁程序

　　首先，BOT促參案爭議之當事人選任並組成仲裁庭後，仲裁人可能經由證據，決定闡明其對本案所採取之觀點。例如當仲裁人依據當事人的自白作成決定、命令證人出庭或製作文書，或依據專家證人之見解作成採納與否之決定時，通常已同時對當事人闡明其關於具體案例的暫時見解。因此，當BOT促參案機關與廠商雙方選任之仲裁人組成仲裁庭後，指派人員到場時，必須向仲裁人表明其委託權限，以便仲裁人對於其認為適當之技術性事項，給予相當程度之闡明。

　　其次，仲裁人由當事人之交互辯論、文書證據之提出，以及證人之證言等，得到進一步證據後，亦可以闡明其欲由此等資訊，進一步得到的主要事實。換言之，仲裁人可以在開庭時，闡明或確認其自該等證據所得的關於事實問題之「心證」。

　　更進一步言之，「交互作用」亦存在於仲裁庭之法律適用程序。國際商務仲裁上有所謂「iura novit curia」原則，該原則在要求仲裁人應適度地闡明當事人於仲裁人前適於提出之主張，並表明仲裁人從當事人主張所確信之事實。

　　在交互作用之仲裁程序中，最難達成之交互作用模式，便是仲裁人與當事人間關於案件之「公開討論」。事實上，仲裁當事人與仲裁人關於案件之公開討論，其附加益處，在幫助仲裁人檢視其關於當事人主張，已瞭

---

17 參閱吳光明，法院在仲裁中之角色，前揭書，頁93。

解到達如何之程度，並使當事人有機會得以表明仲裁人之瞭解有何不足之處。然而，欲達此目的，必須仲裁人完全熟悉BOT促參案件，並且擁有相當技巧，以公正地指揮公開討論。因此，這種討論對於BOT促參案之仲裁人而言，實為一個相當大之挑戰。

第五節　結語——檢討與建議

第一項　檢討

由於BOT促參案工程之複雜性、長期性與技術性，加上BOT促參案機關與廠商雙方當事人間在經濟利益上之衝突，以至於在施工過程中有時難免發生分歧，導致發生爭議。而隨著社會之演進及私權之確立，人與人間之私權爭議，乃成為現代人類社會互動不可避免之課題。

然而，處理私權爭議之方法多樣，雖然在眾多私權爭議之解決程序中，大抵仍以傳統之訴訟模式為主要，但20世紀後，許多訴訟外之爭議解決機制，於焉產生，國外BOT促參案爭議亦適用ADR機制。

以美國為例，雖其法制發展已成世界人權發展之指標，但隨著而來之訴訟案件，卻在其社會中形成「訴訟爆炸」（litigation explosion）及「法院案件堆積」（pileup in the courts）現象，使美國社會儼然成為一個「訴訟社會」。為解決此「訴訟萬能」之思潮等問題，美國法律學者遂有提倡尋求訴訟外紛爭解決機制，並進而名之為「替代性之紛爭解決方法」，配合多元化之價值與途徑，以概稱一切訴訟外之紛爭處理模式，此即法學界耳熟能詳之ADR（Alternative Disputes Resolution）。

所謂ADR程序，以美國為例，大抵可包括仲裁（arbitration）、調解（conciliation）、調停（mediation）、談判，以及最近發展出之便利（facilitation）、事實發現（fact finding）、迷你審（mini-trial）與租用法

官（rent-a-judge）等程序[18]。因此，BOT促參案爭議當然亦可以使用ADR程序。只不過，以仲裁方式解決BOT促參案爭議，較諸其他ADR程序更有拘束雙方當事人之效力。

由於仲裁人究其本質，與「法官」有所相類，實具有「準司法」之性質。依仲裁法第37條規定，仲裁人之任務，乃就當事人有爭議之私權為仲裁判斷，而該判斷又與確定判決具有同一效力，經法院裁定後，即可為強制執行。因具有如此強之效力，於當事人之權益影響頗鉅。

與一般訴訟程序不同者，仲裁特別強調私法自治之精神，故當事人於仲裁人之選定具有自主權。

因此，於當事人之權益影響甚大之情況下，仲裁人對於仲裁任務的執行能否立於公正、公平之立場，實至關鍵。仲裁法第15條第1項規定：「仲裁人應獨立、公正處理仲裁事件，並保守秘密。」而條文所謂之「獨立」，係指仲裁人為仲裁判斷應不受任何人干涉，而依其自由意志執行仲裁任務；而「公正」則係指仲裁人不論處於何種客觀環境，其主觀上對於當事人所爭議之事項皆不應有所偏頗。

在BOT促參案之仲裁，有時因為事實上之需要，仲裁可與調解結合。在BOT促參案中，仲裁與調解在某些解決糾紛之技巧上，有結合之可能性。

BOT促參案之仲裁程序雖較訴訟程序更具彈性，但仍具有由雙方當事人攻擊、防禦之「對抗性程序」色彩。爭議如何解決，係由中立第三人（即仲裁人）作成最終決定，並未必然獲致得到BOT促參案機關與廠商雙方同意之解決方法；如以仲裁與調解結合，則因調解程序旨在探尋雙方當事人同意之解決方案，此種結合有其一定之助益。

針對仲裁與調解之結合，學說上有認為係融合仲裁與調解二種爭議處

---

18 西方社會近年來逐漸廣泛運用之租用法官制度，係指在以退休法官面前進行模擬辯論，聽其判斷，讓當事人「審判」之認知功能，再由當事人推進和解談判。有關「租用法官制度」進一步之討論，參閱吳光明，美國之訴訟外糾紛解決（ADR）機制－兼論美國仲裁協會之仲裁人教育訓練，前揭書，頁147至152。

理程序精華之理想機制；亦有認為此種理論混淆二種本質上互異之方法，反而無法展現此二種爭議解決方式之個別特性，故難認同，致持不同見解。

惟在肯定仲裁得與調解結合之見解下，是否應該承認得以仲裁人充任與仲裁結合之調解人之角色，乃國際商務仲裁學說上最具爭議性之問題之一，故有必要就學說爭議及立法例分別觀察，並引述國際商會（ICC）之報告，解釋以仲裁人充任調解人時，該仲裁人於調解程序上得為或應為之行為[19]。

第二項　建議

儘管在我國ADR之發展與多元化糾紛解決機制之建構，仍有些微障礙以及未臻完備之處，然世界各國早已納入制度，並予以有效運作，而法學界不但關注，更有非常多理論著作與豐富實務經驗。

以我國之現況言，於BOT專案之推動過程中，不完備之法律制度，無疑是提升公共建設興建與營運效率之最大阻礙。而BOT案從籌劃、招標、建設、營運、監督之過程，固然涉及諸多專業，缺一不可，但完善之章則及周延之契約條款與資料，則是避免或降低諸多爭議之基礎。此外，不同政黨或利益團體間之蓄意杯葛，則又為投資BOT案之另一風險。當然，BOT促參案之任何一種ADR糾紛解決方式，均非盡善盡美，而建築工程領域也不斷出現新施工技術、新管理模式，不斷研究新情況，從而公正、專業、效率地解決糾紛問題，才是ADR機制之最正確途徑。

因此，建議如要經由BOT模式，提升公共建設之興建與營運效率，應針對以下方向，持續努力：

一、法律制度是一切制度之基礎，善用法律、尊重專業，則是避免紛爭之必要條件。衡諸歷來爭議之發生，許多係緣於作業程序之爭議，或契

---

[19] Tang Houzhi, Is there an Expanding Culture That Favors Combining Arbitration with Conciliation or Other ADR Procedures? International Dispute Resolution: Towards an International Arbitration Culture, Kluwer Law International, pp. 102-102.

約規定未臻合理、完備與明確所致。故政府在執行之階段，一方面應恪守法定之行政流程，避免因便宜行事，更生糾紛。且務須審慎地訂立合理完善之BOT投資契約，使公部門與私部門之權利義務公平分擔，克服實踐公共利益與私人營利間目標衝突之風險，才是釜底抽薪之道。反之，如無法避免發生糾紛，則應善用ADR爭議解決機制，包括談判、調解與仲裁機制。

二、不論政府政策係在嚴格限制，或者政策鬆綁以利執行，一旦採行BOT專案之公私協力模式，均應體現由投資廠商籌募資金，完成公共建設，以減輕政府負擔，並為社會大眾創造公共利益，並把公共利益所創造之私經濟利益，回歸投資廠商之三贏局面。蓋公私合作風險甚高，廠商如無合理利潤可圖，即甚難要求民間機構與政府共同攜手合作[20]。

三、BOT專案之規模越大，往往風險也越大，政府與特許公司兩者間，不僅需審慎評估財務結構之可行性，亦應以較持平之立場，就公益與私利之角度分別加以衡量，以取得合理的平衡點，而不應僅分就撙節公帑或謀求利益的角度評估問題，方不致形成政府與廠商間，由最初期待所稱「夥伴關係」，演變成「鬥智關係」之窘態。

四、由於經濟風險幾乎可謂BOT模式之最大風險，為使政府、民眾與廠商間達到三贏之目標，應特別重視BOT經濟上之專業性[21]。BOT專案規劃過程中，必須針對完整之資金計畫、資金來源、籌資管道、融資資本、興建費用、還款能力，以及對未來合理收益等諸多經濟因素，詳加評估，才能確實掌握BOT之可靠財務；否則，即易出現資金缺口之財務風險，若無法即時填補，勢將造成BOT專案為之停擺，甚而導致失敗。

---

20 參閱林明鏘，台灣BOT的制度缺陷與修法建議，BOT契約法律與政策研討會學術論文集，台灣法學基金會，2015年8月1日，頁35。

21 有關「政府與民間機構之地位」之進一步討論，參閱林明鏘，台灣BOT的制度缺陷與修法建議，BOT契約法律與政策研討會學術論文集，台灣法學基金會，2015年8月1日，頁37；林明鏘、郭斯傑，前揭書，頁259至265。

國家圖書館出版品預行編目資料

商事爭議之仲裁／吳光明著. --三版. --臺北
市：五南圖書出版股份有限公司，2023.07
　　面；　公分.
ISBN 978-626-366-249-0（平裝）

1.CST：商務仲裁

586.48　　　　　　　　　　112009791

1U40

商事爭議之仲裁

作　　　者 — 吳光明(56.2)

發 行 人 — 楊榮川

總 經 理 — 楊士清

總 編 輯 — 楊秀麗

副總編輯 — 劉靜芬

責任編輯 — 呂伊真

封面設計 — 陳亭瑋、P.Design視覺企劃

出 版 者 — 五南圖書出版股份有限公司

地　　　址：106台北市大安區和平東路二段339號4樓

電　　　話：(02)2705-5066　　傳　　　真：(02)2706-6100

網　　　址：https://www.wunan.com.tw

電子郵件：wunan@wunan.com.tw

劃撥帳號：01068953

戶　　　名：五南圖書出版股份有限公司

法律顧問　林勝安律師

出版日期　1999年9月初版一刷
　　　　　　2014年8月二版一刷
　　　　　　2023年7月三版一刷

定　　　價　新臺幣480元

經典永恆・名著常在

五十週年的獻禮——經典名著文庫

五南，五十年了，半個世紀，人生旅程的一大半，走過來了。

思索著，邁向百年的未來歷程，能為知識界、文化學術界作些什麼？

在速食文化的生態下，有什麼值得讓人雋永品味的？

歷代經典・當今名著，經過時間的洗禮，千錘百鍊，流傳至今，光芒耀人；

不僅使我們能領悟前人的智慧，同時也增深加廣我們思考的深度與視野。

我們決心投入巨資，有計畫的系統梳選，成立「經典名著文庫」，

希望收入古今中外思想性的、充滿睿智與獨見的經典、名著。

這是一項理想性的、永續性的巨大出版工程。

不在意讀者的眾寡，只考慮它的學術價值，力求完整展現先哲思想的軌跡；

為知識界開啟一片智慧之窗，營造一座百花綻放的世界文明公園，

任君遨遊、取菁吸蜜、嘉惠學子！